从一万到一亿

证券期货之老鬼真言

刘海亮｜买敬江◎著

（修订版）

民主与建设出版社
·北京·

©民主与建设出版社，2018

图书在版编目（CIP）数据

从一万到一亿：证券期货之老鬼真言 / 刘海亮，买敬江著. —— 修订本. —— 北京：民主与建设出版社，2018.5

ISBN 978-7-5139-2129-9

Ⅰ. ①从… Ⅱ. ①刘… ②买… Ⅲ. ①证券投资—基本知识 Ⅳ. ①F830.91

中国版本图书馆CIP数据核字（2018）第083497号

从一万到一亿：证券期货之老鬼真言

CONGYIWANDAOYIYI:ZHENGQUANQIHUOZHILAOGUIZHENYAN

出 版 人	李声笑
著　　者	刘海亮　买敬江
责任编辑	程　旭
封面设计	MM末末美书
出版发行	民主与建设出版社有限责任公司
电　　话	（010）59417747　59419778
社　　址	北京市海淀区西三环中路10号望海楼E座7层
邮　　编	100142
印　　刷	固安县保利达印务有限公司
版　　次	2018年7月第1版
印　　次	2018年7月第1次印刷
开　　本	710毫米×960毫米　　1/16
印　　张	16
字　　数	180千字
书　　号	ISBN 978-7-5139-2129-9
定　　价	48.00元

注：如有印、装质量问题，请与出版社联系。

序　言

安信证券首席经济学家　高善文

《从一万到一亿》是写证券期货操盘的。本书付梓之际，友人送来初稿并邀余作序以襄盛事，好意难却，因从命援笔而勉为之。仅从书名来看，以为这又是试图教人怎么选点、如何必胜的庸常之作，读这种大路货的结果，常常是受累半日却了无丁点儿斩获，甚至还会败了阅读的兴致。及至浏览了书稿，才知道作者恣意汪洋二十万言，竟都是自己锱铢积累的原创，其中不仅记载着对成功者老吏断案般的拷问，更有作者多年求道悟得的精要，这在目前抄风颇盛的出版市场，殊不多见。

作为有20多年操盘经验的第一代证券期货投资者，作者不但对投机市场理论驾轻就熟，而且还亲历过新中国投机市场的诸多大事件，甚至还试水过地下外盘，不可谓不投入，不可谓不资深。虽说资深，但浏览书稿发现作者不仅没有说教什么制胜法宝，反而还有代庖投资者教育之嫌，许多地方似乎都有劝退部分投资者的味道，这种取向在书中随处可见，尤以"你为什么不是那个奇迹"一节为甚。带着这样的使命感，作者对投资者成败的缘由条分缕析、鞭辟入里，想来断不是为消费自己的资历和业绩而来。

我一直对操盘必胜术一类书籍没有多大兴趣，因为我以为，无论是哪一派的技术分析，投资者只需认真阅读原著，用其原教旨丰富了自己的思想，即可对交易有所助益；而后人的演绎始终无法与原创者比肩，即使有些过人的地方，但其中的要紧之处，外人是无法真正学走的。何况，在投机市场上，看得到不一定做得到，更何况，技术分析方法并不能真正地让你成为预测高手。

预测理论的鼻祖，法国学者巴里亚提出：在一个有效市场，行情是高度随机的，所以基本分析和技术分析都是多余的，内幕消息更加荒诞，所以入市应该抽签决定。当然，巴里亚的态度似乎有些极端，但他的说辞还是颇值得深思的。除巴里亚外，持不可测观点的经济学家还有凯恩斯、范玛、考尔思、获坚、杜尔等，他们的论据虽各有千秋，但大都倾向于认为几大技术流派都是以预测为主要诉求的，但可惜的是，这些理论对测市大都基本无用：K线分析法并不能给投资者正确的指导，因为每一种走势，在不同专家的心目中都有不同的解释；艾略特自认为波浪理论是属于大自然法则的一部分，波浪的形态是波浪理论的立论基础，但他对数浪的基本规则却语焉不详，从他自己的描述来看，即使他本人亲自数浪，也常常会十数九不同，什么是一个完整的浪，哪些升跌不应该计算，都有很大的主观性和随意性；江恩的理论似乎从未有人真正掌握过，他声称自己的理论有星象学和数学上的证明，但大家都知道星象学是基于地球中心说的，这个烧死布鲁诺的学说事实上也烧死了不少江粉；道氏理论是从市场心理和交易量变化来推测市场的，虽然也有些独到的建树，但其信号发出过多过迟，让人无可适从；欧美投资者大都喜欢技术指标，而已知的技术指标有1000多种，比较流行的也有十几种之多，这些技术大都使用移动平均线原理，用穿越和交叉来发出华丽的信号，但它反映的却永远是过去。所以作者说，技术面分析者认为历史会重演，打开未来之门的钥匙就隐藏在历史里，但市场随时都会让你始料未及，所以，以静态来把握动态，常常会力有不逮。

这个世界永远是多元的。在不可测论的呼声占主导的时候，另外有一群经济学家，包括马可维茨、杜宾、夏普和罗斯，则从风险的角度研究测市问题，这些人大都持市场局部可测的观点，萨缪尔森、威廉士和米勒也有类似结论。这些先行者使用包括现代数学在内的方法检测市场波动的特点，确认了其随机与非随机的二重性。所以后人认为，遵循他们的理论，在价格波动中寻找到非随机部分，然后去测度和把握它，就是市场追随者的主要任务，此言不谬。我相信，证券期货市场只要不全是疯子在操盘，就一定有其内在的规律，虽然这些规律不易被发现和利用，但我们不能因此而走向另外一极，成为不可知论者。

美国学者考尔斯常讽刺说：专家如果真能成功测市，为什么不自己赚钱而把机会交给别人？带着这种不信任和他的统计数字，考尔斯断言专家测市不靠谱。其实他的看法有失偏颇，专家测市的成功率并不是低得不靠谱，他们不自己去入市赚钱，其根本原因还是在于他们深知"知"与"行"之间的距离，因为预测在一个成功的操作中所起的作用并不大，操作的手法和纪律远比预测重要得多。不过，虽然预测正确与赢利关系并不大，但也不可绝对"没有观点"，就像作者所言，身处市场，"谁能不预测行情"？所以持续赢利的根本还在于对"疾徐之数"的临场拿捏，而要真正提高拿捏水平，又必须向中国传统文化问道。

观察有一定资历的投资者，你会发现他们对行情的预判总体来说还是正确的时候居多，但即使如此，能持续赢利的人还是极少数，这更说明了看对与做对之间的距离何止千山万水。有鉴于此，作者认为优秀操盘手的护城河其实在于其内心的修为，而中国传统文化在该方面较之西方定量文化有着明显的优势，所以随着中国资本市场的成熟，中国一定会产生世界级的期货交易大师。这种思考，又从一个侧面彰显了作者的使命感。

实体经济又何尝不是如此。现实社会中许多聪明人反而不成功，多半是因为他们即使能够洞察事物的规律甚至前景，但如果不老老实实地去奔跑去执行，就永远是一只失意的兔子。投资证券期货，我们面对的是实体经济的浓缩版本，在这种抽象的市场上看对了但坚守不了的人很多，这些人不是不聪明，但最后却还是功败垂成，个中原因何其类似。许多持续赢利的老手告诉我们，操盘其实就是简单的重复和坚持，可能是因为太不挑战智商了吧，大多数聪明人往往不愿去重复这些。钱钟书说，最聪明的人反而要下最笨的功夫——聪明人做事情不成功，原因一是不肯下笨功夫，缺少全力以赴的动力，二是没有找到自身价值体系中最重要的事情去做。

优秀的操盘手都是肯下笨功夫的人，他们大都有自己独特的交易系统，但有了好的系统，还得耐得住寂寞去守候去坐冷板凳，要善于静候时机而不是率性而为。成功的投资者，往往是能够傻傻坚守的有心人，拥有了这种八风不动的强大修为，你就可能得到复利的玫瑰，而不会为了或然暴利而动辄青冥垂翅，羽毛尽失。

作者还提出了一些独家观点，例如对"盘商"的定义，对"微逻辑"的探源，甚至对操盘手属于什么行当都有自己的看法，观之还颇有点儿新意。这些新观点正确与否虽可商榷，但观其逻辑却似乎尚能自洽，诚属有益的思想实验。这种宏观而深入的思想闪光点在本书中还有不少，读者可以自己去发现，恕不一一列举。

时下虽然纸质出版物被电子阅读大力狙击，但人们著书立说的冲动似乎并没有减弱，市场上新书依旧是层出不穷、浩如瀚海，但不必讳言，我们看到的优秀作品委实不多，而且可能会越来越少。不过，《从一万到一亿》似乎是个异数，作者不但财经底蕴十足，而且行文自成一格，兼具古典韵味和现代理性，幽默而诗意，甚至还不时显现出些许魔幻现实主义的意味，诚属"经艺合一"之作。我们知道，自范晔《后汉书》后，经学之士与文学之士是严格区分开的，宋代理学家甚至提出"作文害道"的论点，他们是怕文人受"文"的诱惑而误了"道"，可见经和艺之间的对立。但是，这本描述"恶俗的"的投机市场的著作，却能够在文体上兼顾了经和艺，殊为难得。

更为难得的是，为了探究成功操盘手的内心世界，"得其心髓"，作者多年来朝耕暮耘，现场寻访数十人，真有些古人说的"尝趋百里外"的劲头。采得素材后，作者又下笨功夫剪荠拥慧，耗时经年于解读和梳理优秀操盘手成功的内在逻辑。诚如作者所言："因为割舍不了这些活色生香的口供，我们无法按原计划把本书写成逻辑学或统计学的期货版，所以这些代圣人立言的事还是留给严谨的学者去做吧。我们的兴奋点在于窥探了期市寿星们真实的投资苦旅、过往的风吹日晒，原来，手握圣杯的寿星们也是这样一路走来的，他们也有悔也有泪，也有灰头土脸，也有创巨痛深！同时，我们用研究者的冷眼观察他们的求索，他们的悟道，他的无为而无不为，也以思考者的角度来分析和追溯他们的虚心、专注、辛劳和坚韧，最后以研究者的视角来总结他们成功的必然和偶然，进而发现其共性，供证券期货求道者模仿参阅，或对照自省。"作者同时又说："我们仰慕这些寿星，当然也会艳羡他们功成后的衣香鬓影和高车驷马，但我们更在意的，是他们身历的苦难和内心的修为。我们愿以市井之心窥视他们当年的不堪，临摹他们蜕变的轨迹。我们愿以草根的卑微心理，固执地认为草根的他们更可爱，辛苦的他们更真实。因为我们学习成功者，应该学习他们成功前的意志力和执行力，而不是他们成功后的挥洒自如。"余读之思之，感触良多。

本书汇集了成功操盘手们大量的案例和思索，是对成功者心灵的深度探究和剖析，兼具历史感与现实感，很值得一读。余以为，读一本好的投资著作，不仅可以追随成功者的思想脉络，而且还可以感化投资者的性情、培养投资者的志趣、开阔投资者的胸襟、端正投资者的言行、塑造投资者的心性，《从一万到一亿》写得活色生香、细酌入味，无论从思想性还是从文学性的维度来考量，都堪当此誉。在这个浮躁写作、浮躁阅读的时代，幸亏还有本书作者的守望，使阅读者一旦真正撞入这些文字，就能够产生共鸣、玄想以及倾听的欲望。

世界越嘈杂，倾听越珍贵。

前言　魔鬼夜访操先生

　　宇内有异人者，姓操，名盘手，字多空，号忍侠，未审其何处人也。操公英文名Trader，网名金种子，后改称老白干，性情刚毅木讷，十数载隐于期市，寻常不得睹其真容也。初，操公得意之时，意气扬扬，甚自得也，一时引得无数老鬼竞折腰；若遇失意之际，尝喟然叹曰：大丈夫生世不谐，困如是也！如是金来银往，不几年，此公已六道轮回十数番矣。目今，操公已然彻悟，不为物喜不为己悲，淡然如禅定之老僧，镇定如临战之将军，盈满亏空，八风不动，诚异人也。

　　此操公之大略也，此公之殊，罄整屏亦难表其一斑，故而按下其过往，单表其新近轶事。

　　操公素喜清静，故而颇得几两银子之时，即移居名水之滨。近水之操宅院落肃清，其外林壑幽美，蔚然深秀，夜闻白杨萧萧，声如涛涌。操公寓此数载不离方寸，日间逐马挥戈期货沙场，夜阑秉屏细观西人盘面，日复一日，数往知来，并无不满之处。

　　初秋某夜，操先生观外盘甚酣，至四更方讫，困极，因小啜红酒半盏，微醺之时，目昏思寐，遂倚椅拥枕，渐入跨界穿越之境。

魔鬼适时从窗户飘然而入，与物推移，望若飞仙。

"论理您跟我早该认识了，"他说，拣了电脑桌前的凳子坐下，"我就是传说中的魔鬼，您曾经受我的引诱和试探。"

"不过，您是个很能自律的好人！"魔鬼说着，还泛出了标准的人类微笑，"您不会认识我，虽然您上过我的当。您受我引诱时，您只知道我是可爱的大趋势、可信的钻石底，甚至是十年等一回的大利好，但您没有看出是我，是魔鬼。只有拒绝我引诱的人，像耶稣基督，才知道我是谁。今天呢，有人家做斋事请我去坐首席，本魔应酬了半个晚上以至于醉眼迷离，想回到我的寓处，不料却走进了您的豪宅，我们真算有缘——有没有缘，往往都是事后才知道，像期评似的。现在电灯这么多，为什么您家里竟黑洞洞跟地狱一样？我那儿一天到晚都生着硫磺火，您这里当然做不到——听说电价要涨了。"

此时，操先生惊奇已定，并不恐惧，反觉得要尽点儿主人的义务，所以他起身对魔鬼说："承您老人家半夜暗临，蓬荜生黑，十分荣幸！只因您忽然微服私访，没有给我时间预备欢迎，抱歉得很！老人家觉得冷吗？那么失陪一会儿，我把空调打开，再把饮水机烧开了沏壶茶，是啊，纯净水的价格也老是涨。"

"不必了吧，"魔鬼极客气地阻止操先生，"我只坐一会儿就要去的。并且，我告诉您"——魔鬼那时的表情，亲切而严肃，极像向医生报告隐病时的病人——"我是不需要补充能量的。你们都以为我老得不成样子，其实按我们的标准我还是春秋正盛。前些日子我还学会了电脑，并写出了一种以我自己名字命名的资本病毒——魔鬼波，同时我还顺应潮流给它起了个英文名字futures news，感染该病毒的人会自愿连接特定IRC服务器，接受黑客或白客的远程控制命令，用户的保证金账号、密码及其他信息都会自动输入，这些户头的交易就由futures news控制了！"

操先生惊异地打断魔鬼说："这些真是您老干的？我还以为又是哪个中学生用睡觉之前的一点时间编了几行代码，想让期货投资界乱作一团，目的只是显摆本事而已。不过，知道人家的交易账号、密码，您又取不走钱，何用之有？"

"您啊，"魔鬼呵呵地笑了："您啊，没弄明白吧？控制了你们的账号，我想做什么方向，就可以让这些户头帮忙啊！这应该是你们说的老鼠仓的地狱版，可以叫魔鬼仓吧。"

"这不是和做人的准则相悖了吗？人品不好是要受到市场惩罚的！"操先生说。

魔鬼又呵呵地笑了，还带着几分幽默："不料您的见识竟平庸到可以做社论。再说了，那是你们做人的准则，又不是我们做鬼的准则。即使是你们人类，就拿期货界来说，也经常用我们做鬼的准则。用你们经常用的一句俗话就是'撒没撒谎只有鬼知道'！比如你们的研报里所说的现货价格涨跌，产区收成趋势，交割月必定向哪个价位收敛等等，也许只有我们鬼才相信，哈哈，呵呵，哈哈，呵呵！"魔鬼踱着步子，得意地长笑，笑声绘成的曲线一如宽幅震荡的K线。

操先生听了不由自主地佩服，因而恭恭敬敬地请求道："您老人家允许我将来引用您这段话吗？"魔鬼回答说："那有什么不可以？再说，我不同意你就不引用了吗？甭表态了，别说人，我们鬼也不相信！"

这话让操先生真的乐了，乐了几声后他又谦逊地说："老人家太看得起我了！我配做你的朋友吗？"魔鬼的回答颇使操先生扫兴："那有什么不可以，只是你们投资界的，都很能忽悠，成了你的朋友，忽悠派的声誉怕会受影响吧。"

魔鬼虽然这样直率，操先生还想敷衍魔鬼几句："真是佩服啊！不料您老人家对于投资圈也是这么的明白！"魔鬼半带怜悯地回答："你还颇有点儿阶级意识啊，难道我就不配看财经八卦？我虽归属地狱管辖，身处最下层但我不缺乏向上的动力，因而时常也上网看看的。因为我知道你是个欢喜投资的人，所以我对你谈话时就讲点投资，显得我也有同好，也是内行。反过来说，假使您是个反对看投资评论的人，我当然要临时改变谈风，对你说我也觉得别人对市场的看法是不值得一看的，当然，除了您自己写的以外——并且，看你的书还嫌人生太短，哪有工夫看什么典籍？你的闪光之语举不胜举啊！这话你感觉鬼会相信吗？呵呵。而且，我时常会对程序员谈IT发展大势，对投资人谈资管谈信托。不但这样，有时我还偏要对经济学家讲科学，对考古学家论时尚，因为对牛弹的琴哪里需要挑选曲子！"

操先生忍不住插话说："你的直率和谦虚确实很值得我学习，很……"

魔鬼不等操先生讲完就打断说："是的，有时连我自己也这么想。比如你朋友中的那位著名操盘手，名字响亮得很，算是魔鬼投资人吧，但他为了在市场里赢利，把自己操练得人不人鬼不鬼的，他的终极目标竟然是要消灭自己身上的人性弱点，可是，没有了人的冲动和血性，这还算是人类吗，还有做人的乐趣吗？他们这是在犯反人类罪啊。"

操先生说"不至于吧，这是职业的需要嘛，竞技行业都这样。"

魔鬼只管自己说话，毫不顾及听众的感觉，真不愧是魔鬼。他接着说："我颇像一个美丽的女人，自己并不操盘，但却能引起操盘手的灵感，或者打击他们的冲动，有时使他们心灵破裂，有时又能让他们迸发出新的火花。像巴菲特、索罗斯等都受到过我的启示，国内受我启示的人也不少，他们有的专注于交易，有的在媒体上鬼话连篇，这可能都是因为受了我的影响。"

操先生说："我很奇怪，受过你启示的人都功成名就了，您老人家一定有许多大事要干的吧，怎么还会有工夫在我这儿大发宏论啊。全世界的人都在忙着融资、兼并、投资、造概念，在这个历史时期，您老人家是不是也应该给地狱融点资，重振你们地狱的雄风，怎么还愿意花时间来找我谈天，虽然你说是喝多了走错了，可是，魔鬼喝酒会多吗？"

魔鬼说："地狱早就扩容了，十八层下面还新建几层住着管理员呢，犯不着我操心吧。哦，你颇有逐客之意，是不是？我是该走了，我忘了现在正是你们休息的时间。我们今天谈得很开心，我还要跟您解释几句，听你说话的口气，你觉得我争强好胜吧，那真是冤枉。我现在脾气很温和，一点也不爱斗狠斗勇，其实我当初也是个争强好胜的人，自从造反失败被驱逐出冒险家的天堂后，听了多空道人的话，悟到角力不如角智，从此以后我把诱惑来代替斗争，曲线迂回更显手段嘛，有时我也把这些用来测试你操先生这帮人的智慧。你们人类应该知道魔鬼和天使没有必然界限的吧，所以你在某种程度上也可以认为我是天使。你们投资界的资深大牌李弗莫尔，他究竟是天使还是魔鬼，这取决于您观察的角度。如果你是被李弗莫尔打败的对手方，他无疑是一个魔鬼；如果你是最终击败李弗莫尔的人，没有人比他更像天使，送钱的天使，当然，我这是开玩笑的。李弗莫尔曾那么辉煌过，最后却落了个自绝于市场的结局，这是不是可以说明，我们魔鬼并不是想赶走就能赶走的？恐惧和贪婪，真的能够戒除吗？唉，有时候其实觉得挺没劲的，魔鬼天使，好人坏人，有时候竟是没有个分界——听说你们人间的官员越来越像骗子，骗子越来越像官员了，属实否？"

魔鬼示意操先生不必回答。这会儿他的表情很有些诡异，空气中都弥漫着这种味道，操先生不自自主地打了个寒战。旋即他镇静下来了，心想机会难得，应该让魔鬼帮忙剖析一下自己的灵魂，但魔鬼却忽然站了起来，说我必须得走了，请不要试图挽留一下魔鬼。"今天我沟通的感觉很畅快，你不但没有敬鬼神而远之，而且还谈得意犹未尽，这使我受宠若惊。还想让我来吗？不必回答。临别之际赠词半阕：坊间尝传投资术，汗牛将塞屋。行而效者有几多，效而成者天知否？操得好，谁是你的脚下桥？操不好，不过水中望月梦黄袍！"

操先生听毕沉默良久，尔后点头如击键，说真是如闻天籁胜读鬼谷啊，不过我最近记性大不如以前了，能否请你发邮件给我？魔鬼曰，"你若对得出下半阕，我马上就发私信给你！"操先生问，"我们互相关注过微博否？不然怎么发私信？"魔鬼答："我默默地关注你很久了，只是你不曾关注我罢了。记住，每一个关注你的可能都是魔鬼，他有话要跟你说，你不响应他、不关注他，指不定哪天他就会从窗口进来拜访你，目的想和你谈谈期货交易之道，顺便请你当面加个微信！"

操先生连说，"感谢感谢，晚生读词闻言，殆如梦寐！魔鬼你其实慧黠可爱，与你不用剪烛就夜谈得这么畅快，真是如得良友，如饮醍醐啊。"魔鬼说："你先赞美着吧，我的收盘时间到了，记住关注我的微博！"

操先生开门相送。不料魔鬼却转身从窗口飘出，如拳如豆，遂不可见。西方人认为，门是人出入的，窗户是魔鬼出入的，看来不谬。窗外无边的夜色吞没了魔鬼，仿佛市场的大海吞没两手空单。如果心里的魔鬼能这么被吞没就好了，操先生想。转而他又想，一个人心里都没有了魔鬼似的弱点，这人还满足人类的定义否？

　　穿越了，还是没有穿越？刚冒出这个疑问，操先生马上就觉着这不是个问题，遂自顾自曰："岂其梦寐也？"刚说完，不想竟远远地听到魔鬼的回答："操盘人生之适，亦如是矣。"

　　天鸡唱晓，梦熟黄粱，新的交易日又不由分说地开始了。

刘海亮于北京定慧寺

2013年4月

目　录

第一章

问道期市寿星

第一节　寿星何少尔何多

此开盘第一回也。

举凡传世之作，其开卷必是一番裁冰剪雪谈笑吴钩，令人每每捧读每每心旌摇动。观此类珠玉之句，区区时有仿效之心却无落笔之实，非不为也，实不能也。想来这都是期货惹的祸，入行投机经年，我等视市场为专宠，四书不读五经不颂六艺不精，如今眼瞅着行将老大却只会摆弄长多短空，舍此别无他长。其实按时下行情，邀猛人捉刀亦属革命分工，但我等愚钝，料若依此行事，恐有辱代笔门之清誉，因索性效贾氏之颦，在此处略去五十七字，算是跳空开盘；如看客依此畅想到高粱地里，亦可视同回补缺口，妙何如哉！

时光看似荏荏苒苒，实则倏忽而过。自从误入地下外盘算起，历经沪市老八股、深圳810、327国债、苏州红小豆、亚洲金融危机、郑州绿豆、股权分置、杠杆牛、大盘跌停一路走来，吾等浸淫市场，已近二十年矣，其间"见成名无数，图形无数，更有那逃名无数"，自身过往如鱼之饮水，冷暖自知，更恰如晚清状元张謇所言"忍侮蒙讥，伍生平不伍之人，道生平不道之事，舌瘁而笔涸，昼惭而夜愧者，不知凡几"。看客是不是笑咱抄录古人文句了？各位，某以为，知名文句被引用后会更知名，其理有类于微博转发，就像三国开篇之东逝水，原是明代文人杨慎所作，跟罗贯中氏竟无半文钱关系，但杨公诗作之暴得大名，端的是拜罗公引用所赐。

初习投资时我们被教导说，证券市场可以配置资源、分散风险、宏观调控和为资产定价；期货战争是为了发现价格、套期保值和合理投机。作者卑微，二十载穷猿择木筚路蓝缕，其实只为一己私利耳，然则集众人之私成一家之公，市场终极功能似不难实现。为此一己私利，我等身置怒波惊涛之内，屡经探骊得珠之险，方知投机市场果真是深得没底苦得没边。及至略有小成，似有所悟，加之多年眼见耳闻了无数的资金肉搏和银去金来，颇多感怀触绪，故而聊敲十数万言以归总利弊得失，论公或可警示后生，论私亦能稍慰我心。

因投机市场乃红尘千尺之恶俗之地，所以开篇无他，咱就径直开扯坊间言传之暴利。为审慎计，我们引用几例查有实据的暴利案：

四川温先生以6万元入市，十多年连续赢利，共赚得2.5亿元。

大连张文从10万元，到收益超过2000万元，仅用5年时间。

江苏的张矢，两个月即从100万元赚到2000万元，然后携款转战实业。因为能做到收放自如，圈内人都认为张不是高手，而是高人。

湖南的朱先生，用8000元的资金持一只股票19年获利上亿元。

郑州的何军，从两张绿豆单子开始起炒，如今身家数亿，期市已如同其私家提款机。

默默无闻的杨天，坚持价值投资，买入5只股票，已浮赢50多倍。

山东棉花奇人林广袤，网名"浓汤野人"，开始用28000元起家，一个月时间成长到15万元，又用了半年时间达到600万元，之后进入飞跃阶段从600万元用了一年做到13亿元，然后反手做空用1亿元赚了7亿元完成了2.8万元到20亿元的传奇交易。

浙江敦和投资的叶庆均，2003年以10万元起家，2008年身价已超50亿元，创造了几万倍的投资收益，在期货江湖稳居第一大佬的地位，国内期货界已无出其右。

第六届全国期货实盘大赛，东海期货某选手四个月赢利2660%！这个比例相当于四个月赚了200多倍，这是中国期货保证金监控中心的真实数据，不由得您不信。如图1-1所示，某选手在第六届期货实盘上的赢利情况。

这些都是国内证券期货市场里真实发生的故事，国外的案例就更多了，例如，理查·丹尼斯使用趋势交易的原理，成功地把400美元奇迹般地翻成了2亿多美元，用他父亲的话说："理查这400美元滚得不错！"还有许多数量更大倍率更高的，多到没人敢信。

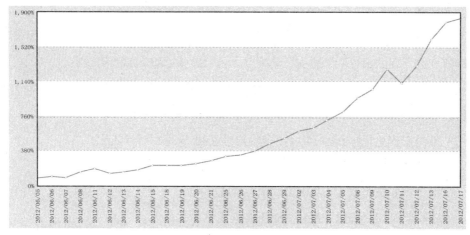

图1-1　第六届全国期货实盘大赛，某选手三个多月赢利1900%。

资料来源：期货日报网

期货上有的是别的行业不敢想象的财富故事，如假包换。利弗莫尔说过：如果一个人不犯错的话，那他一个月之内就能拥有整个世界。利老此言虽有夸张，但遥想每次多空战争，从概率来算也总会有那么几个连续将硬币掷成正面的幸运儿，虽然他不至于因此就拥有整个世界，却也足以暴得千百倍利润了。设想把图表上的波动都砸直的话，只需做对一年，次次满仓加上复利，您就有资格傲视巴索了。

表1-1是一组初等计算问题，可以帮助我们一起复习一下复利的威力：每月稳定地赚10%，1年就可获利2倍，3年就是30倍，10年呢，就更吓人了，是92 708倍。每周都能做到20%，1年下来，就有13 103倍收益！所以在投资市场生存，小利加复利才是制胜法宝，如果您能每月翻番，假以时日，您真的会拥有整个世界了。

表1-1　复利计算简表

每月盈利	1年（倍）	2年（倍）	3年（倍）	5年（倍）	10年（倍）
1%	0.13	0.27	0.43	0.82	2.30
3%	0.43	1.03	1.90	4.89	33.71

续表

每月盈利	1年（倍）	2年（倍）	3年（倍）	5年（倍）	10年（倍）
5%	0.80	2.23	4.79	17.68	347.91
7%	1.25	4.07	10.42	56.95	3356.79
10%	2.14	8.85	29.91	303.48	92 708.07
15%	4.35	27.63	152.15	4383.00	19 219 444.00
20%	7.92	78.50	707.80	56 346.51	3 175 042 372.78

　　暴利我所欲也，但暴利的情人是暴亏，所以要节欲。不求暴利，只要拥有光滑向上的资金曲线就能高频率地享受复利。做投资，绝对利润当然是最终目标，但过程也很重要，资金曲线波幅太大，说明资金在未来将承受很大的风险，况且也不容易登上复利快车，更何况，大亏以后没有几个人能及时捞回来。即使您的暴利不是因为偶然掷对了硬币，而是长年积累之后的爆发，但这也不会是常态，只能算是极可贺的意外之喜。

　　其实，投机大师索罗斯、巴菲特每年的赢利率也只有30%左右，西蒙斯不过也是35%，他们的最大能力正在于持续的赢利，而不是冒着高风险去追逐暴利。作为市场老江湖，我们时常看到无知无畏的明星悠忽飘过，却很少见到寿星的踪影，不由得不让人感喟寿星何少明星何多！

　　索罗斯说：如果市场上有10 000人，在机会面前，往往有1000人能看对，但做对的只有100人，而真正赚到钱的不超过3人！

　　我们来看看2012年的第六届全国期货大赛（大赛官网：期货日报网、证券时报网），光鲜的排行榜上，赫然着几十倍的收益，可是谁曾注意过失意者的泪水？如表1-2。

　　从大赛官网的数据看，一万多名参赛者，排名几百以后的，就开始亏损了，其中有亏损99.92%的，已然爆仓。

表1-2 第六届全国期货实盘大赛官网截图

客户匿称	期初权益	调整后权益	当日权益	累计净值	累计收益率
***	￥6,611,414.92	￥7,138,197.73	￥1,194,448.51	0.16733	−63.27%
****	￥5,160,074.48	￥5,366,064.17	￥837,709.34	0.15611	−64.39%
**	￥1,229,706.81	￥1,229,706.81	￥128,460.10	0.10446	−69.55%
****	￥13,941,546.96	￥9,113,690,773.33	￥7,041,719.60	0.00077	−99.92%

公众都在关注明星的光鲜，谁注意过排名靠后者的失意，他们中的"佼佼者"有接近100%的负收益率。

资料来源：期货日报网（www.qhrb.com.cn，大赛官网）

这些失意的参赛者其实也都是佼佼者，普通投资者的战绩就更惨不忍睹了，一赢二平七亏损其实也是粉饰过了的数据。

有人说，高人还是存在的，只是不知道其有效期有多长。信哉此言。大家都知道，美国高手拉瑞·威廉姆斯在1987年罗宾斯世界杯期货实盘大赛上一年获利11376%，而这项赛事至今依然是薪火相传，但其后的最高纪录也不到此人的一成，威廉姆斯自己却再也没有出过风头了。而网上多次报道的武汉某女炒手从4万元到1450万元再到5万元的过山车经历，则是一个明星湮灭的俗套故事，因为这个落差并不惊人：前面提到的棉花奇人的20亿元赢利在2012年的一场大战中，就一下子损失10亿元。这类大戏天天上演，使人常常感受到期市之无常。倒是一些不求暴利只求稳定的人，日久见功力，默默地成了期货市场上的不死鸟，这些人是鬼才，是寿星，是得道者。

一般来说，每次都做错的人倒也不常见，所以期货投资者基本上都有过赚钱记录，甚至做顺手的时候左右逢源，颇值得一吹。但是，把时间周期拉长一些，您会发现持续赢利者很稀缺，这些人被称之为寿星。有些投资者似乎是期市二传手，某一时间段灿若盛花，但一场大梦过后就黯然谢去春红，散做护花的春泥了。二传手都是些不知市场深浅的人，他们太过自我，往往把偶然的赢利当成必然的结果，然后在这种顾盼自雄的心态下，慷慨地把利润白白推送给了对手，包括直接交易对手方、交易所、经纪商和寿星们。而这些寿星是期货上帝的宠儿，随着中国期货市场发展历史的积累，财富向这些人手中集中，将是一个必然的趋势。这个趋势会让中小个人投资者承受越来越大的压力，所以最终必然会呼唤专家操盘，呼唤CTA制度。

投机市场如此险恶却能永续生存，主要原因是利益驱动型的新手前赴后继，因为市场上机会多多，赢利空间又不止十倍百倍。更何况，这些舍身饲虎者中，大部分人却信自己是聪明的，是可以比市场多算一招的。如果有百分之二十的利润，资本就会蠢蠢欲动；如果有百分之五十的利润，资本就会冒险；如果有百分之一百的利润，资本就敢于冒绞首的危险；如果有百分之三百的利润，资本就敢于践踏人间一切法律。听着耳熟吧，这是资本论里的经典语句。试想，期货投机的或然利润何止百分之三百，屌丝平民没有机会践踏法律，但可以设想去践踏交易对手，这些无辜的对手是炮灰的主要原料，也是期货市场运动的垫脚石。

几家经纪公司统计的结果表明，一百个投资者中，三年后只有一个能够做到持续赢利，半数以上的人，几个月就元气大伤了，其余的如果幸运还可以混个二传手，但这些二传手大都最终会成为二手炮灰。从炮灰里爬出来的"剩者"，还要面临时间的严酷考验，一不小心，还有可能中场被淘汰，绝难复生。因为期货市场客观上是要求大多数人不赢利的，您要想体面生存，要成为期货寿星，请先听一听老江湖们的忠告：操守正直的信仰，稳定卓绝的技能，坚持不懈地努力。

期货市场的生态由以下生物组成：交易所、经纪商、寿星、明星、炮灰，虽然交易所是传说中的非营利机构。如果您有幸成为明星，请在脂浓粉香时全身而退，因为炮灰已是过去式，寿星、经纪商和交易所都是或明或暗的猎手，所以明星逃吧逃吧不是罪，你们中的绝大多数注定与寿星无缘。当然，如果您在以下章节的自我评估中成绩优良，又与我们将要详细论述的期货寿星特征基本吻合，那么您可能确属江东才俊，建议您携第一桶金暂离市场，回家后请时常掐掐自己的大腿，确定自己的赢利确是用心搏来而不是梦里黄粱的话，亦不妨再选吉日卷金重来，日后寿他一星，也未可知。

TIPS: 证券期货市场客观上是要求大多数人不赢利的。您要想在市场里体面生存，要成为期货寿星，请先听一听老江湖们的忠告：操守正直的信仰，稳定卓绝的技能，坚持不懈地努力。

第二节　寿星口供初解密

持续追踪证券期货寿星的阶段性成果，就是得获素材三类：对正版真人的印象、访谈笔记、影音资料。其中印象是鲜活的记忆，笔记是沉甸甸的一大摞，录音录像却是横躺竖卧于硬盘之中，直观上无法感受它们的分量。这也是西方奇技淫巧的不可爱之处：肚量虽远迈充栋宇汗牛马之数，却总不如韦编三绝、批阅百斤来得有质感。几年来，我们约访了二十多位国内顶尖的寿星，有本团队的过往或现任盘手，也有化外高人；有行座不更名姓者，也有鄄名隐们。

鄄名隐何也？作者自云，因诸寿星大都曾历过天堂泥犁一番梦幻，如今拈花一笑，流水不争，故而要求将其真名隐去。为避匪兵甲匪兵乙之俗，本着为尊者讳、为亲者讳、为贤者讳之三项基本原则，名之曰鄄名隐：非不书也，书而迂曲其文耳。故而除部分实名猛人外，其余高人之真名皆隐矣，如有雷同，即请曝光其真名实姓于网络，如此，作者即可借人肉之说，消弭某某寿星拒绝本书用其真名之懑闷，善莫大焉。

接触他们，我们用的是最笨拙的谋面方式。因为期货寿星大都是名可得而闻，身难得一见的高人，如果请他们答电子问卷，即使收到回复，也不知道网络那头的答卷者是不是一条狗，如果直接发给纸质问卷请他们填写，就很有些街头调查的意味，虽可肯定被访者是人类，但你如此草率不周，对方就未必愿跟你讲人话。为听到"人话"，我们找机会和寿星们闲茶闷酒谈玄论道，甚至呼卢喝雉、击兔伐狐，借其革命意志薄弱之机，才设下圈套各个击破，拷问出了活色生香的口供。

天马行空的聊天，当然比预先设计好的答问要入味得多，这些以气相合时侃出来的言辞，不期然构成了本书的重要基础，更收获了一些不期然而然的妙语，反而超越了有板有眼的问卷反馈数据。因为割舍不了这些活色生香口供，我们就无法按原计划把本书写成逻辑学或统计学的期货版，所以这些代圣人立言的事还是留给严谨的学者去做吧。我们的兴奋点在于窥探了寿星们真实的投资苦旅、过往的风吹日晒，原来，手握圣杯的寿星们也是这样一路走来的，他们也有悔也有泪，也有灰头土脸，也有创巨痛深！同时，我们用研究者的冷眼观察他们的求索，他们的悟道，他的无为而无不为，也以思考者的角度来分析和追溯他们的虚心、专注、辛劳和坚韧，最后以研究者的视角来总结他们成功的必然和偶然，进而发现其共性，供证券期货求道者模仿参阅，或对照自省。

我们仰慕这些寿星，当然也会艳羡他们功成后的衣香鬓影和高车驷马，但我们更在意的，是他们身历的苦难和内心的修为。我们愿以市井之心窥视他们当年的不堪，临摹他们蜕变的轨迹。我们愿以草根的卑微心理，固执地认为草根的他们更可爱，辛苦的他们更真实。因为我们学习成功者，应该学习他们成功前的意志力和执行力，而不是他们成功后的挥洒自如。您对他们的真实评价，是"大丈夫当如是也"还是"彼可取而代之"，可能在一定程度上暗示甚至明示了您在期货上能走多远。

拜访证券期货高手不容易，因为他们大多是淡泊的宅男宅女，是孤独的思想者和践行者，不像口吐莲花的股评达人那样可以招之即来，来之即吹。更何况有些盘手认为知者不言，就是说出来就不灵了，所以这些人会倾向于三缄其口，还有人甚至认为，证券期货市场上战胜高手的办法就是号召更多的人去学习他！历史上似乎林君育容就是这么干的，但是没有成功，可能林总面对的是现货市场吧。

许多成功者其实并不是成名者，他们专注市场，深居简出，非圈内人士一般不知所踪。即使见到他们，问及个人的经验和经历时，不少人都是"一般人咱不告诉他"。为了成为他们心目中的二般人，我们仗着本团队的薄名，或诱使他们来访，或深入他们的虎穴，或在某活动中"偶然"相遇，不过，要达到让他们开口的目的还得因材施教：该打击的打击，该利诱的利诱。有些施以俊男美女，有些施以美酒美器，对个别油盐不进的特殊材料，咱就"严刑威逼"，不信你金口不开！不过也有个别钢铁大侠，至今还不愿接受"拷问"，我们在此代读者发出狠话：子曰好经验需分享，否则无异于被窝里看短信！所以，规劝你们早日找到组织，主动交代问题，方不负我等宵衣旰食之辛苦，以及革命群众盈盈秋水之期盼。

由于路线正确、执行得力，所以这样的游击战术还真是不断奏效，我们因此得以经常和这些隐身人在办公室、在酒店、在马路边、在寺庙、在夜总会、在马背上、在山居小舍面晤。这些地方听来极暧昧，但咱不打酱油不打醋，只是来代表革命群众"拷问"期货寿星的，目的是撬开金口，将其吸金大法明之于天下，供劳苦大众捧之、抨之、喜之、晒之、骂之、学而实习之，果若如此，吾等亲见美事之告成，岂不懿欤！

以上所说的访谈过程，听来气势很大，但引起话题的问卷其实只有寥寥几行：

一、您怎么看待自己的成功，可以复制吗？

1. 不可以

2. 基本可以

3. 可复制给极少数合适的人

4. 仅有些指导作用

二、您从业多少年才开始稳定赢利的？

1. 2年以内

2. 3到5年

3. 5年以上

三、您曾经爆过仓吗？有多少次？

1. 0次

2. 1到3次

3. 3次以上

四、你是主观交易者还是客观交易者？

1. 主观交易者

2. 客观交易者

3. 根据情况而定

五、你认为天赋重要，还是后天努力重要？

1. 天赋重要

2. 后天努力重要

3. 说不清楚

六、你的年复合收益率是多少？

1. 10%以内

2. 10%～25%

3. 25%～50%

4. 50%以上

七、你的交易模式是别人教你的，还是自己摸索的？

1. 别人教的

2. 自己摸索的

3. 两者都有

八、你是严于律己的人吗？

1. 是

2. 不是

3. 不完全是

九、你最喜欢读哪一类书?

1. 财经

2. 历史军事

3. 哲学宗教

4. 以上都不是

十、谈谈自己最深刻的体会?

前九个问题容易定量,答卷规范,我们将先行罗列结果于下,呈请列位读友阅示,其中如有见贤能够思齐者,则吾愿甚慰,后文我们还将对这些"成功者说"做进一步阐释解密;第十个问题的设计,原是为了补充问卷覆盖面的疏漏,但不曾想得到的反馈却是最灵动、最精彩的。在回答这个问题时,寿星们也有笑而不答的,但大多数却是信马由缰、恣意汪洋,说到动情之处,屡见击节而歌甚或潸然涕下者。本节囿于篇幅,暂且按下不表,留待以后设专章铺陈。

现将我们对寿星们的拷问结果初步展示一下,个中深意,以下章节将一一解读。

他们给出的答案,我们统计了一下,大概是这样的:

一、您怎么看待自己的成功,可以复制吗?

1. 不可以61%

2. 基本可以13%

3. 可复制给极少数合适的人22%

4. 仅有些指导作用4%

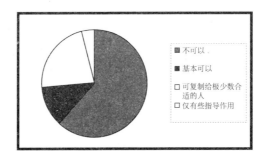

二、您从业多少年才开始稳定赢利的?

1. 2年以内23%

2. 3到5年64%

3. 5年以上13%

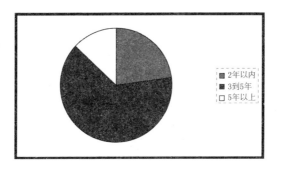

三、您曾经爆过仓吗?有多少次?

1. 0次9%

2. 1到3次17%

3. 3次以上74%

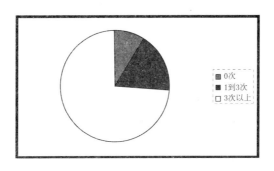

四、你是主观交易者还是客观交易者?

1. 主观交易者36%

2. 客观交易者53%

3. 根据情况而定11%

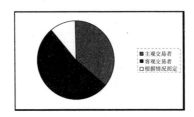

五、你认为天赋重要, 还是后天努力重要?

1. 天赋重要57%

2. 后天努力重要31%

3. 说不清楚12%

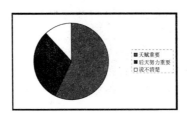

六、你的年复合收益率是多少?

1. 10%以内14%

2. 10%～25%43%

3. 25%～50%21%

4. 50%以上22%

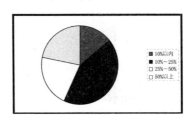

七、你的交易模式是别人教你的，还是自己摸索的？

1. 别人教的35%

2. 自己摸索的52%

3. 两者都有13%

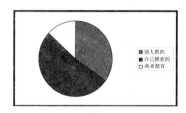

八、你是严于律己的人吗？

1. 是62%

2. 不是23%

3. 不完全是15%

九、你最喜欢读哪一类书？

1. 财经34%

2. 历史军事34%

3. 哲学宗教27%

4. 以上都不是5%

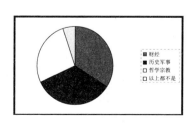

从这些结果看来，天赋高于后天，严于律己高于规则，爆过仓的高手多多！更有意思的是，期货操盘还是高学历不如低学历！是不是因为高学历者喜欢搞高难度，而证券期货交易都是一些简单法则？当然，做量化的高人除外。

我们访谈的这些杰出的赢利寿星，来自不同的地域和教育背景，入行经历又千差万别，他们各有个性，各有理念，经历过不同的挫折，但一个共同点就是经磨难无数百炼成精。他们都有一个共同特点，就是十数年专注于专业训练，持续学习实践，并获得了可重复的成功，少数人会持续关注这么长时间以至成为卓越者。仅有努力是远远不够的，经得起重压才是成功的秘诀，这也是为什么寿星会那么稀少。巴菲特偏爱选择40岁以上的经理人，这也是对我们交往的寿星们大都有10多年经验的一个解释。他们大都认为，杰出是追求专业投资过程中或许偶然的结果。

这些都是鲜活的成功者说，先对比一下，您和寿星们的相似度高吗？您符合其中哪几条？您的最大优势在哪里？这些问题您得自己回答，您是否有信心留在市场还得自己把握，我们给您的选项是：

1. 找到自己操盘的核心竞争力（如果有的话），并玩命强化之；

2. 不做操盘手，但为期货人；

3. 远离市场，回家抱娃！

这是每个投资者必做的单选题。

TIPS： 天马行空的聊天，当然比预先设计好的答问要入味得多，这些以气相合时侃出来的言辞，不期然构成了本书的重要基础，更收获了一些不期然而然的妙语，反而超越了有板有眼的问卷反馈数据。我们的兴奋点在于窥探了寿星们真实的投资苦旅、过往的风吹日晒，原来，手握圣杯的寿星们也是这样一路走来的，他们也有悔也有泪，也有灰头土脸，也有创巨痛深！同时，我们用研究者的冷眼观察他们的求索，他们的悟道，他的无为而无不为，也以思考者的角度来分析和追溯他们的虚心、专注、辛劳和坚韧，最后以研究者的视角来总结他们成功的必然和偶然，进而发现其共性，供证券期货求道者模仿参阅，或对照自省。

第三节　为什么你不是那个奇迹?

股票期货注定是极少数人赢利的市场，这个少数人的占比到底有多大，虽然版本不少，但排除运气太好想赔都难的之外，以二年为期说是百里挑一并不过分。如果再要求三年以上持续赢利且有系统必然性，说万里挑一，您也不要吃惊。万里挑一，可以算得上奇迹了吧，一般谁可为之? 有不少人可能会问，为什么自己不是那个奇迹?

这个问题的答案很多，我们这一节的工作，就是试图总结出其中最基本的最有共性的，供投资者对号入座，如果在这里找不到适合您的"座位"，恭喜，您是有寿星基因的少数人。

一、市场生态恶劣

说证券期货是零和游戏的说法太过客气。您去看看管理层的脑满肠肥，看看"非营利机构"的高楼大厦，看看经纪商的一掷千金，看看评论家研究员数据商的丰厚薪资，您就明白了零和市场只是崇高的理想。当然，他们的存在提供了市场服务，是必不可少的;但客观上他们是市场的抽血者:生他们者爹妈，养他们者股民。在一个客观上要求大多数人都是输家的市场，在一个机构和狙击手遍布的市场，普通投资者入市前请对着镜子大声问问自己:您的核心优势在哪里? 您凭什么能从别人手里抢到钱?

您想在市场体面地生存，您就一定会遇上最惨烈的争夺，因为投机的本质是抢钱，并且您还得买各种门票后才有资格进入这个抢钱场，所以这里注定是饿虎环侍，其态眈眈。但投机市场也很公平，有能力有毅力有运气者总能闯关成功，这就是赢家，如果闯不过去，那就悄悄退回您原来的生活吧，即使涕泪横流，即使咬碎后槽牙，市场也不会在意您的悲伤您的痛。能否成就投资梦想，并不是看您有多聪明多能干，而是看您能否笑着渡过难关。这是赢家的共识，跟您承认与否没半点儿关系。

拥有长期稳定挣钱交易系统，并有强大执行力的人不多，但这些高手寿星象抽水机一样在市场年复一年地抽水，再考虑复利的因素，以市场里面的这些资金也只能维持这种严酷的生态。所以市场必然是残暴无常的，它一定会用各种方法证明大多数人是无法在市场中长期存活的。有人总结为什么期货投资者大多数是要被打败出局的，很是入味：

做趋势的人多数死在震荡里；

做盘整的人多数死在趋势里；

做短线的人多数死在暴拉里；

没方法的人多数死在乱做里；

有方法的人多数死在执行里；

靠主观的人多数死在感觉里；

靠消息的人多数死在新闻里；

如此看来，真是死法多多，活着就是奇迹！经历这些劫数都没能被整死的，才是金刚不坏之身，是少之又少的真正王者。

二、盘商不够

"盘商"是我们在多年招录、培养、考核操盘手的实践中，以及与业界强手交流的过程中总结并首先提出的一个概念，我们曾在《期货日报》上详细介绍过，结果无数媒体转载并获得了广泛的认可，读者大都认为这个概念有助于操盘者在投资能力方面重新认识自己，从而少走弯路。什么是"盘商"呢？简单地说，就是面对投机性的"盘子"，例如在证券期货黄金外汇市场甚至某些赌局，有一个高度的专注并有超强洞察力执行力的人群，这个人群的某些共性，某些与生俱来的特质，就是"盘商"。

人往往无法正确认识自己，尤其是涉世不深者，大多数不知道自己能做什么和不能做什么。回忆少时的同窗，有时会倍感可乐：一位常常在7个音符中唱出8的同学坚信自己是做音乐的料，一位粗懂文革体的同学竟认为自己可以当作家，至于一大堆长大要当科学家的同学们，往往连牛吃草问题都没办法掰扯清楚。无知少儿这么幻想是可爱的，成人多年的您如果也这样认识不清自己，就悲剧了。

怎么认清自己是不是做交易的料呢？让我们从智商情商说起。我们知道，高智商的人适宜于做学术，高情商的人适宜于处理人际关系，智商情商双高的人几乎无往而不利，但这"双高"人群能做好证券期货投资吗？答案是不一定，这个结论可以透过无数智勇双全的高富帅在市场里败北的案例加以佐证。那么，哪一种商数高的人群适宜于证券期货投资？是富爸爸说的"财商"吗？也不是。那么，到底是什么呢？通过多年的观察研究，我们认为适宜于证券期货投资的，都是"盘商"极高的人。

"盘商"是我们的一个课题组设计的，基于智商和情商的衍生概念。盘商不是孤立的，而是与人的其他智慧和能力密切相关的，是结构性的。我们知道，智商是由德国心理学家施太伦提出的表示人的智力高低的数量指标，情商是由美国心理学家戈尔曼提出的，是自我情绪管理以及管理他人情绪的能力指数。后人东施效颦，又设计出了许多商数，包括德商、逆商、胆商、财商、心商、志商、灵商、健商等，按照成功学的说法，这些就是成功人士所必须齐备的"十商"。如此看来成功学是够恐怖的了，能全部做到这一切，不是高帅富的完人，至少也得是无敌的金刚战士，果如此，成功该是多么的难以想象。

其实，通过对一系列案例的跟踪我们发现，即使以上"十商"具备，也不一定能够在证券期货和其他投机市场取得成功。

我们认为，成功的操盘手应该有高"盘商"，意思就是，有理解和洞察投机市场的能力以及面对市场变化的快速应变能力。这个"盘商"和以上提及的"财商"大异其趣，前者是指专业的操盘能力，后者是指平时把握金钱的习惯，例如算账，节约，鸡蛋要装在几个篮子里，等等。财商是《富爸爸，穷爸爸》一书中提出的概念，是指一般人的理财及配置资产的能力，是认识财富和驾驭财富的智慧。它包括正确认识财富及其规律的能力，还有正确应用金钱合理消费及保值增值的能力。

一个人的"盘商"多高，应该如何量化，我们曾做过系列研究。在多年招考培养操盘人员的实践中，我们用过许多套考题，开始时基本上都是技术面基本面还有案例分析的，如此几年下来，我们发现在这种模式下得高分的，大部分人其实并不能在实操上有好的表现。许多年的摸索后，我们根据优秀操盘手的共性，特别是一些本能性的特质，最终优化成了与书本知识无关的一套测试模式，在实践中被证明是行之有效的，所以常常被同行借鉴。有了心得不敢独享，现在此公布一套自测题，请认真试做一下，如果过不了分数线，你有必要重新做职业规划。

以下各题，每题0分到10分，请根据实际情况自行打分。请如实回答这些问题，如果您智商高到不顾事实地给自己高分，市场终究会让您支付成本的。

你打牌输钱了会生气吗？会通过疯狂加码来翻本吗？（生气加码者酌情减分）

你习惯于深度思考吗？你会专注于一件事而忘了周边事物的存在吗？（无此习惯者酌情减分）

你到了赌场，会仔细研究规则，并冷眼观察后再下注吗？（匆忙下注者酌情减分）

打扑克牌时，你头脑里有没有一个什么牌在谁手里的基本图像？有没有当前形势的大图景？（不深入分析牌甚至随手出牌者，酌情减分）

如果需要，你可以淡泊到做宅男宅女吗？（做不到者酌情减分）

对自己目前应该做的事情，你是否会不计成本地去做？（做不到者酌情减分）

你犯了错误时，是急于做出解释，还是真心反思？（急于做出解释者酌情

减分）

你的左右脑都很发达吗？别人会说你第六感强吗？你能根据微妙线索来判断一件事情的发展吗？（如果不是，酌情减分）

你突然被人无端责骂时，头脑里会一片空白，本能地迅速骂回去呢，还是镇静一下然后问对方为什么？（如果立即回骂，酌情减分）

如果你权衡利弊后自愿加入某组织，您会严格遵守该组织的纪律吗？你自律吗？（如果自律能力欠缺，酌情减分）

如果你自测结果接近100分，恭喜！这种天分，如假以时日，得遇良机，你一定会自成一家；如果你得分90左右，你就拥有在投机市场体面生存的潜质了；如果你能得80分左右，你基本达标，属加强自律后前景可期的一类；如果你得70分以下，你在这个严酷市场上持续生存的概率就很小了。

如果你得分偏低，也不是什么坏事，因为期货本身就是极少数人可以体面生存的严酷市场，并且优秀操盘手由于太与众不同，往往从世俗角度衡量的话，大多都不属于社会主流。如果你得分不高又热爱证券期货的话，可以去做研究，可以去做市场，可以去做管理，这些一样也是通往成功的道路，而且更容易成功。

我们想要说的是，优秀操盘手的某些特质可以经过锻炼得以强化，但是无法在成年以后开始形成，这是因为这类特质一部分来源于脑组织的先天结构，另一部分则来源于蒙昧未开时就已形成的基本习惯。我们这么说并不意味着读书学习以及投资经验不重要，不过这些都是可以被复制的，而上述的一些特质是自然禀赋的和结构性的优势，不容易甚至不可能被复制。

我们经常说的盘感，基本上是"盘商"的一部分，盘感只是对行情研判的层面，盘商还包括了执行层面。

三、专注不足，功课不够

如果你的盘商够高，你离成功就差四个字了：专注，努力。

神仙本是凡人造，只是凡人心不牢。自身有了基本的条件，你只是具备了成功的条件，钱钟书说，要成就功业，最聪明的人偏偏得下最笨的功夫。没有人可以代您修炼代您行事，你得有"若不至天竺，终不东归一步，宁可就西而死，岂东归而生"的决心和信心，才可能得偿夙愿。要做到这一切，"专注"是个必然要求。做任何事情都是得先在一个点上专注深入，然后才能触类旁通，要做到专注就得心无杂念多闻多思，同时还得能够简单生活淡泊名利，这些都是不容易做到的。巴菲特曾提到：盖茨的父亲问了大家一个问题，人一生中最重要的是什么？我的答案是"专注"，而比尔·盖茨的答案和我的一样！想一想，为什么全球财富双雄都一致认为做事最重要的是"专注"？想想，想，再想想！默想这个问题十分钟，可能会改善你的境遇，你可以不相信，但盖茨和巴菲特相信，是吧。

专注是证券期货投资成功的关键，投资者专注于某种有效的策略，只有真正深刻理解并在实践中长期反复运用，才能真正驾驭这种策略，从而获得满意的回报。如果你常常在几种策略之间朝秦暮楚，原因往往是对任何一个策略都是只懂皮毛，长期处于这个状态的话，市场的响亮耳光会让您清醒的。

如何才能专注呢？这就是常说的严格的目标管理、时间管理、项目管理，还有自我管理。做好自我管理，修身养性也是一个必然的途径，对此，我们以后会辟专章论述。

圈内人都说，市场上的超级大赢家往往看来都像是愚钝之人，他们用最傻的坚持换来了最牛的成功，这就是专注的力量。刚入行者往往浮躁，但随着年龄和经验的积累，再加上自身修为的提高，浮躁的心态是能够戒除的，否则市场会请你到别处发财的。市场上有人专注得可怕，他们不认可几个篮子的理论，建议一生只做一只股票或一个期货品种，这种说法虽然偏激，但循着这条路径获得不俗收益者也大有人在，这个也从一个维度上说明了专注的力量之所在。不过，这种专注一般人真的做不到，能做到的人，离成功就不远了。

做投资不需要那么多花招，大道至简，我们需要的是把复杂的问题简单化，然后坚守。最简单的往往是最有效的，只是在大多数情况下，我们忽视了最简单的道理。

四、有致命的硬伤

无法在证券期货市场长期生存的投资者各有各的原因，但这些原因从本质上看又非常类似，甚至如出一辙，以下根据我们的实践把这些最常见的硬伤类型罗列出来，供投资者对照自查，有之应深刻反省，一定会对您有所裨益，无之也不要暗自偷着乐。

没有完整的交易计划，没有进攻和防御方案。入市点、止损点、止盈点选择随意，甚至一概欠奉，没有任何成熟的体系做支撑。往往是盘前不做什么功课，盘中跟着媒体评论和市场传言随手操作，由于逻辑的混乱和无序，这些人通常会平掉好单子，留下套住的单子，最终把自己逼在一条死路上。

试图利用信息不对称获利。有些人盲目追逐主力动向，打听市场消息，岂不知这些东西即使是真的，作为普通交易者，您当然不可能在第一时间得到，小散都知道的消息一定是早已被消化过的甚至仅仅是传言。许多不成熟的投资人在了解基本面的一个消息时，就一厢情愿地认为要影响到趋势，于是死盯不放，即使技术走势已经逆转也执迷不悟，结果可想而知。

没有连续运用的自己的交易系统。每个成功操盘手都应该在实盘经验的基础上，结合自身特点找到合适的交易模式，然后整理升华为一套交易系统，而且还必须得一贯性的运用它。不要轻易另起炉灶，因为交易系统本身并无优劣之分，适合自己的就是最好的。

常抱侥幸心理，不懂得适时止损，不愿认错不知道向市场低头，不知道自己对市场的看法太过肤浅。有些人甚至还常常会孤注一掷，不仅不止损而且还经常为已经亏损的单子加码。有一副对联，建议不懂得止损的人贴在自己的交易室里：止损对了真英明，止损错了也正确；横批：止损如军令！

太有看法。实际上这是一种褊狭，市场没有那么民主，您认为行情将上涨到九霄云外，或跌到第十八层地狱，这些都没有人去关心去理会，市场会用各种方式告诉大多数人，个人的判断基本是没有价值的。

没有头寸管理意识或头寸管理不当，动辄满仓操作，在巨大的不利波幅时，被迫斩仓出局，严重时甚至一次大亏后就没有了存活下去的机会。市场中不留风险资金，这就意味着没有足够的资金去应对市场中随时出现的万一。

没有良好的交易习惯。大部分投资者失败，不是不知道，而是没做到。充分了解市场并认识自己，把别人的经验和自己的理念、方法做成习惯，您就成功了一大半。

五、满足了失败者不等式

根据多年来的集体智慧，我们总结出一个不等式组，想必可以回答大多数投资失败者的各种提问：

有计划+没行动≤零

有机会+不会抓≤零

有实践+不求道≤零

有进步+没耐心≤零

有学习+没思索≤零

有能力+不努力≤零

有原则+不坚持≤零

有问题+不敢冲≤零

有冲劲+没效率≤零

有人可能会问为什么会小于零？因为这一因素可能成为负能量，至少也浪费了机会成本。各位，请套套这些不等式，扪心自问三遍：为什么您不是那个奇迹？

除了以上种种外，还应该以成功者为镜照一照自己的行为模式，不单单是交易，还有日常生活。成功投资者的要点大而化之地说，就是以下几十个字：认真感悟市场，努力提高修为，克服人性弱点，逐渐强化自信，雄心信心加耐心，然后再加上不怕伤心！其实，他们在日常生活上的习惯往往也不输于交易。当然，这只是粗线条的描述，我们会在以后的章节里对其条分缕析地深度剖析。

TIPS： 高智商的人适宜于做学术，高情商的人适宜于处理人际关系，智商情商双高的人几乎无往而不利，但这"双高"人群能做好证券期货投资吗？答案是不一定，这个结论可以透过无数智勇双全的高富帅在市场里败北的案例加以佐证。那么，哪一种商数高的人群适宜于证券期货投资？是富爸爸说的"财商"吗？也不是。那么，到底是什么呢？通过多年的观察研究，我们认为适宜于证券期货投资的，都是"盘商"极高的人。

第二章

从基本面看操盘手

第一节 操盘手是什么工种？

职业期货操盘手是什么工种？答案几乎是现成的：期货市场的作手嘛，当然是做金融的啦！可能还会有不少人愤而逆袭：问这个干吗？有实际意义吗？

还真有。一个人做事，总得知道自己所做的事属于哪一类，凡事名正而后言顺，而后事成。如果操盘手被认定为做金融的，那么，想成为操盘手的新人就会一心学习金融知识，例如读货币银行学，读金融工程学，读金融阴谋论等等，但其实这是搞错了方向。我们这么说绝不是为了雷人，因为金融这个桂冠对操盘手来说有点儿名不副实，或者说金融之名对操盘手来说是不正的，这个不正，对想做操盘手的新人来说，会影响到将来的事成。所以，弄明白了操盘手是什么工种，要想成为优秀的操盘手，您就会针对性地去学习这类工种的公共课，以提高这类工种所必需的修为。无论您做哪个行业，该看什么书，该思考什么问题，该养成什么习惯，该磨炼什么心性，都需要有一个导向。如果您问，做期货的人深入学习金融知识有用吗？我们的答案是：基本没用。所以我们想请您预支一手信任，听我们一句，把金融工程学和金融阴谋论丢在一边，这叫止损！您的时间，应该去专注于对这个工种更贴合的东西。

那么，想成为一名优势的操盘手，应该练什么功夫看什么书呢？莫急，看完本章，相信您就会有自己的答案了。您该学什么，不是一个兴趣的问题，而是一个方向的问题，否则，您跟错师傅拜错佛，白白地浪费了时间，事倍功半这个成语就是说您的吧。

这还真不是危言耸听。如果您认定期货操盘手是金融从业者，您就应该读金融书籍吧？那么，请看书单"金融从业者必看七大图书"：

1. 曼昆《经济学原理》；

2. 弗雷德里克·S.米什金《货币金融学》；

3. 弗兰克·J.法博齐《金融市场与金融机构基础》；

4. 滋维·博迪《投资学》；

5. 斯蒂芬·A.罗斯《公司理财》；

6. 保罗·克鲁格曼《国际经济学》；

7. 约翰·C.赫尔《期权期货及其他衍生产品》。

以上这份书单里的书，您看过几本？如果您真的用大量时间把这些书搞明白了，我们应该说，您就真的是拜错菩萨了。按说多读书并没有什么坏处，但操盘手的时间真正就是金钱，这么珍贵的时间干吗不用来多读些对路的书，做些对路的事？

我们来谈谈工种吧。您所处的行业和您自身的工种不是一回事。这个应该没错吧，就像一个钢铁企业，所有的员工当然都是钢铁行业从业者，但其中的会计师和车工师傅肯定不是一个工种，大家虽然都在一口锅里吃饭，但各自在专业范围内需要提高的东西，却是风马牛不相及。

所以，我们有必要搞明白操盘手的工种，才能建议这类人员该学什么知识拜什么佛。先说说我们的结论：虽然期货业无疑属于金融行业，但操盘手作为期货市场的直接参与者，却是金融这个大行业里的其他工种，具体一点儿说，我们认为，期货操盘手应该属于是竞技体育行业，与搏击师有较高的相似度。

这个说法是不是太突然了？可能是吧，但我们必须这么说。如果搏击师这个称谓听起来不那么智力的话，我们可以认为他们像围棋专业选手，借用日韩棋界的说法，就是胜负师。

先不要诧异，听我们慢慢道来。

为什么我们要说操盘手有些像围棋选手，而不是像其他棋类选手，比如国际象棋呢？这是因为围棋是最复杂的棋类游戏，是棋中翘楚，围棋对弈中的艺术性，和期货操作颇多类似之处。在这方面，其他棋类却相去甚远。

再看看职业分类。《中华人民共和国职业分类大典》将职业归为8个大类，分别是：第一大类：国家机关、党群组织、企业、事业单位负责人；第二大类：专业技术人员，其中包括14个中类，115个小类，379个细类；第三大类：办事人员和有关人员；第四大类：商业、服务业人员；第五大类：农、林、牧、渔、水利业生产人员；第六大类：生产、运输设备操作人员及有关人员；第七大类：军人；第八大类：不便分类的其他从业人员。

其中，专业技术人员包括14个中类，若干小类和细类，但都是指的工程技术人员，与操盘手没有多大关系，其他的几个大类又基本不沾边，所以从宏观上说，我们的操盘手只能属于第八大类：不便分类的其他从业人员。这里边，有不少是和艺术沾边的，例如演员大厨、心理大师、巫师道人、棋手球星。

从大的行业分类来说，期货无疑是属于金融行业。期货公司以经纪和结算为主，具有明显的金融行业特征。但是，操盘手虽然披着数字和曲线的财经外衣，但他们的工作本质上和金融大异其趣，他们更像侠客，更像棋手，更像竞技体育选手。

说期货操盘手像棋手也就是胜负师，因为棋手这个工种关乎智力对抗，貌似有一些靠谱了。又因为棋类属于竞技体育类，这么说来，将操盘手归类到竞技体育类，也就不那么突兀了吧？

可是，棋类为什么算是体育行业？

以下是国际象棋符合体育项目的八大特点：

1. 具有广泛的参与性。目前在世界范围内拥有10亿棋迷。

2. 具有娱乐性。大多数棋迷下棋都是为了身心娱乐。

3. 具有衡量表演原则。正像其他项目运动员争取提高成绩一样，棋手们热衷于争取棋艺理论上的提高和完善。

4. 具有规章准则。国际棋联对各种比赛、计算等级分、授予棋手称号都设有严格的规则。

5. 具有完善的比赛形式。

6. 具有权威的赛制赛规。国际棋联举行的世界锦标赛自各个国家开始，经过分区赛、洲际赛获得参赛资格。国际棋联拥有各种管理机构和委员会监督相关规则、条例和授予国际称号及比赛标准等。

7. 具有国际化。国际棋联现有成员国（地区）159个，是成员国仅少于国际足联的第二大单项体育联合会。

8. 具有体力消耗。棋手下棋不只是用手，坐着不动，它实际上确是一种体力脑力消耗型的竞赛。

（资料来源：网络）

而围棋在这些方面与国际象棋是相似的，都需要体力消耗，都需要调整状态，所以和国际象棋一起归入到竞技体育类当中，也算是顺理成章了。

说到这里大家可能就基本明白了，但是，说期货操盘手类似围棋棋手，还基于以下原因：都是规则简单的复杂游戏，容易入门但极难精通；胜负对决靠的是现场发挥，静态的知识不是制胜的关键，因为大家都对此都十分熟悉；形势复杂和微妙，往往无法用言语来表达清楚；看似纯智力游戏，实则有极大的体力消耗；韧性比水平重要，心态比经验重要。

那么，股票操盘手是否算是金融从业者呢？

我们认为，算是。表面上看来，期货操盘手和股票操盘手差不多，事实上这两者之间也确有不少共通之处，但仔细琢磨，您会发现其本质大相径庭，这也是为什么股市高手到了期货市场一般得交出高昂的学费，并且大部分人的学费还是白交。

相对于期货操盘手来说，股票操盘手是真正的金融从业者，因为他们要关注宏观形势，了解几千只股票，分析上市公司的财务报表，研判上市公司的内在价值，即使在基金公司，有专业人员为他们提供研究报告并设计好股票池，但操盘手还必须得有相当的功力才能对股票加以甄别，然后决定在哪里入市。期货操盘手是披着财经外衣的侠客，他们面对的"股票"很少，而且关心的基本都是行情本身，对纯粹的投机性操盘手，特别是短线炒手来说，期货交易的标的跟他基本没有什么关系。虽然，现货的涨跌与期货价格息息相关，但他们也是姑妄听之，因为市场上人为的因素，交割时期货价格不一定收敛，价值常常得不到体现，所以现货价格只是个参考的依据而已，极端一点甚至可以说跟他们也没有多大的关系：他们不是在搞金融，而是在搞竞技。因此我们认为操盘手可以划归属于体育范畴，他们和围棋的胜负师是一样的，可以参加智运会，他们的核心竞争力是"技能"而不是知识。

如果某一天，期货操盘手协会成立，主管单位是国家体委，和中国棋院是平行关系，操盘手们才真的是找到组织了。

所以，要想成为优秀的操盘手，除了对交易规则的熟稔和对商品的基本了解外，您的功夫基本上就全在诗外了，对期货基本面明了之后，您要想体面地在市场生存，其实并不需要高深的金融知识，而极端需要对人性的洞悉，和自身修为方面的提高。

职业的期货操盘手究竟需要读什么书，注重什么修为？

我们通过大量的调查，发现专门进行交易的期货操盘手基本上都是"野生"的，他们中学什么专业的都有，学金融专业的反而不占多数。所以，我们认为对交易规则充分熟悉，对基本面分析和技术分析基本明了以后，就应读以下类型的书籍，着重在这些层面强化自身的修养：

统计学；博弈论；心理学；中国传统哲学；军事；围棋。

交易从本质上说是人的心理较量，所以心理学也是应该关注的，例如，为什么大多数人会小盈利而大亏损？心理学就可以给您答案，因为心理学的预期理论认为，当投资有所损失时，大多数人变成了风险爱好者，在侥幸心理的驱使下，往往宁愿"闭上眼"赌下去，一厢情愿地认为市场的发展将有利于自己，这样做的最终结果往往会不可收拾；而当持仓有赢利时，我们却是风险的厌恶者，宁愿尽快把利润拿到手，而不愿继续持有去博取更多的利润。明白了这些基本的原理，操盘者平时就应该注重心性的修养，在交易遇到瓶颈时，把心理治疗作为终极的解决方案。

就本质上而言，期货操盘手是理性的赌博者，金融只是其一件马夹而已，他们心性的恬淡、修为的厚重、境界的高远、内心的强大，才是至关重要的内衣。否则，脱去华丽的外衣到市场这个大海里游泳，您永远是个裸泳者。

期货交易从根本上说是一个竞局，所以就不属于金融学研究的范围了。竞局中最本质的东西就是利益的争夺，其他一切都是围绕着它展开的，所以操盘手应该注重学习竞技行业的技巧，而不是金融学的理论。在期货这种竞局中，无论您有多周密的计算，漏算总是难免的，不出现错误是不可能的，甚至少出错误也是很困难的，因为为了少出错误必须增加太多的计算，一般人无法承受。所以，参与这种竞局还要对错误这东西有正确的认识，要知道错误是不可避免的，所以犯错误并不可怕，关键是要及时改正错误，最大程度地降低错误带来的损失，能做到这一点，需要一个强大的内心，这就不是财经知识所能指导的了。

期货市场是一个自然竞局，竞局的胜负直接以金钱的得失来计算。为达到生存和赢利的目的，参与者把能用的手段都用上了，他们必须具有丰富的经验，还要保持敏锐的头脑，同时还得勤奋地去搜集和分析大量的信息，只是在计算上比棋牌的难度小得多，也比一般金融产品损益的计算要容易得多。期货市场的这种特征往往使得有较强的深度计算能力而缺乏广泛适应能力的人感到不知所措，他们常常会感觉无用武之地，这也是很多智商很高的人反倒不能在期货市场长期生存的原因之一。

所有的竞局都不是单一能力的较量，而是综合实力的对抗。比如，战争是一种武器装备、士兵素质、后勤保障能力、指挥水平等的较量；武术技击是速度、力量、抗击打能力、灵活性、神经系统反应速度、招式熟练程度等的综合对抗。这一切都很类似于期货交易，投资者需要认真去揣摩和领悟。

期货市场是一个综合竞局，既比资金实力又比信息占有能力，更要比韧性和心理承受能力。心理承受能力对胜负有着关键的作用，正确的决策远远不是全部，内心的强大才至关重要。在战争中，为了在最后阶段时然葆有战斗力，就需要保存预备队，因为战争的胜负决定于最终谁还有战斗力。这个思路对应到期货操作上，就是资金的管理和运用，这些更是操盘手所应该注重的。

赶快丢掉您手中的金融理论书籍，去读读哲学，读读军事，读读心理学吧。优秀的期货操盘手应该像是角斗士、运动员、军事家、哲学家，这些职业具有的素质就是期货人应该具有的，知道这些，您修炼的目标就明确了。

别再说期货操盘手是金融从业者了。

TIPS： 就本质上而言，期货操盘手是理性的赌博者，金融只是其一件外衣而已。他们心性的恬淡、修为的厚重、境界的高远、内心的强大，才是至关重要的内衣，否则，脱去华丽的外衣到市场这个大海里游泳，您永远是个裸泳者。

第二节　伟大操盘手的护城河

这是我们在一次交易员集训上的演讲，多年后还有人提及其中的内容，可见风评不恶。因为本文以前没有公开发表过，又曾得到过一小撮人士的认可，故而在此呈给大家分享。

首先，我要冒着被踢场子的风险告诉大家，你们中的大多数人并不适宜做股票期货投资。我的意思是，你们中的绝大多数人注定成不了优秀操盘手，但并不意味着你们不可以在投资行业发展，因为证券期货行业的生态圈，涵盖了太多的生存形态：研究员、经理人、居间人、培训师，甚至还包括了大隐于十八层之下的管理层。

人生如局，每个人在社会这个大牌局里生存，要想活得明白，你就必须得先认清上帝发给你的那副牌是什么，得评估手中的牌具有什么特征，有什么长板和短板，然后才能决定如何去出牌。经济学里面说的自然禀赋，大概就是这个意思，你要是不承认这个甚至认为人定胜天，那咱们就只能回复你一句网络流行语：旱鸭子偏要游着泳去，天使大姐也无语。根据美国一著名学者总结，做期货需要禀赋，伟大的操盘手得具备七个特质，而令人沮丧的是，这七个"特质"大都得是先天就有，基本不可能后天习得，而且拥有这些特质的人少之又少。你后天可以习得的，只能是知识的丰富和经验的积累，而这只是对既有特质的强化而已，但这些，堆积到一定程度就会效用递减了。因为，做这个行业的谁不会看书学习，谁不会有点记性？所以这些只能保证你不落伍而已，连这些都没有的话，你就早该去别处凉快了。

这七个特质，就是"伟大操盘手"衔玉而生的共性。"伟大"这词听来太生猛，这是前人的翻译之误，英文中的great，本质上更接近于"很好的"，与我们说的伟大的某某人，不是一个量级的表达。虽然如此，我还是想沿用"伟大"这个词，因为这听来挺"伟大"。

让我们看看洋专家说的这七个特质是哪些，他的原文挺长，我们只能做个摘要播报：

1. 在他人恐慌时果断买入，而在他人盲目乐观时果断卖出的能力。

2. 专注于投机，资本市场是自己的强烈兴奋点，伟大投资者是那种对此极度着迷，并有极强获胜欲的一群人。

3. 对于自己的想法绝对有信心，即使是在面对激烈批评的时候。

4. 人的左脑负责对问题做出即时反应，右脑负责总结经验教训。左脑是一个老爷级的计算机，频率极低，总是有一些安全性的思维或说是悲观的思维，基本上算是保守派。右脑控制人体的血压和心跳等，它掌管一些积极冒险或乐观的事，是个激进派。伟大的投资者应该会同时使用左右脑。

5. 对自身交易系统的有着坚定的信心，不会轻易改弦易辙。

6. 能够有效地避免重复犯错，习惯于认错和纠错，明白认错的客观标准和纠错的及时性，不会多次重复犯同样错误。

7. 最后一种，也是最少见的一项特质，就是在投资过程中，面对大起大落丝毫不改既定的投资思路。

对这七条，我很认同。如果要再精炼一下，这七条可以归纳为四条，因为第一、五、七条都是指的坚定的信念。所以进一步，我们可以把它浓缩为几个字：

兴趣、信念、机敏、坚守。

评估一下你自己，如果在这些方面都远远优于他人，你就有可能在职业交易中有所建树，但这还只是可能而已。

说来这里，可能有人会激动了：这个谁不知道！

我承认你早就知道这些，因为你对期货交易已经入门了。但我还是要告诉你，有许多圈外的"聪明人"，他们连一天期货都没有做过，却也会自负地说自己早就知道这些。请注意，知道和能做到是两回事。大多数人都不能正确地评估自己，面对简单的规则都会不假思索地说"我能"。但事实上，即使你有超凡的思想和实操能力，人性中恐惧和膨胀的本能也会经常光顾你，并不时地切断你的正常思考和操作。你得承认人性中的这个弱点，然后再扪心自问你的神经是否比他人坚强得多。

你是否先天具有这七项特质？先别急于回答。因为你未必就真正了解自己，你得慢慢去评估和验证，最好接受一下第三方评估。如果真的没有这些特质，那就不必强求自己在交易上取得成功，你大可以去做研究，做管理，做这个产业生态上的其他环节，一样可以成功，一样能做到文章政绩斐然可观，何必挤这个独木桥。先天的能力基本决定了你在这一行业能否走得更远，后天的锻炼与学习只能提高既有能力，而不能创造出真正的能力。

多年来，我们观察了许多成功的操盘手，然后研究他们有些什么共性，并试图找出这些人成功的规律。通过剖析大量的案例我们发现，他们除了拥有"兴趣、信念、机敏、坚守"这些天赋的特质外，还有七个后天可以修炼的品性：学习和操作有机互动；会及时止损；严守交易纪律，交易行为有一贯性；对交易高度专注；根据具体的波段，把握出市良机，不去做希望交易（希望交易就是当出现不利局面时，一厢情愿地希望并且认为市场会发生逆转）；合理使用头寸；永远与趋势为伍，不逆市操作。

以上这七条也可以总结为八个字：专注、学习、纪律、顺市。

于是，这两个七条就被总结成了先天八个字和后天八个字，它们分别是"兴趣、信念、机敏、坚守"，以及"专注、学习、纪律、顺市"。

你如果感觉这区区十六个字很肤浅很可笑，可能是因为你还没有踏入某个门槛，你还没有进入这个语境，你还不明白什么是"大道至简"。当然，如果你已经是伟大的操盘手了，那么祝贺你，请但笑无妨。

爱因斯坦将智慧分为五个等级："聪慧，明智，卓越，天才和简单"。聪慧就是头脑聪明或聪颖；明智就是做事理性、合理；卓越就是做事的方式方法超群；天才就是做事无与伦比；简单就是在某一细分领域，读懂读透的功力，以及目的明确的执行力。其实，不但天才不易被人理解，到了"简单"这种境界的时候，也同时会很难被人理解。"简单"说来容易做来难，势比登天。

知与行，是个古老的命题，国人为此争论了几千年：知易行难、知难行易、知难行更难，先知后行、先行后知、知行合一，各种流派各执一词互不相让，想必是各有各的道理。很多看似谁都知道的东西，其实没有几个人能够真正做得到。好的操盘手都懂得强化自己的特质，发挥自己的个性，真正做到知行合一，于是他们就成功了，顺理而成章地成功了。统计数据表明，基本上所有的成功者都是有意无意间契合了这十六个字的。

从表面上看来，成功就是这么简单，然而伟大的操盘手从知到行的方式，就各有奥妙不同了。比较他们每个人的个性，粗看起来可能会相互矛盾，甚至还有不少针锋相对的冲突，例如张三粗放豪迈，李四沉着细腻。但这只是表面上的，如果你认真观察和研究，您就会发现，他们的外部表征虽然千差万别，手法截然有异，但在本质上却是相通的。在操盘实践中，他们的差异化就形成了交易风格，但共性还是普遍存在的。换句话说，虽然他们的外部表征是如此的不同，但本质上却是与以上所说的七条特质和七条品性相暗合的，只是各有不同表象罢了。就像许多成功的企业家，他们自身也许并不懂得管理学，但他们的管理方式一定暗合着管理学的大部分共识。

优势的操盘技能本质上是一种良好有效的处理交易问题的习惯。交易员个人的习惯总集就形成了自己的交易系统，这些系统都有一个共同特征：有效且不可复制，这基本上就是巴菲特说的"护城河"，他的本意是指企业能常年保持竞争优势的结构性特征，是其竞争对手了然于胸却难以复制的内在机制。就像金庸小说里的清风扬一样，面对独孤九剑招式被破的说法，他很是不以为然："我本无招，你又何以为破"？他说的无招，其实是无形但有效的护城河。

像企业家和武术大师一样，操盘手的护城河也不可能是有形的东西，不可能是铭刻在心的某种信念，而是在长期操盘实践中形成的一种结构性优势，其核心之处别人即使知道也无从复制。任何优秀的操盘手都不是生活在真空里的，他们周边的人基本上都知道他是怎么赢利的，甚至都知道他的具体细节，但却没有人能够真正学得会，就像广告词里自诩的一样："总是被模仿，从未被超越。"

"护城河"其实并不是什么了不起的发现，它类似于我们所说的"核心竞争力"或"不可竞争性"，只是因为出自巴菲特之口，护城河才成了财经江湖上的热词。在期货市场上，没有自己亲手修造的护城河，你就无法成为伟大的操盘手，你就得忍受平庸而去做一个低端竞争者；而拥有自己的"护城河"，你就可以在自己的期货城池中应付裕如了。

以下让我们看看证券期货操盘手的"护城河"都是怎样建成的。

证券期货操盘手的护城河从何而来？当然，阅读很重要，但读太多书籍和新闻反而会过多地占据你的大脑，左右你的思维，甚至会有损你的投资表现，这就是信息过量的害处。学历和专业证书，知识和经验，只能使你更容易进入门槛或者不至于落伍，而不会形成你的"护城河"。

严介和说"企业家都是野生的"，没有地方可以培养得出来，MBA只是在教你怎么样做经理人，而且还往往不得要领。我同意这种说法，真正的高手不可以由某种机构批量生产，在许多专业领域里都是如此。就像大部分作家都是非中文专业出身一样，因为中文专业只能教您成为合格的语言文字工作者，如编辑和文案等，却永远教不会你如何写出好作品；政治家就更是野生的了，学校里的政治专业最多能教您如何去给政府做个文官，离政治家还差得太远。所以可以类比一下，伟大的操盘手也都是野生的，这就是为什么学财经专业的人在操盘手这个行业里，并没有太多的优势。

要在证券期货市场里长期生存，你就必须具备常人所没有的一些素质，诸如不贪不怕、该敏捷的时候敏捷、该守拙的时候守拙等等。想成为伟大的操盘手，你就得坚守自己的交易系统，这个甚至得需要有一点儿偏执，因为在这个严酷的市场上，只有坚守正确理念的偏执狂才能生存。而且最重要的是，在操盘过程中，你要有泰山崩于面前不改色的心理素质，唯有如此，才可以"拜上将军"，但显然，这些要求对大多数人而言几乎是不可能做到的。人都是有弱点的，克服或控制这些固有的弱点，是投资者终生的功课。

齐白石说，学我者生，似我者死。这句由木匠出身的"野生"艺术家说出的如此有哲学高度的话，我认为是适应于任何行业的，当然也适应于期货行业。这句话对我们的启示是真正会学习的人要学习别人的精髓，只学表面文章肯定是死路一条。做投资这一行，你得天生有某种"嗅觉"，或者叫"直觉"，这种天赋加上经验、知识、理念和纪律，你在交易的"当下"就会产生最直接的最合理的反应，这个境界有点儿像中医的"望闻问切"，虽很难用指标描述，但有经验的老中医心里一定能有数，这是因为长期的"操盘"使他能够达到把各种指标熔于无形而用于有形的境界。顶尖交易高手没有不提到"直觉"的，就是这个道理。直觉是护城河的重要构件，它虽是一种天分，但部分有心人也可以通过后天的强化和专注来获得。

任何人都无法精准地预测市场，无法预知市场会发生什么突变，市场也不会去顾及您的情绪和期望，它总是最正确的。期货交易中，最重要的并不是去预测市场的走向和起伏，而是如何跟着趋势走，顺势而为，跟对了就要坚守，坚守过程中的杂波是对您意志的考验，是交易中必然的成本。至于怎么发现并跟随趋势，就得看你个人的修为了。成功的交易者都是用一种系统来控制自己的交易过程，并用铁的纪律去约束您可以执行这个系统。实际上，在这个暴戾多变的市场里，我们唯一能控制的也只有这个了，这种控制力，也是护城河的重要构件。

盘感也是护城河的重要构件。虽然交易前要做许多功课，但许多成功操盘手在实际交易中，都是在一定的原则下跟着感觉走的，这种感觉就是盘感。好的盘感的产生需要一个积累和渐进的过程，必须重视"自悟"，自悟的过程是一个充满磨难的过程，应该说要完成由模仿到自悟的转变殊为不易，不少人往往还未进入这个阶段就已"身先死"了。

巴菲特说，如果有人告诉您明天会涨，您千万不要相信他。我同意这句话，所以我从来不去听别人的预测。一切技术分析包括江恩理论和波浪理论都是预测行情的，这些理论看起来很完美用起来却很困难，但这并不是说我们不必要去学习它。因为"做事不必唯书，做人不可无书"，研读一些经典著述，还是有益于开阔视野，完善自己的交易系统的。

什么思想，什么理念，什么哲学，只有两个用处：一是提高伟大操盘手的境界，二是评论家用于自我包装的语录。普通期货人要想真正成功的交易者，先要去关心三件事，并把它们做到极致：一是什么时候是开仓的关口；二是开仓后行情不利怎么办；三是开仓后行情有利怎么办。这个练好了，您的护城河就有雏形了。

事实上，一些知名的大家建立自己的"护城河"也是需要一个反复修正的过程。韦尔德发明了一系列技术指标：相对强弱指数（RSI）、抛物线（PAR）、摇摆指数（SI）、转向分析（DM）、动力指标（MOM）、变异率（VOL）等等。他经过多年的反省检讨，认识到每一种指标都有其缺陷与误区，没有任何分析工具可以绝对准确地预测市场的趋向。后来他领悟到"顺势而为"的重要性，深明"无招胜有招"的真谛，于1987年推出新作《亚当理论》，副题为"最重要的是赚钱"。也就是说，在历经市场风雨大彻大悟之后，他否定了很多技术方面的东西，故而才有"无招胜有招"的感慨，这也算是"为道日损"到一定境界就无为却无所不为吧。

目前，由于程序化交易的优势在不断地被放大，市场超级短线炒手受到的冲击越来越大了，但不久以前，市场上真真实实存在着一批这样的高手，至今也尚有一部分活跃者，他们中许多都是当年的汲汲无名之人，但通过多年对超级短线的历练，有些已然大有成就。超级短线炒手其实只遵循几项简单的交易原则，但他们把简单做到了极致，就成了成功者。所以，市场中人大都认为：一个成熟的交易员，最终必须回归到最简单、原始的几项技术，但刚起步的人不可以追求简单，您一定得经历一个修炼过程，这是成长的基础，是修造护城河的必要投入。就像学武功，基本功和套路一个也不能少，只有把基本功历练到了一定的厚度，您才有资格期望无招胜有招的高妙境界。

期货市场能够存在并且总是交投活跃的根本原因正是价格的无法预测性，如果价格可以科学地被预测，根本就无法达成交易。既然行情基本无法预测，您就得注重一致性的交易规则，它会让你站在这场概率游戏的大数一边。期货交易的目的不是预判行情，而是实现价差，价差的来源主要依赖"做错了少亏，做对了多赚"这个最基本的原则，同时还得注意自控风险。这就是交易员和分析师的最大差别。我的理解，期货无秘密，全在执行力。执行力达到了高妙的境界，你就拥有了自己的护城河。

最后还必须得说，后天的学习和锻炼也有可能建立自己的盈利模式。有那么一个群体，也许先天并不吻合以上所说的十六个字，也许无法建立起来大师们所说的护城河，但他们有定力，能守纪律，在操盘上坚持使用机械化交易，用海龟交易，用程序化交易来实现赢利，当然这样做未必能成为伟大的操盘手，但至少也可以在期货市场上混上一混，或许会有个小成。

不管你干什么，还是修条护城河吧。

TIPS： 优势的操盘技能本质上是一种良好有效的处理交易问题的习惯。交易员个人的习惯总集就形成了自己的交易系统，这些系统都有一个共同特征：有效且不可复制，这基本上就是巴菲特说的"护城河"，他的本意是指企业能常年保持竞争优势的结构性特征，是其竞争对手了然于胸却难以复制的内在机制。就像金庸小说里的清风扬一样，面对独孤九剑招式被破的说法，他很是不以为然："我本无招，您又何以为破"？他说的无招，其实是无形但有效的护城河。

第三节 一个品行端方的群体

有钱真好。财务自由的人，今天刚在飘雪的北欧过了童话圣诞，如果有需要，明天就可以飞到春光明媚的澳大利亚，左拥袋鼠右抱考拉。所以，嫁个有钱人，摆脱底层甚至蚁族的状态，是多少草根女的梦想。这是人性的需要，也是物质世界的必然，没有什么不好意思承认的，能在宝马里笑，谁愿在自行车上哭？

说反了吧？这句话本来是说，宁愿在宝马车里哭，也不在自行车上笑。对，逻辑上好像应该这么说，但这句话说得似乎很无奈，嫁给有钱人就得付出如此的代价？人有钱就一定得走变坏的革命道路？

我们虽然不能对此做出肯定回答，但社会学的研究表明，有钱人大致会有以下倾向，逼得人在豪车里哭泣：

其一，有钱人喜欢用金钱来解决事情，缺少感情色彩，相比普通人较为欠缺责任心；

其二，有钱的男人容易招蜂引蝶，或者被蜂儿蝶儿所惦记，你如果想留在他身边，就要经常和小三做斗争，即使身为小三，小四小五也可能会不期而至；

其三，有钱人都忙得焚膏继晷，大都承袭了几过家门而不入的古风，以至于家里做饭都不用下他的米。就像李益的《江南曲》里所说：嫁得瞿塘贾，朝朝误妾期，早知潮有信，嫁与弄潮儿！这首小诗虽是为了表达商人妇独对孤灯的无奈而作，但却无意间成就了弄潮儿的好名声，其实弄潮儿只不过是与潮水较劲的大力水手而已，能力和财力上如何比得上瞿塘大贾！但由于大贾难得回家，所以商人妇就会想，瞿塘贾的宝马有什么好，还不如弄潮儿的自行车呢！后来，这种水手倒成了时代先锋的代称，也算是对确定性的一种褒奖吧。

自古以来有钱人的形象就都是这样了。有没有这么一种人，既有钱，又没有以上缺点？

有。成功的操盘手基本上都是这样的人。

这是说真的，不是马老爷子逗你玩。只是操盘手这个群体人数稀少，他们大都不喜欢群威群胆、聚啸成群，而是习惯于分处离散、索居离群，所以圈外人对他们都不甚了解。

为什么说操盘手都是没有上述缺点的有钱人？首先，优秀操盘手都有些钱，这是不必质疑的；再者，品行不好的人一般都成不了优秀操盘手。或者反过来说，大多数优秀操盘手的人品都很好。为什么可以这样说？简单地说，证券期货市场的奖惩是被杠杆和日内回转交易放大了的，所以期货市场会用资金倍增的方式奖赏好人品，比如谦卑、自律、勇敢、刻苦、忍耐、冷静等等；同时证券期货市场也会加倍惩罚坏人品，比如贪婪、恐惧、冲动、浮躁、自大、懒惰等，都能在证券期货交易中结出恶果。由于这种正负能量的轮回，久而久之，优秀操盘手的好习惯会被强化，坏习惯会被克服，然后好习惯也会被不知不觉地套用到日常生活中，他们的人品自然也就会越来越好了。试想，如果这些人愿意花时间去琢磨邪的歪的，他哪有时间去专注交易！而不专注交易的人，很快就会被市场踢到爪哇岛去的。

其实在实体经济里，好人品也会得到正能量，坏人品也会得到负能量，只不过时间周期太长，作用力度也没有放大，因为实体经济里没有杠杆放大和日内回转交易。借用佛教的说法，这些来得太慢，不一定是现世报，更不是现时报。

帮别人理财的操盘手更是要有优秀的人品，否则在圈内就会声名狼藉而无财可理。优秀操盘手不会渲染赚钱能力来诱惑投资者，而是会诚实地告诉你市场有风险，投资需谨慎。他们会在受托之前就告诉你，他所能控制的风险比例是多大，回撤率是多少，同时也会去详细了解投资者可能承受的底线，所以他们大都是诚实的，否则就无可立足。操盘手都有很强的责任感，客户的信任就是他们的责任，优秀操盘手会把这份信任变成动力，用这个动力推动自己去创造利润。所以在业内，操盘手和客户从生意关系转变为好朋友的大有人在，因为即使是一个品行不端的人，也喜欢和品德好的人为伍。

虽然同是有钱人，他们和官二代富二代不同，他们的财富是自己打拼出来的，所以他们很懂得理财很懂得量入为出，他们是有能力驾驭财富的真正的有钱人。更重要的是他们个人的品德慢慢地会带来精神财富，而精神财富最终将会带来更多的物质财富。

总之，这是一个有德有才也有财的群体，他们是交友的上上之选，也是潜在的金龟婿。因为他们能够坚持在市场多年不半途而废，说明有恒心有毅力，对家庭也必然是用心的；他们能够长期在市场里生存，在大起大落里不被淘汰，说明他们成熟稳重，能够经得起风雨；他们懂得经济规律，善于理财，有能力为家庭提供强大的经济保障；同时，由于做投机市场需要高度专注，所以操盘手都很珍惜时间，会把大部分精力和时间用在跟踪市场上，很少会去外面金迷纸醉，是完全可以让人放心的；再者，做期货不用处理复杂的人际关系，所以成功的操盘手在为人处事方面就很纯粹，往往虚怀若谷，大度可靠。

东方港湾钟兆民说过：持久的伟大才称得上真正的伟大。他来深圳时就是一草根，两手空空。他在深圳的第一个房子、第一个车子、第一个老婆、第一个孩子都是靠期货赚的钱维持的，第一个老婆到现在还是最后一个，没变。为什么不变？因为做投资不能轻易离婚！离婚相当于五个跌停板！第六届全国期货实盘大赛总冠军冯成毅说自己是专一的，一定要和爱人白头偕老，甚至连做期货都是只做铜这一个品种，足见其专注力和定力。上海何军是真正从一万到一亿的人，他专注交易以至于不闻窗外事，甚至说下辈子再做期货就不结婚！如此专注的人，怎么可能去花红柳绿。圈内人都知道，这些其实都是期货寿星们的共性，并不仅仅是个案。

做证券期货不只是依赖知识积累和分析能力，操盘经验和资金管理也远远不是全部，而拥有好的人品则是不可或缺的因素。证券期货操盘的真理往往很简单很朴素，它在客观上要求人内心纯净，心无旁骛。它强化人性好的方面，削弱人性恶的方面，人品有问题的最终会被淘汰，所以我们看到的成功者大多是品行端方的。一个人因为好品质得到直接的金钱奖赏后，会无意间强化自己的好品质，由此它能使人品好者不断升华同时修正小毛病，从而变得越来越品行端正。一个人的人品和涵养好不好，在现实生活中需要很长时间去验证，而在期货市场上，这个验证的时间要短许多倍。"性格决定命运"这句话，在交易中可以直接用成败验证出来，它是现时报，比佛家说的现世报要快得多。宗教说的天堂地狱，期货交易者可以立即经历，随时验证。

老子说"上善若水"，有德行的人就应该像水一样滋养万物而不争高下。期货市场是人性的检验场，它随时奖励人性的优点，惩罚人性的弱点。期货比其他领域更难以成功，操盘手都经过千磨万击、体验过无数次奖惩之后才完成蜕变的。所以，要想在期货市场取得成功，就要长期坚持正确的理念做正确的事，长此以往，交易的境界才能达至一定的高度。所以，人品是鉴别高手的一个重要指标，我们熟悉的期货寿星们大都认为做盘如做人，操盘手的人品不达标，他做盘的水平和境界就一定不会太高，只有德才兼备者才能在市场上长期成功，没有哪个行业对个人修养有这么高的要求。"情场得意，赌场失意"，这句话平时我们总是当笑料说说而已，但在期货市场还真的是这样，你天天过得声色犬马，一定会影响交易心态，心态一乱，市场之耳光立刻就会抽到你的脸上。所以要在期货市场上生存和发展，客观上要求洁身自好，在感情生活和社会活动中，你都会随时警惕自己不要卷入情色绯闻和江湖烂事的。

我们上面谈到的人品，其实只是一个综合的说法，它的内核是良好的性格、涵养和修为，并不一定是指道德品质，不可以被无限夸大。所以严格地说，他们只是涵养远比一般人好，性格远比一般人靠谱，你如果要去"拷问"他们老婆和老妈都落水了先救谁，或者重刑之下会不会出卖自民党之类的大话题，就严重地超范围了。

精神境界的高低决定着人生的高度。一个境界低下、志趣卑微的人，不可能在金融投资上有所建树。现在社会中，谁会指望一个只知道吃喝欢娱、胸无大志的人，将来做成一件大事呢？古人说见小知大，指的是一个人自小就有的精神境界，以及这种精神境界所决定着的价值标准方式和行为习惯。因此，什么样的精神境界，决定着什么样的人生走向；多么高的精神境界，决定着多么高的投资业绩。在期货投资上，境界就是一个人理解市场的广度和深度。有些人即使赚了些钱，表面上志得意满，但他们的内心是脆弱的，眼神是迷茫和不自信的；而高境界的人即使在失利的时间段里思路也是清晰的，眼神也是淡定的，动作也是从容的，这些差异决定着不一样的期货人生，所以操盘手需要有正确的人生观和财富观，只有这样才能走得更远。

因为精神上不同于常人的诉求和操作上必须的高度专注，所以操盘手大都是孤独的。对于他们来说，孤独是一种极高的境界。尼采早年时候说，"孤独只在孤独中存在，一旦分享出来它就蒸发了"。孤独到了不知道孤独的程度了就不再是世俗意义上的孤独了，这时的孤独已经成为习惯，一种生活方式，当事人在孤独中自娱自乐、冷暖自知，所以他们根本无须依赖分享去释放，他们可以以自己独特的方式孤独地生活、平静地工作着。在这种纯净的孤独中，交流已不是必需品，如此淡然的人，想必一定是君子端方、温润如玉的。

"大学之道，在明明德"，操盘手只有到了一定的高度，才能用不同凡俗的视角去思考，去决策，只有不为一己私利去分析问题的人才能更接近市场的真相，品性好的操盘手甚至都把公认的优秀品质内化在基因中了，他们每天三省吾身，不贪恋不嗔痴，心中无尘无埃。高手都是在一定程度上超脱了人性弱点的人，所以他们能够在波涛汹涌的市场里挥洒自如。仅有良好技术的人即便在这个市场上赚到了钱，迟早要会送还给市场，这是因为你的品性没有真正的超脱和升华，你还没有在大局上驾驭财富的能力，还无法抵抗突来的逆袭。

所以，优秀的操盘手至少要同时做到以下两点：生活中品德优良、处事得体，交易中坚守规则、克己行事。那些能同时在生活中和交易中都品行端方的人，一定会受到市场的祝福，一定会被注入期货寿星的基因的。

钱塘人物尽飘零，赖的斯人尚老成。能够长期生存下来的操盘手，一定都是些老成端正之人，这种心性的人为什么能够成功，相信各位心中都有答案。

TIPS：证券期货市场是人性的检验场，它随时奖励人性的优点，惩罚人性的弱点。期货比其他领域更难以成功，操盘手都经过千磨万击、体验过无数次奖惩之后才完成蜕变的。所以，要想在证券期货市场取得成功，就要长期坚持正确的理念做正确的事，长此以往，交易的境界才能达至一定的高度。所以，人品是鉴别高手的一个重要指标，我们熟悉的赢利寿星们大都认为做盘如做人，操盘手的人品不达标，他做盘的水平和境界一定不会太高，只有德才兼备者才能在市场上长期成功，没有哪个行业对个人修养有这么高的要求。

第三章

"微逻辑"

第一节 亦真亦幻的盘感

多年前，作者在美游学期间，曾经在纽约长岛North Newport地方一中餐馆打工糊口。当地的老美大多不会用筷子，且想学的人多，可能是中国的影响力越来越大，或者筷子是他们眼里的洋玩意儿或时尚元素吧。于是该社区提了一个要求，让我们餐馆培训当地居民使用筷子，作者被光荣地推选为教员。第一次培训前我没有做任何准备，认为我们中国人教他们用筷子还不简单！但想不到教学现场让人啼笑皆非：由于事先不知道他们那么笨，有筷子屡屡掉地上的，有两只筷子分不开的，有两只筷子一高一低的，有夹的东西掉下来的等等，煞是可爱，气疯师傅。虽然教学效果不佳，但娱乐性却极强，笑场可能就是这样的吧。第二次培训前，我写了个分解动作的筷子使用方法，先呈老板过过目，老板还挺认真，戴上花镜读着使用方法演练了两遍，然后告诉我说，写得挺分解的，不过学习这个方法后，我用了大半辈子筷子的人却不会用筷子了！哈哈，真是可乐。不过后来这个使用方法在实际培训中不但收获了成功，而且还推广到了邻近社区，咱也算是桃李满社区了。这说明我们中国人使用筷子完全已经"无招胜有招了"，但分解动作对初学者还是不可或缺的。

中国人用筷子习以为常、措置裕如，已经成了手的延伸，没有人会去想具体的使用步骤，算是凭感觉行事，算是有超级"盘感"了吧。

优秀操盘手有诸多共性，虽然统计口径不同会导致多种版本，但上乘的盘感必为其一。

盘感在投机交易行业经常被提到，和其他行业里所说的棋感、手感、语感等属于同一类概念。期货上说的盘感，是指投资者对盘面上多空力量的直观认识，以及对当下形势的直接判断能力，有类于平常所说的市场感觉、第六感、超感、下意识等。各类投机市场都讲究盘感，但期货市场由于走势复杂风险无常，更需要操盘手在短时间内对盘面变化做出反应，所以盘感在期货操盘上就显得尤其重要。在交易过程中，盘感良好者不必经过严密的逻辑过程就能得出较为可靠的结论，所以常常能够迅速捕捉到市场波动，不仅领先于许多人，也领先于各种技术指标。这些操盘手常常会有大盘尽在掌控之中的自信，他们在临近市场变化的关键时刻，基本上都会有强烈的感觉和预期，这些看似无端猜测，其实准确率很高。

"我看买卖价格，扫一眼日K和分时，长期做的品种看到价格，图形都在大脑里生成了。"

——著名操盘手杨晓钢

盘感其实就是你对当前市场运行情况的直观感觉。就像开车一样，遇到障碍就会下意识地躲避，该转弯就会打方向盘，根本不用思考。新人在一开始的时候，都会虔诚地分析基本面和技术面，过了一段时间，一部分有心人就会有意识地放弃所学招式转而潜心修炼自己的方法，慢慢地就找到了感觉，这就是盘感。

——著名操盘手王建功

有部分人天生就适合做短线操作，盘感来自于对走势的直觉判断，而这种判断力，多为天赋。基本上，我是靠盘感来操作。所谓盘感，就是感觉所持品种要涨，就买入，感觉要跌，就卖出。如果5秒钟之后，价格没有按照自己的预期发展，立刻平仓出场。如果所持品种走势和预期的一样，则一直持有，直到一波势头结束。

——著名操盘手全国期货实盘大赛得奖选手汪斌

盘感是说不清楚的东西，就像女人的直觉，没有道理但有准确率。

——著名操盘手全国期货实盘大赛得奖选手张世杰

蚂蚱问蜈蚣："你那么多腿，走路先迈哪一条腿？"。蜈蚣答："要是考虑先迈哪条腿，我就走不了路了"。盘感就是蜈蚣走路一般的自然的反应，不必思考，驾轻就熟。

——寓言新说

盘感其实就是这种说不清道不明的直觉和习惯，我们不必去深究它的定义。如果要说得稍复杂一些，盘感就是大脑瞬间处理一系列复杂微妙信息并得出相对可靠结论的能力。由于这种空降一般的结论缺少完备的逻辑过程，所以它是否可靠，有赖于市场的走势来验证。做期货的人常常会说某人的市场感觉一流，某人的反应敏捷，等等，这些基本上可以旁证盘感这东西的真实存在。盘感介于感觉与领悟之间，它同时具有两种特殊功用：一是敏锐感知外部特征，二是直接领悟内在本质并迅即迸发出灵感。盘感在一定程度上也是对模糊图形组合和数据流的识别和预判能力，虽然许多有经验的普通投资者也能做一些有价值的判断，但比起一流操盘手，他们似乎总是慢半拍。事实上，就是这半拍的时滞，一流操盘手和一般投资者就高下立判。

盘感就是对投资理论和实操经验内化之后，在面对市场时所产生的下意识的、有较高准确率的反应。这种反应能力不可能于某一天从天而降，它很大程度上取决于你先天是否敏锐是否善于观察，以及后天是否喜欢留意细节是否刻意修炼，如果你先天对数据不敏感，你先天反应比别人慢半拍，后天又没有补拙的良方，即使劳了多少筋骨，苦了多少心智，良好的盘感也不会因而产生。

许多讲究技艺的职业都是靠拿捏感觉来立足的。例如，中医的"望闻问切"是很难用指标描述的，但有经验的老中医心里一定有数，我们知道，这个"有数"是从哪里来的。学外语，语感很重要，但语感却是个说不清楚但客观存在的、类似盘感的东西，如果你先天右脑不发达，描述和表达能力欠佳，后天就基本上不可能产生良好的语感，注定做不了职业翻译，即使莎士比亚再世，老人家亲自教你英语，可能也会感慨"有教无类"只能是圣人的理想。盘感的产生，除了天资和心性以外，还需要像学武功一样，先练练套路。虽然没有哪一家的套路能直接教会你成为散打悍将，但没学过套路就想成为实战高手，那是超人才可能做到的事情，平常人还是不要有这个企图。期货市场的套路就是各家的分析理论，包括技术分析、基本分析、心理分析等，也许它们本身并不那么科学。投机市场的分析方法只是工具而已，甚至连工具的水准也没有达到，一般人将其理解得纲举目张已殊为不易，而用于实战赢利就需要另外一番修炼了，虽然如此，这些也是不可或缺的基本功。我们知道，只是会武术套路的，最大的成就可能就是舞术家，但这并不意味着套路就完全没有用，因为不会套路，你可能连武术的边都沾不上。所以，学好技术分析你实际操盘也不一定就高明，但这些却是进阶路上的必然一程，有了这个基本功以后，再加上自己的思索和磨炼，才有可能达到较高的境界，这个境界里，盘感是一个重要的组成部分。

其实武术套路的设计者，和技术指标的设计者一样，大都是实战高手，可是他们的技术核心都是某种无法言说的感觉，所以他们除了用这些套路示人之外，实在没办法可以把真东西传授出去，这是"连儿子都教不会的"。所以获得敏锐的盘感只能靠自己的心性，再优秀的师傅也无法越俎代庖。练套路和模仿别人只不过是为你的成长提供素材和营养而已，而变成你自己的血液这个过程，则需要自己创造性的努力。

盘感是投机之魂，它是一种超感，是自然的盛开，是宁静的绽放。盘感是不能被设计、被模拟的，所以电脑程序就无法拥有盘感，就像一群姑娘站在你面前，你一眼看过去，就知道哪个长得漂亮，这个不需要用尺子来量，不需要用标准来套，可电脑就没有这种好眼力；一个醉鬼，只要还能跟跟跄跄地走路，他会自己走回家的，虽然次日他根本不知道怎么回的。以上说的这两个例子，其实都可以算是"盘感"，在期货上，盘感就是对盘面当下形势发展的一种直觉，是操盘手从亲身体验中积累升华出来的、从不完备信息中直接感知结论的能力。盘感只能在交易实践中培养出来，而无法从别人那里学习得到，但它却不是非理性的，它本质上是长期持续不断的经验积累所产生的条件反射。

有了盘感，我们似乎就有了一只"天目"，可以洞悉市场的微妙变化。

这只天目，不是西方人说的松果体，但就功能上说有些接近。松果体是真实存在于人脑中的，它只有谷粒大小，位于人脑的几何中心。有人认为松果体是人体的"第三只眼睛"。说人体有第三只眼睛，其实并不是什么浪漫的创想，因为生物学家发现，某种早已绝灭的古动物头骨上有一个洞，这个洞后来被证实是第三只眼睛的眼眶。研究表明，不论是哺乳动物或是其他海洋生物，甚至人类的祖先，都曾有过第三只眼睛，只不过随着生物的进化过程，这只眼睛逐渐退化，千百万年后就移居到了脑内形成了松果体，就是所谓的第三只眼睛，隐形的眼睛。尽管松果体位于颅腔内，不能直接感受外界的视觉形象，但仍然能感知光信号并做出反应，这种反应与人的心情及感知能力都有一定的联系。松果体是经过解剖学实证的，是科学的实体，所以人们设计出了不少方法来激活松果体，目的是利用第三只眼的能量，开发人的灵感。想必，激活了松果体的潜能，对洞察盘面变化、增强盘感也一定是大有裨益的吧。

这只天目，不是佛教所说的神眼，但却有些神眼的意味。神眼之说虽然没有经过实证，但也不是无妄之说，我们以世俗的说法，认为它是一种见微知著的感知能力，这也是长期专注和训练的结果。一个真实的例子是，《神眼》中马玉林就有一双神眼——电视剧《神眼》是根据马玉林的真实经历改编的，这是现实世界中有神眼的人，虽然达不到佛家所说的神奇程度。马玉林幼时放羊，空闲时他就练习辨踪、跟踪本领，方法是以羊的体征为依据，经过长时间的观察琢磨，他就能够仅从羊的蹄印联想出其体态特征，且准确度高得惊人。有了这双神眼后，一旦丢了哪只羊，他只用看蹄印就能追踪找回。时间长了，他对动物踪迹特殊的敏感就渐渐地发展到了对人的脚印的辨识，他仅仅通过研究人的足迹，就能判断出该人的性别、职业、身高、体态、年龄等，而且在各种地形条件下如何辨迹追踪都有非常有效的方法。后来他去做刑侦，没多久就闻名遐迩，全国许多地方都曾请他去推断罪犯特征。他的这种步法追踪技术后来编成了教材，广为传播。马玉林的"盘感"是从哪里来的，想必大家都明白吧。

这只天目，不是道家说的天眼，但和天眼有一些神似。道家认为，人修炼到了一定程度就少了肉体束缚和物体障碍，慢慢地就会得到天眼，从而能见人所不能见的事物，还能预见到将要发生的事情。也就是说，具有天眼的人，不但能见到更多，还能预知未来。天眼的目力越强，能见的未来越久远，精确度也越高。其实，我们并不完全认可天眼之说，但交易者通过专注和某些训练，在盘面上"见人所不能见的事物"和"预见未来将要发生的事情"虽然不能够完全实现，但比别人快半拍总是有可能的，要做到这一点，就需要个人的修炼。

事实上，盘感是潜藏在大脑深处的、洞察市场运动本质的能力，是期货人的第六感。有盘感的人可以在一定程度上见其他交易者所未见，也可以先知先觉地预知盘面变化。当然，盘感是不能代替人去做决策的，但它却随时随地都在提示着真相和假象之间的距离。

无论怎么说，盘感只不过是一种比常人更敏锐的判断能力，它也是基于对市场运动规律的深刻认知。任何人，无论其智商多高，都无法不经长期实践就拥有凭感觉做可靠判断的能力。

TIPS： 其实武术套路的设计者，和技术指标的设计者一样，大都是实战高手，可是他们的技术核心都是某种无法言说的感觉，所以他们除了用这些套路示人之外，实在没办法可以把真东西传授出去，这是"连儿子都教不会的"。所以，获得敏锐的盘感只能靠自己的心性，再优秀的师傅也无法越俎代庖。练套路和模仿别人只不过是为你的成长提供素材和营养而已，而变成你自己的血液这个过程，则需要自己创造性的努力。

第二节 直觉与"微逻辑"

我们知道，不仅是股票期货交易，其他许多技艺型的行业人员到了高段位后都是依靠直觉行事的，这类高段位人士的一个共同特征就是其技艺不容易被人复制或被电脑取代。这种优势是结构性优势：人人都知道你在干什么，但却无法学会。人脑可以根据经验利用不完备的信息迅速做出判断，这种判断不保证绝对正确但常常胜算较高，而电脑对事物的判断则必须依据既定的参数，如果参数不完备电脑就会一筹莫展，这就是在某些复杂或感性的领域电脑目前还干不过人脑的根本原因，例如翻译。

在某些领域里，资深人士能够凭直觉迅速做出判断或反应，而且准确率相当高，这种直觉是无端猜测，是经验判断，还是有其内在逻辑呢？

一般情况下，大家都会认为这是经验在起作用，"唯手熟耳"，我们也同意这种看法，但更倾向于认为：他们的这种判断或反应其实是有内在逻辑的，这种逻辑我们称之为"微逻辑"，关于这个新概念，我们将在下文详细解释。

逻辑是人的一种抽象思维，是人通过概念、判断、推理、论证来理解和区分客观世界的思维过程。在投机市场里，我们可以简单地把逻辑关系理解成"因为所以"的关系，例如从A严密地推出B，这个过程就是有逻辑的，从A"大致地"推出B，这个过程就是基本有逻辑的，从A无理由地得出B，就是无逻辑的。对以上三种情况，针对前提对结论支持的程度来分析，我们把推理分为三种：强逻辑、弱逻辑、无逻辑。事实上，从A"大致地"推出B，如果这个"大致"可以有精确的概率数值，也可以被认为是强逻辑的。

我们也可以这样理解："强逻辑"就是"因为所以"，例如，因为涨停板了，所以这是该品种今天的最高价了；"弱逻辑"就是某种结果出现的概率大一些，例如，从现货市场来看，大豆今年需求不旺，似乎涨不上去，所以不看多；"无逻辑"就是纯粹猜测，例如，我没看过这个品种，但觉得大豆会涨上去的。

"强逻辑"其实在市场里没有什么价值，因为这么明显的东西地球人都知道； "无逻辑"是无端猜测，没有可信度；只有"弱逻辑"是根据不完备信息做出的概率性判断，是在预判中最常见、最有用的。

我们做这样的分类，想必大家都能够理解，所以就不尝试去做学院派的定义了。这种分类在逻辑学和其他类似领域很少被提及，强逻辑和弱逻辑在中文知识库里找不到明确定义，我们从英文网站http://www.rechten.unimaas.ni找到了学者Jaap Hage的一段文字：

> The strongest possible logic consists of a list of all valid arguments. If an arguments is taken into be a set of premises and a conclusion, the list should specify for every combination of a set of premises and a conclusion whether the conclusion 'logically follows from' the premises in the set. Every item in the list can be seen as an inference rule of the logic, and this logic has an inference rule for every individual valid argument. This logic is the strongest possible logic, since it recognizes everything as logical form.
>
> （资料来源：http://www.rechten.unimaas.ni/metajuridica/hage）

这段文字是仅见的关于强逻辑和弱逻辑的定义，它的大意是说：强逻辑是由一张论据表组成的，这张表里包含有全部的有效论据，还包含有适应于全部论据的推理规则，可以"从逻辑上说从什么到什么"地从前提出发作出推理。关于他对弱逻辑的定义，我们没有摘录原文，基本上可以理解为是与强逻辑相对应的状态。

关于"弱逻辑"，我们了解到，厦门大学学者在开发模糊专家系统时，曾根据实际情况首次提出了以弱逻辑命名的新的逻辑关系。他们认为在模糊诊断和分析问题中，一个复合命题往往由多个子命题组成，各个子命题对结论支持的程度（或相对重要程度）以及子命题之间逻辑关系是不一样的。在实际应用中，复合模糊命题的子命题间的关系并不局限在合取和析取这两种逻辑关系，还有其他许多逻辑关系，例如加权平均关系和弱逻辑关系等。其中，弱逻辑关系是它可用于建造一般分类问题的不确定专家咨询系统，只要加载一个具体领域的知识库，就可以在建立逼近不确定性的推理模型。

（资料来源：复合模糊命题的弱逻辑关系及其运算方法，《计算机学报》2000年第03期）。

下面谈谈我们首先提出的概念"微逻辑"。

我们知道，有一些行业核心技术是依赖经验和直觉的，这就是所谓的艺术性，这种预判或反应似乎并不合乎逻辑，但这种能力却又是真实存在的，因为其准确率就是实证。我们把这种"不合逻辑"地推理出可靠结论或做出正确反应的能力叫作"微逻辑"能力。

为什么要费力地去定义"微逻辑"这一新的概念？用直觉不是更好吗？我们的回答是，直觉似乎是黑箱的，有想象成分在里面的，而我们所说的"微逻辑"，是某种程度上的白箱，是有其内在必然性的。

"微逻辑"是根据微妙的动向去感知事物发展的方法，例如行情走势等，它是判断、推理和理解市场等不易定量的对象的特殊逻辑。它有点类似于直觉和弱逻辑，但不单单是依靠经验，更不是猜测。

"微逻辑"在心理学上有直接的证据，例如，人有时虽然不说话，但肢体传达出来的本意要多于语言，有统计认为肢体传达的信息占55%，语言只占45%，所以一个人无论城府多深，都无法全部屏蔽自己的真实信息，完全的伪装是不可能的。不过，对肢体语言的观察和解读能力因人而异，这就是"微逻辑"能力不同。因此，仅从口头或书面语言来推断一个人的本意不完全可靠，读懂肢体语言才是更重要的，这也是为什么网络会议取代不了现场会议，网友总想见面的原因之所在。

"微逻辑"是一种见微知著的能力。它不是无端猜测，虽然它超越了正常的、有充分条件的逻辑推理，但它基于先前的经验，并有能力获取别人无法把握到的不明显的、微妙的信息。同一个市场，不同的人去观察盘面情况，例如对瞬间的挂单撤单、成交量和空盘量的微妙变化的捕捉速度和程度是不一样的，所以，他们得出结论的准确度和快捷度是不一样的，因为看到的前提不一样。这就是微逻辑能力的差别。

"微逻辑"和直觉的异同：

相同点：都是从不完备信息里推出合理结论或做出合理反应的，都是模糊逻辑，结论都没有必然性，但可靠度较高。

不同点：直觉是艺术性的，是经验性的；"微逻辑"除此之外，还有在过程中察觉别人忽视的信息并对推理形成支持。

我们想说的是，盘感好的人，其实是"微逻辑"能力强的人，他的盘感不是靠善猜硬币的小聪明得来的，而是捕捉和处理微妙信号的能力强，可以比别人多看一招多想一步。

总之，"微逻辑"能力是一种基于捕捉常人捕捉不到的信息并以此为依据结合公众信息而推出可靠结论的能力，它是部分理性的，是一部分人具有的特质。

我们接着说电脑和人脑的关系。

首先我们想说，人脑都有一定的"微逻辑"能力，而电脑只有强逻辑，没有"微逻辑"能力。

学外语，很多人会提到"语感"这件事，但语感到底是什么，语言学自有其解释，但这些解释往往深奥到让你不明就里，这是因为和语法不同，对语感确实难以给出科学定义。其实在语言的实际应用上，语感远比语法更可靠。语感是对语言规律充分掌握消化之后形成的表达力，语法则是语言中客观存在的内部逻辑；当你学了一段时间外语，有了一定的翻译能力后，在实际运用中能说清楚"为什么这么说"的就是语法，说不清楚的就是语感。和盘感一样，语感是抽象的，它可以被理解，但不一定能很好地被描述，譬如中文"就"这个字大家都懂得使用，但要用语法说清楚它究竟该如何使用，什么时候使用，则要困难得多，但中国人都会用这个字，这就是语感。而某种东西在说不清道不明的情况下都能存在于大脑中，同时还随时可以拿出来用，说明你对它肯定有所理解，即便这种理解不那么科学。语感就是这样的东西，你可能无法说清楚它是什么，但它已经是你的"感觉"，是你语言能力的一部分，所以对你而言它是真实存在的。但在本质上，语感仍旧是语法，只是它被内化了，有时甚至是被神秘化了。事实上，想要使用一种语言，有语感就已经足够了，不一定需要你去具体描述语法现象。但不学语法，究竟无法高屋建瓴，这和证券期货交易一样，盘感是非常重要的，但没有语法一般的理论做支撑，始终无法达到高妙的境界。语感和语法，对应到期货上，就是盘感和理论。

因此我们说，下棋的胜负感，讲外语的语感，和做股票期货的盘感，都是"直觉"在具体领域中的表现形式，是某种客观存在却无法言表的东西，这类"感"，其实是一种溶化到血液中的直觉和驾轻就熟的能力。

虽然证券期货市场瞬息万变，但在拐点出现之前一定会有不同寻常的现象出现，虽然这些现象可能是离散的和伪装过的，但这些蛛丝马迹其实就是间接的信号，操盘手需要对其有迅速的辨识和捕捉，这也是盘感的一部分，是"微逻辑"能力。盘感属于直觉的范畴，直觉这东西，女性一般好于男性，因为她们先天具备某种本能，能够使她们在真相不能被推断出来时，也能够大致感觉到，同时这种感觉的准确度还比较高。

其实女人的直觉，和操盘手的盘感一样，都不是凭空产生的，她们的直觉的来源主要有二：因为女性大脑中连接两个脑半球的神经纤维组织"胼胝体"比男性的要厚，因而可以方便地在右脑半球和左脑半球之间进行"对话"，也就是说，在女性的两个大脑半球之间存在着某种特殊的联系，在男性大脑中这种联系却不明显，这就是所谓"女人的直觉"的第一个来源；第二个来源表现在想象力上，男性的想象力倚重逻辑，而女性则倚重形象。男性了解事情先要做逻辑推理，而且还很注重推理过程中的理论支撑，所以当理论难以为继时，他们就容易得出"费解，想不通"的结论。而女性则不太重视这些，如果她对某事件感到怀疑，往往不管它合不合事理，而是从当事人的肢体语言和说话的声调所反映出来的信息直接做出结论，这是她们独有的"微逻辑"；有了这种特殊的能力，在面对期货盘面时，她们就可以根据量价、节奏、挂单撤单等方面的细微异动得出预判，尽管这些预判的依据是不完备的，但她们的结论却往往较为准确。另外，女性习惯于关注细节，久而久之就形成了一个细节逻辑链，这个链条能帮助她们见微知著，洞察男性所意想不到的事物。

美国颇负盛名的女心理学家布拉泽斯的研究表明，女人的大脑没有明确的分工，左右脑同时运作来应付问题。这也许是由于其左脑功能在某种程度上被复制到了右脑那里，而右脑的功能被复制到了左脑上。左右脑同时处理一个问题，使她们更具洞察力，能更好地察觉出别人说的话与他们言下之意间的差异，并且能注意到显露一个人真实感情的细微之处。

有了这些理论依据，置身金融市场的女性就应该更有理由信任自己的第六感。不过，女性往往有决断性和逻辑能力都不如男性的弱点，所以虽然女性的直觉很好，但优秀操盘手中女性的比例并不大。因此女性要想在操盘上有所建树，就得特别注重逻辑和理智上的修为。

你可能会想，如果同时具有男性和女性的优势就好了！其实这个想法并不是痴人说梦，勇猛的先驱已经出现了：在美国，为了获得女性特有的优势，一些男交易员正在有规律地使用雌性激素。

TIPS：虽然市场瞬息万变，但在拐点出现之前一定会有不同寻常的现象出现，虽然这些现象可能是离散的和伪装过的，但这些蛛丝马迹就是信号，操盘手需要对其有迅速的辨识和捕捉，这也是盘感的一部分，是"微逻辑"能力。盘感属于直觉的范畴，直觉这东西，女性一般好于男性，因为她们先天具备某种本能，能够使她们在真相不能被推断出来时，也能够大致感觉到，同时这种感觉的准确度还比较高。不过，女性往往有决断性和逻辑能力都不如男性的弱点，所以虽然她们的直觉很好，但优秀操盘手中女性的比例并不大。因此女性要想在操盘上有所建树，就得特别注重逻辑和理智上的修为。

第三节　盘感是从哪里来的？

林肯说，如果我想用八分钟砍一棵树，那我会用八小时去磨斧子。这和中国人说的台上一分钟台下十年功是一个意思。林肯说的这八个小时，对期货投资来说，读懂盘面至少得占两个小时。读懂盘面是产生良好盘感的一个必要条件，期货投资需要高度专业化，不仅需要良好的心理素质，还要有上好的看盘水平和分析能力，更需要上乘的执行力，这其中除了一定的天赋外，更需要长期的知识和经验积累。

冯成毅是第六届全国期货实盘大赛总冠军，他于1993年在深圳有色金属交易所起步，20年来只专注于铜这一个品种，白天盯国内铜，晚上盯外盘铜，很少有在凌晨1点以前睡觉的。20年如一日的坚守，铜价的K线图已经深深地刻在了他的脑海里。有朋友说，冯成毅时常会不看盘就下单交易，冯成毅对此解释说：盯盘是基本功，就像扎马步，我盯铜已经盯了20年了，盘面都在我的脑海里了。也许，正是扎实的基本功，使得冯成毅可以眼中无盘而心中有盘，达到了人盘合一的境界，正是基于这良好的盘感，他能够对每一笔价格波动的含义及后市趋向都了然于胸，这正是他成功的秘诀。

可见盘感的提高，首先得从读懂盘面开始。虽然成长为趋势投资者后，基本上不需要天天盯盘了，但这是初学者的基本功，是绕不过去的。

许多人做证券期货许多年了，但却没有能力读懂盘面，更不用说洞察盘面于细微之处、有"微逻辑"能力了。如果你想在期货市场里长期体面地生存，首先得提高自己的看盘技巧。期货市场的暴发户很多，但真正能够持续赢利的人却很少见，这是因为大多数人没有良好的交易习惯，没有盘感和内心的修为，这样的投资者即使获得了暴利，市场用什么方式给你，就会用什么方式收回去。综合多位优秀操盘手的经验，读懂盘面一般需要经历以下阶段：首先是懵懂阶段，这是学习的开始，业内的每个人都必须得有这么一段经历，该阶段的特点就像牛吃草，先吞下去再说，就是不加批判地吸取前人的理论和案例，你应该简单地认为，能够在市场上流行的东西，一定有它的合理之处和存在的理由。下一阶段，有了一定的知识积累和实战经验后，要注重反刍和消化，要经常观察和总结盘面上价格运动的规律，有意识地用高手的经验对照理解盘面，然后认真分析自己的不足之处及其产生的根源。最后一个阶段，就是看盘时要着重抓住要点仔细观察，及时发现机会，做到在观察盘面运动时不再去想什么原理，慢慢做到把所有自己理解的原则、技巧、理念都深植在右脑里，所有的判断都根据直觉和本能。逐步做到以上这几点，你就能够把看盘技巧内化成自己的自觉，你就有能力洞悉多空双方的动向，你就具备了优秀交易员的一项重要素养。

对于交易员来讲，认真看盘，看懂日内行情的变化，或看懂一个阶段内行情的演变趋势，你才能做出市场变动方向的预期，并以此作为入场交易的理由之一，虽然看对和做对还是有不小的差距的。交易所的系统每天给我们提供了交易量和空盘量的数据，好像让我们看到了主力的底牌，但是这张底牌发出的信息并不完备，我们对它不能简单机械地解读，而应该努力揣摩其中的深层含意。盘面语言是通过数字信息传达的，是与上一交易日在时间和空间上有一定联系的，通过这些信息，有经验的交易员都能够看出两股力量较量的现状和形势发展，从而读懂主力的潜台词。通过开盘收盘、量价结构、持仓量的变化推测主力的持仓成本，是投资者必修的功课，它会为判断和操作提供有力的依据。经验人士常说，开盘后的第一个小时很关键，这个阶段的影响因素包括昨晚欧美盘走势和日本、新加坡等市场的最新消息，所以利用外盘行情的影响，并配合国内走势的特点，市场主力会打出一个合理的开盘价格，并展开预先设计好的操作。

再者，盘感的提高，也需要打好基础和注重训练。培养盘感的基础，最基本的当然是熟知期货交易规则。掌握规则之所以重要，是因为规则的目的是为了维持正常交易秩序，保护平等竞争，惩罚违约、制止垄断和操纵市场等不正当行为，而且更重要的是，市场操纵者一定是要利用规则漏洞的，所以把这些规则烂熟于心，就会对不正常的情况有所警惕，所谓"夕惕若，厉无咎"。经典的市场分析技术也应该注重，如果说这些手段是不科学的，那么真正科学的方法在哪里？所以，至少是在开始阶段，需要有最笨的坚持，一定得熟悉在期货市场中量价、空盘量、基本面、心理因素、统计规律等等，以及它们之间的相互关系。当然，有人会说这些跟小学课文一样简单，但请问，即使你已经成了一流学者，你能说中小学的基本功课是不必要的吗？除了上述这些基本点之外，我们日常还要重视K线分析、切线分析、图表分析、市场性质分析和市场结构分析，还有同样重要的，就是量化分析和心理分析。量化分析主要是指标分析和统计分析，近年来随着电脑技术的进步而发展迅猛；心理分析主要是个人心理分析和大众心理分析，前者是认识本性自我、整合意识与无意识，获得自我价值实现，后者主要是分析大众的贪婪和恐惧行为，研究"从市场心理到价格"的路径。人的交易心理是市场中最关键的因素之一，投资者不都是逻辑学家，所以有时也会被"动物精神"所驱使而不由自主地采取一些不理性和极端的行动，这些都是任何模型所无法计算的，而必须用心去理解和把握的。

然后，除了学习理论和看盘外，就是坚持训练了。有没有好的盘感虽然和一个人先天的素质有关，但也和训练有极高的相关度，持续观察和思考，不断在交易中磨炼和领悟，都是至关重要的。专业围棋选手都有一个很好的习惯，即使在重大赛事上也同样坚持，这就是复盘。每当一局棋下完，双方即使战得天昏地暗，情绪势同水火，但一般都会在棋局一结束就当场复盘以交流得失，拒绝复盘是粗鲁的行为，在赛场上极少发生。做期货操盘的非常有必要向围棋棋手学习，每日收盘后养成复盘的习惯，用超脱的心态再复习一遍交易的全貌。由于白天动态盯盘时，来不及全面观察和深入思考，更来不及去总结，所以在收盘后进行一次梳理是很必要的。梳理复盘的要点主要有：

今天市场强弱如何？处于哪个级别的趋势？

今天这个状况历史上是否出现过？当时是如何开始和发展的？和今天的走势可类比否？有规律可循吗？

这个品种或相关品种的外盘走势如何？股市和汇市如何？有互动否，有套利机会吗？

认真分析收阴收阳的情况、成交量情况，然后再与昨日相比看有什么新的状况，比如量价关系是否正常，空盘量变化是否合理等等，还要分析大盘波动情况，主力在什么时候拉升、什么时候打压，力度怎么样，对行情的影响力又是如何？

今天市场的力度和密度如何？和自己开盘前的分析是否相符？在整个看盘或交易期间，自己的情绪如何？是否受到干扰而改变了方案？

如此长期坚持，当你每天复盘形成习惯，当你对市场的理解慢慢加深，当你用自己的方法一次次找到了独特的交易机会时或避免了陷阱时，你将逐步拥有并强化自己的盘感，如此严加训练，假以时日，就有可能成长为一名优秀的操盘手。同时找出影响大盘的板块。了解大盘当日的高低点含义，了解大盘的阻力和支持位，了解大盘在什么位置有吸盘和抛压，了解那些个股在大盘打压之前先打压，那些个股在大盘打压末期先止住启动。

最后，也是最重要的，培养良好的盘感需要有一个良好的心态。平时要注意多思考，少抱怨少指责。有人说，随着年龄的增大，你会发现必须指责的人和事越来越少，因为很多事情都是有你所不知道的内在原因的。期货也是这样，出现了风险，要分析它出现的原因，如果是偶然的，就相信这种风险是交易的一部分，然后默默地承受；如果是必然的，就要引以为戒，分析一下发生的概率是多少？该怎么回避？不爱思考没有耐心的人，是不会有长进的。操盘高手大都是心态平和的人，而那些脾气大且没有平常心的，可能都不够段位。成功的交易者无论什么时候思路都是清晰的，哪怕是当日抄底摸顶，哪怕是遇到连续涨跌停都不会大呼小叫，那些一旦行情不利就拿键盘出气的人，基本上都还没有入段。有人说，交易就是做人，此言不谬。

不过，当你开始有了盘感时，千万不要为此欣喜若狂，而是要冷静平稳地度过这一成长阶段，然后通过持续修炼争取早日进入到更高的阶段。但是，不少人发现自己有了这一"功能"后，就开始过分相信自己的优势，甚至还会认为自己赢利是必然的，似乎从此可以睥睨众生了，一般情况下，这种人慢慢就会发现自己盘感又变得不好了，交易又不在状态了。这种人的结果一般有两种，一是及时醒悟然后成功蜕变，一是执迷不悟然后被市场吞噬。所以，在经过了最初的"盘感特别好"的阶段之后，你应该有意识地不去想盘感这回事，因为你在这个阶段还是青春期，此时不能让幼稚的盘感来欺骗自己，你仍然没有资格说"我觉得怎么着"。其实真正优秀的操盘手，他们已经把盘感内化成自己交易能力的一部分了，所以他们很少谈到盘感，更不赖此顾盼自雄，虽然他们都是盘感一流。

期货交易成功的速度要比实体经济高许多倍，失败的速度更高。要想在这个领域里获得成功，不靠付出比在实体经济里高十倍甚至百倍的艰辛，只靠那么一点点的小聪明和"小盘感"想获取大成功，是根本不可能的。所以请投资者在有了一定的盘感后，再回过头来学习案例研读技术，还要坚韧地去磨炼自己的心性。因为操盘的哲学理念其实是和日常生活息息相关的，所以要想使自己在交易中成熟，还得注重日常做人的基本准则：严于律己，不急不躁，讲究大智慧，不要小聪明。

期货成功的路径一般是这样的：修炼——交学费——修炼——交学费——经验——修炼——经验，如此反复，经年方可。经验是一所学费高昂的学校，傻瓜可能什么也学不到，有心人却会珍惜高学费所以会设法借此提高自己。名师可以给你忠告，却无法代你行事。

唯有学习才能进步，唯有思考才能成长，唯有智慧才能如影随形。

TIPS：证券期货交易成功的速度要比实体经济高许多倍，失败的速度更高。要想在这个领域里获得成功，不靠付出比在实体经济里高十倍甚至百倍的艰辛，只靠那么一点点的小聪明和"小盘感"想获取大成功，是根本不可能的。所以请投资者在有了一定的盘感后，再回过头来学习案例研读技术，还要坚韧地去磨炼自己的心性。因为操盘的哲学理念其实是和日常生活息息相关的，所以要想使自己在交易中成熟，还得注重日常做人的基本准则：严于律己，不急不躁，讲究大智慧，不要小聪明。

第四章

神秘的道

第一节　久参自然会开悟

证券期货市场千端万绪纷繁复杂，看似是一个无序的、混沌的市场，但圈内人都知道，这个市场其实是有序的，至少是部分有序的，得道高手们大都能真切地感觉并捕捉到。既然市场至少是部分有序的，我们在交易时就要遵循一些规则和手法，以捕捉到有序的信号，比如说基本面信息、技术指标、统计规律、量化分析、心理分析和风险控制等等。这些方法都是市场人士的共识，但是把这些方法运用到什么程度，对其中的"徐疾之数，轻重之策"掌控到什么火候，就是我们常说的操盘艺术。操盘艺术是一种基于理论和经验的感觉，运用精到后这种感觉就成了一种本能。基本理解了市场，对操盘入了门的人，虽然有一些可以在市场上生存，但大多属于"术"的层面，这其中少数能够悟出了其中的艺术成分，并能运用自如者就达到了"道"的层面，但由于市场的残酷性，这样的得道之人少之又少，真如古人所言：学者如牛毛，成者如麟角。

掌握了操盘艺术，从而能够在证券期货市场体面生存的是这样一个群体，他们不但对市场有着深入的理解和洞察，而且盘感敏锐、理性果敢、计划性强且内心强大，同时又有着类似开悟的境界，这些要素保证了他们的可持续盈利。也许有些成功者是天性使然，他们虽然从表象上并不明白这些，但他们在理念和执行力上，往往是无意识地契合了这些要素。

参与市场交易，我们面对的是不确定的曲线甚至曲面，市场瞬息万变，唯一确定的事就是不确定性。零和的市场是残酷的，它一定会用各种方式证明大部分人是错的。行情的走向我们无法推测，交易结果的好坏我们也无法预知，要在这个市场里生存，我们只能通过把握自己去贴近市场，用苦心孤诣去感受市场，用强大的修为去控制欲望、情绪、思维和决策，以求与市场同呼吸。

　　论及投资的修为，人们动辄会谈到"开悟"，但开悟是什么样子的？开悟的标准是什么？什么样的人能够真正开悟？

　　"就是忽然透彻地明了，见到大光明。如同一个苦行者穿越沙漠到达一片绿洲，过程艰辛但结果美好：长期不得其解的困惑一下子冰消雪融，以前苦苦思索的问题一下子都有对策了。"这是年轻的期货老人张时谈及开悟时所描绘的。这位从校门出来就一头扎进期货里的年轻人，已经有连续5年的赢利记录了。他对期货操盘的领悟有点儿独特，是把禅宗和期货放在一起悟的。

　　真相有时就像一层窗户纸，一旦被捅破便可豁然开朗，那些使你迷惑经年的问题或许瞬间就不再是问题。一个人在期货投资的过程中，经过长期的体悟积累了一定的厚度，到了一个时间点时这层窗户纸就会轰然而破，你就会一下子明白了期货交易本质上是怎么回事。开悟是佛家的语言，形容人明心见性后的感觉，但那种感觉是不能言说，也无法言说的。期货高手大都有类似的体会：交易决策的形成中，最核心的东西似乎只是某种自然而然的感觉，而这种感觉是不能用语言表达和描述的，因此把自己的制胜大法传授给别人基本上是不可能完成的任务。要想达到开悟的境界，你不但要常常去悟，而且还得有好的悟性，然后还得有那么一点点机缘。悟性就是对问题的理解和触类旁通的能力，说某人对期货投资的悟性很高，其实就是指该人对市场规律的认知、分析、判断和把握能力胜过常人，他能够明了市场运动的本质，领悟出市场的真谛，洞察市场的异动。

　　对于悟道的过程，唐代诗人王维已有了先哲般的描述：洗心诣悬解，悟道正迷津。他的后人，学者王国维在《人间词话》中对此的描述更是入味，所以作者不揣重复地摘录于此："古今之成大事业、大学问者，罔不经过三种之境界：'昨夜西风凋碧树。独上高楼，望尽天涯路。'此第一境界也。'衣带渐宽终不悔，为伊消得人憔悴。'此第二境界也。'众里寻他千百度，回头蓦见，那人正在灯火阑珊处。'此第三境界也。"这三个境界，对应到期货投资上，真是妥帖无比，认真体会一下，你就知道了期货之道的标杆是什么样子。

　　牛顿被苹果砸中后悟出了自由落体的真谛，这看似偶发的事件实际上是他自幼喜欢学习和思考的结果，所以存在着高度的必然性。同样，古今中外凡是有所建树的人，都有这么一个重新认识自我并最终开悟的过程。期货投资的本质决定了做期货更要讲究这一个悟字，更要不断地思索，不断地自我更新，只有这样才能做到每天都会有一个"新我"，从而一步一步地走向卓越。投资人在"悟"的过程中需要每日"三省吾身"，要勇于发现和正视自身的缺点并努力改正，虽然这是需要很大的毅力和勇气。多年的留意观察，我们总结出期货圈里点击率最高的话中，一般会包含这么几句：一是操盘手需要悟性；二是操盘得有一个悟道过程；三是如果先天具备某种特质，再经过持续的磨砺和思考，总有一天会开悟的。这些我们耳熟能详的话里包含了悟性、悟道、领悟、体悟和开悟等关键词，这些都是优秀操盘手必须拥有或经历的。

在实操上，开悟是指投资者通过对交易本质的长期摸索和领悟后的猛醒；而悟性更多是指先天的特质，虽然悟性也和后天训练有关，但先天有上乘的悟性是成为优秀操盘手必需的一个前提。一般来说，有悟性的人善于分析和理解事物，甚至还会有某种预知能力，但这并不是说他们能无缘无故地感知未来，而是有能力根据不完备的信息来对某种趋势做出相对合理的预判。这就需要有"猜透别人心思"的功力，以及从纷繁复杂中发现事物本质的洞察力。有悟性的人常常是心有灵犀，可以在不经意间明白一些事理并掌握其精髓，并且他们能够触类旁通，善于从寻常的事理联想到期货投资的道理。悟性在许多时候表现为一种发散性或跳跃性思维，这种思维能力与一个人的脑组织的先天结构有很大的关联度，但习惯于对事物专注观察和认真感受也同样重要。所以不爱用心的人，对身边事视而不见的人，即使智商再高，也终究无法真正有所领悟；而一些有心人，他们介入一个新的领域以后，总是用一种"空杯心态"来认真观察、体验、思考和领悟其中的要点，他们往往能凭着这种特有的习惯，很快进入角色并成为该领域的行家里手。

有了好的悟性，在投资者成长的过程中，一个必不可少的环节就是"悟道"。什么是悟道，怎么样才能开悟，是个不易表达清楚的大话题。为了对这类现象有个感性的、基本的认识，我们来了解一下历史上著名的"龙场悟道"

是怎么发生的，结果是什么，我们可以从中学到些什么。

"龙场悟道"的主角是王阳明，也就是在整个有明一代堪称一哥的王守仁。他的阳明心学对后世的影响十分深远，追随者众多，在怪诞到极点的明正德年代，是殊为惊艳的一个亮点。蒋介石是王守仁先生的忠实粉丝，他崇尚地负海涵的阳明之学，到台湾后就干脆把台北的草山改称阳明山。"龙场悟道"是阳明心学形成中的重大事件，也是其理论的基石，借此，他成功地构建了知行合一的基本理论框架，倘若不经过此番大彻大悟，王阳明断无如此境界。

王阳明早期经历坎坷复杂，后被史上最荒唐的皇帝正德和最富有的太监刘瑾联手发配到贵州的龙场地方，在驿站当小头目。虽然龙场属蛮荒的穷乡僻壤，但此地的人烟稀少和环境安静，对一心向学的王一哥来说，反倒是一件好事。在龙场这个清静之地，王阳明日夜回忆和反思这么些年来的遭遇，并结合儒家和道家的学说来琢磨其中原委，分析其必然和偶然，苦苦寻求某种真谛。一天夜里，于苦思冥想中他忽然顿悟，好像拨云见日，感觉如生天眼，自此繁纷复杂的世间万事万物一下子了然于胸，这就是著名的"龙场悟道"。多年以后，先生回顾这次悟道时说："守仁早岁业举，溺志辞章之习，既乃稍知从事正学，而苦于众说之纷扰疲苶，茫无可入，因求诸老、释，欣然有会于心，以为圣人之学在此矣！然于孔子之教，间相出入，而措之日用，往往缺漏无归；依违往返，且信且疑。其后谪官龙场，居夷处困，动心忍性之余，恍若有悟，体验探求，再更寒暑，证诸五经、四子，沛然若决江河而放诸海也。然后叹圣人之道坦如大路。"

这是对开悟最好的描述了，即使您对古汉语没有兴趣，想要领悟期货之道的投资人，上面这段文字也值得一读。

那么，龙场悟道的发生到底有什么必然性，王阳明到底悟到了什么，这些对追求期货操盘之道的投资人又有什么助益呢？长期以来，由于缺乏理性的解释方法，"龙场悟道"被后人无端地神秘化了，仿佛王一哥只是如有神助般地一夜之间恍然大悟了，而忽略了他此前求道之路上的苦和痛。王阳明学说，产生在远离都市文明的龙场，与王阳明当时的不利处境和寂然心态不无关系，所以可以说是在特定的时间地点条件下迸发出来的思想光芒。正像钱钟书所说"大抵学问是荒江野老屋中，二三素心人商量培养之事，朝市之显学，必成俗学"，期货人如果心气浮躁爱热闹，不去"荒江野老屋"里做素心人，不在安静的状态下反复学习和感悟，悟道就只能是发生在别人身上的奇迹。难怪有人说，神仙本是凡人造，只是凡人心不牢。

和一些投资理论长期占据市场一样，在南宋至明朝中期，朱熹"万物皆有天理"的理学思想主导着中国哲学，由于垄断，这个思想就必然变得越来越僵化和教条。王阳明为了"做圣人"而按着朱熹的教导去实践，却屡屡遭遇失败。从性格上来讲，他不喜欢"空谈致知""泥于文字"一类的做派，于是想到通过"格物"来明天理。不过，这和痴迷于K线理论，认为学得好就能成"线仙"的人一样，王先生差不多"格"出神经病来。这次失败促使他开始深研佛和道，但不久，在理解其内涵后，他又与暂别佛道，转而去寻求更宽更广的领域。其实他这样做很自然，就像学做期货的人明白了移动平均线后，神秘感消失转而去研究波浪理论，但这并不说明均线理论就没有价值。

在不断地吸收和扬弃之后，借助深度思维和不断求索，他的思想日臻完善，终于成就于龙场悟道，开创了流芳百代的学说。不仅如此，他也成了非常罕见的儒释道兼修，知行合一且有显赫事功的人。龙场悟道这一点睛之笔，构筑了阳明哲学的四块基石：一是无善无恶心之体：开悟后的阳明先生与释迦牟尼一样，发现吾心即天理。二是有善有恶意之动：天理与良知虽是无善无恶，但是触景生情之后的喜怒哀乐，却有善恶之分。三是知善知恶是良知：意念有善有恶，良知则像随时感知意念的动向。四是为善去恶是格物：致良知，就是"致吾心之良知于事事物物"，就是知行合一。这四块基石，也对期货投资之道提供了有力的理论支撑。依据这个理论，做投资也必须强调知行合一，在操作中用心领悟，日久就必有所成。

王阳明强调知行合一，他的事功，更是为后人津津乐道。通俗来说，阳明学说其实就是"事上磨炼"，他强调知行互为因果，事功也是学问，就像告诉今天的期货投资者，不论你是什么流派，只要能坚持反复思考刻苦磨炼，并且能持续赢利就是"大学问"。接下来的问题是，阳明先生的思想是从哪里来的？为什么阳明先生能有这样的龙场悟道，一次顿悟能够明了那么多问题吗？阳明先生通过龙场悟道，达到了智慧的顶峰，我们不知道是什么机缘为阳明先生打开了宇宙智慧宝库，但可以肯定的是，龙场悟道是阳明先生三十年儒释道兼修，同时又不断思索探究的结果。阳明先生的儒学修养自不必说，对龙场悟道助力最大的，则是佛学禅宗。禅宗认为，当人的心理状态达到某种至高的状态后，就能够进入天人合一的境界，所有的事物都会在一瞬间清晰起来。而这种境界是无法用理论来解释的，也是无法言表的，有类于我们平时说的只可意会不可言传。虽然我们无法准确地表达这种感受，但至少有一点是肯定的：坚持多积累勤思考，久参自然会开悟。

无数后人的实践都证明，知行合一的理念，对成就事功助益良多。将这个理念运用到期货投资上，理解市场就是"知"，操盘就是"行"，在实战中，我们如何做到知行合一呢？在没有被市场验证以前，你应该有所知，同时要对自己的结论持怀疑态度，但预料中的趋势一旦形成，就到了"行"的时候了。当然，"知道"与"做到"是两码事，前者是认知，是应该贯穿在整个操盘全过程的指导思想，两者互为因果。虽然知道并不等于做到，但也不可片面强调"做到"而忽略"知道"的重要性，应该认为，"知道"与"做到"两者之间是互为依存、相互制约的关系。市场的本质特征决定了完全的"知道"是不可能的，但我们应该基本明了波动方向和强度的概率，然后在操作上相机行事。成功的投资涉及人的综合能力，其中包括认知能力、规划能力、行动能力、应变能力等等，但许多人都不愿意下苦功夫打基础，总想走捷径赌手气，这是不现实的。要想稳定获利，我们还需要端正态度从头学起，慢慢拓宽眼界加深对市场的理解，然后在交易中反复用知和行的各个维度来磨炼自己，唯有如此，才可能走向稳定收益的职业之路。

磨炼不够的人，悟道不深的人，是常常会在操作中犯病的，其中常见的几种就是私念太多、用心不专、执行不力和资金使用不当，怎么通过修炼来治好期货常见病？

首先不要过分苛责自己。巴菲特说："我们并不担心犯错误，我所考虑的是未来如何做到不同。"期货投资者都是食人间烟火的凡夫俗子，所以他们随时都会杂念丛生，甚至欲望萌动。不过在日常生活中，正常人都是"见父自然知孝，见兄自然知弟，见孺子入井自然知恻隐"，也就是说，他们有教养和法律的底线加以约束，知道该做什么不该做什么，一般不会太过唐突。做期货也是这样，人不可能不犯错，也不可能没有贪念，但你可以通过纪律来克制贪欲，通过修身养性来控制无妄杂念，然后"见不利自然知控制"，使得每一手买卖都能够契合投资的基本"天理"。对人人都有的这种挥之不去的杂念，王阳明的朋友如是说："私意萌时，分明自心知得，只是不能使他即去。"就是说，杂念一出现人就会感知到，可就是无法自控。投资也是这样的，每一个期货操盘手都有重复犯同样错误的经历，并且是明明知道但节制不了，可能以后还会继续犯下去。"不在一个地方跌倒两次"这个标准，在期货市场上没有人能够达到，可能因为期货是浓缩的人生，所以也浓缩着犯错机会，这似乎是一个比例关系。不过期货交易是一种现实博弈，只要你能比别人少犯错误，同时犯错误时造成的损失越来越可控，你就更有可能成为成功者。记得20世纪90年代初，当时的网络技术远不如现在成熟，从业者大都有手工画K线图的经历，既画外汇黄金，也画商品期货，有心人甚至还用计算器计算后描出一条条的移动平均线，煞是认真。我们常有这种经历，有时候翻翻保留下来的手绘K线图，就会觉得二十年前的市场运行和现在没有什么本质的区别，可见人类在投机市场上的智慧并没有多少本质的提升！每每将思绪放马于此，都会发出徐渭式的感叹：八百里湖山，知是何年图画！

每位交易者都有过多次下决心规避重犯错误的经历，有些人甚至把总结出来的若干条戒律写在手背上，每次下单时都会看到。但一旦进入交易状态往往会故态复萌，慢慢地，不少人会产生强烈的自责感，甚至认定自己不可救药。随着时间的累积，翻开过往的交易日记，人人都会发现自己罪错累累。其中，会有少数人能够透过这些前科，发现自己犯错的概率在慢慢降低，犯错的"收获"也在慢慢增多，只有这些人才会真正明白：人的开悟，需要缜密的思考，需要严苛的约束，需要内心的强大，更需要犯错的成本。所以，许多优秀交易员都是饱经沧桑，巴菲特说60岁才懂得投资，应该是不无道理的。华尔街有一个说法，说是做投机这行，平均年龄50岁才小有成就，60岁可能扬名立万，70岁或许大功告成，80岁跑平巴菲特的可能性才存在。年轻是要付出代价的，好在年轻是最大的资本，他们可以用时间换空间用学费换经验，但这所学校学费高昂，交不起学费的优等生比比皆是，所以要珍惜每一次交易机会，珍惜每一张单子，这些都是自身增加修为和提升境界的基石。

股票期货交易是让人上瘾的危险的游戏，要想让市场养活你，你就得去行非常之事。市场不会尊重你的消息灵通，不会尊重你的预测灵验，它独立运行百年不贻，只相信结果，只尊重有持续赢利能力的强者。许多成功的投资者在其悟道的道路上是遭受过市场无数次掌掴的，西谚有云，对聪明人来说一次教训比蠢人受一百次鞭挞还深刻，一只狐狸不能以同一个陷阱捉它两次，驴子也绝不会在同样的地点摔倒两次，世上只有傻瓜才会第二次跌进同一个池塘。但在证券期货投资领域，对大部分操盘手来说，从错误中及时吸取教训，并确保下一次不再犯同样或相似的错误，基本上是人人都做不到的。若以上述谚语为标准，期货市场上人人都是知错犯错的惯犯，都是一千鞭也打不醒的蠢人，都在同一个地方失误两次的狐狸甚至驴子，真是"明明知得，又明明犯着。知得是谁，犯着又是谁"。甚至美国投资大师利弗莫尔也不例外，在他晚年时有人问："你有这么丰富的经验，怎么还让自己干这种蠢事呢？"他说："答案很简单，我是人，也有人性的弱点。"

同样是犯错，同样是跌倒，不同的人是有不同姿态的。有的人跌倒得多了，就悟出了不同跌倒之间的差别，还对其做了个分类：乌龟式跌倒、不倒翁式跌倒以及朝圣者式跌倒。乌龟式的跌倒就是一旦跌倒，就不再翻身，只是仰躺着眼瞪天空，等待外力来帮扶一把；不倒翁式的跌倒就是总是不停地跌倒而且常常是在同一个地方，但每次都不屈地爬起，然后换个方向，继续开始下一轮的跌倒和爬起；而朝圣者式跌倒，因为心里有个坚定的目标，比如去冈仁波齐峰朝圣，所以虽然跌倒了，还是会爬起后继续向前走，虽有可能常常跌得鼻青脸肿，但每次跌倒的地方也都更接近目标。你选择了期货行业，就注定了你的人生随时都有可能意外跌倒，既然注定是如此，就应该选择做思想上的朝圣者，向着自己认定的"期道"进发，不畏失败奋进不息，如此长期坚持，就可能有拨云见日、幡然开悟的一天。

许多成功的投资者也自述自己总是重复犯同样的错误：能悟出一切，但管不住自己。无数期货人的经验证明，要想管住自己，就得付出远远超出常人的辛苦，你得去认真磨砺、苦思冥想。在连续犯错的低潮期，你得抽空去把自己的错误一点点解剖开来，把那隐藏在骨髓里的贪婪和恐惧剖出来给自己看、给他人看，如此反复刺痛自己，你才能把这一切刻在心头，才能把屡改屡犯的坚冰消融，才能把成功交易的手法固化。

不过客观上，正是这些弱点造成了一部分人的决策失误，所以对手盘才会存在，成交才会发生。如果这些弱点可以轻易被克服，大家都不犯错误的话，证券期货市场就无法存在了，所以有人说，投机期货市场是有钱的人赚经验，有经验的人赚钱。市场里没有完全理性的完人，但存在着一个弱点较少的小众群体，他们可以真正地实现持续赢利。投资者只有通过努力学习，勤于思考，深入领悟，才有可能进入这个小众俱乐部。这个过程是慢慢进化的，而不是突变的，所以磨砺是必不可少的，任何想复制别人成功的想法都是不现实的。从新手到老手的转变过程应该是健康的，是自然的而不是突变的。

哲学家休谟说过，人是情感的奴隶。现代脑科学已经证明，人的大脑同时会有千百万感官的冲动，就像网络上的"并发请求"，而意识只能同时处理几个，那些不能被及时处理的冲动就会造成人的判断失误。越聪明的人越自信，越自信却越容易让感官冲动松懈，从而导致疏忽或失误。西彦有云：聪明的人能从自己的错误中学到东西；而智慧的人，能从别人的错误中学到东西，按这个标准，期货市场聪明的人不多，智慧的人就更少了。在这个市场里，能有意识地降低犯错频率，控制犯错损失，就是聪明和智慧的人了。

　　开悟从另一个维度上讲就是一个战胜自我的过程。现实世界的各种诱惑和恐惧，造成了人的两个侧面：理性和非理性，像斯芬克斯之谜所隐喻的"一半是天使，一半是野兽"，一般人要战胜它，就必须天赋异禀再加上后天的严酷训练，这显然不容易做得到，所以大多数人都会败走斯芬克斯。因为人类是感性动物，所以从本性上来说都是无法战胜天使般的贪婪和野兽般的恐惧的，无论其言论有多么理性。但是，如果存在一个期货上帝，他在观察任何人的交易时一定都会感觉可笑，因为世界上还没有出现过任何一个纯理性的交易者；但上帝笑过之后，由于职责所系，他还是选择祝福那些相对理性的交易者。

　　所以，在投机市场永远要记住"认识你自己"。所有自视过高，不能有效遏止和克服自身弱点的人，无论你智商多高、学识多精，市场都会无情淘汰你的。交易不是一门科学，一个多世纪来，笃信它是科学的人用无数只金钱这种小白鼠也没有求证出什么规律。这是一门需要大智慧的"手艺"，长期反复练习当然是必要的，但让人沮丧的是，在这个领域内，熟也未必可以生巧。这是一门真真切切的行动第一、实践第一、结果第一的艺术。无论你学习了多少案例和理论，累积了多少经验值，交了多少学费，有过多少业绩，你还得永远注重心性的磨炼，这是一个长期追求和领悟的过程。

　　人的先天条件是非常不同的，命运当然也各有千秋。诸葛亮、刘伯温不自己当皇帝，就是因为知道认识自己，知道自己没有当皇帝的先天资本，所以宁可辅佐有天命之人去建功立业。这就是诸葛亮和刘伯温们的过人之处，他们知道在正确的地方正确的时间，去做正确的事情，把自己摆在正确的位置发挥最大的能量，这样才真正实现了自己的人生价值。如果他们"越位"，硬要去出头皇位，那么他们就不是智者了。所以我们在实践中要一步一步地"认识你自己"，为自己设计出最适合自身属性的投资路径。

　　步入股票期货市场，你就注定得走一条特殊的路径。一个人如果想成为成功的投资人，最初一段时间的实盘交易，太幸运和太不幸运都不是好事情，因为太幸运会让你变得过度膨胀，但市场是冷酷的，每天都在产生交易明星，每天也在以同样的速度消灭明星；太不幸运会让你感觉与这个市场无缘，可能天赋就早早地被扼杀了。所以，最初的交易经历如果是有赢有输大体相当，你在这一阶段就是幸运的，你就能据此正确地对证券期货有所感悟并促使自己树立理性的交易观。到了一定的阶段，如果你能够对每一笔交易，不管盈亏，都去认真地总结和反思，知道哪些是偶然哪些是必然，慢慢地你会感觉风险可控了，进出也不急不躁了，你就会感觉交易是可控的，如此有两年以上的平稳赢利经历，你才算是开始走上了成功之路。不过，这只能算是一个开始，要提高自己的境界，还得更加着重加强自己的修为；要成功悟道，要做到和市场同呼吸，还需要一个相当长的周期。

交易理论和原则是前人经验的结晶，只能起到一些警示性的作用，这些东西是不可能保证你走向成功的，所以你只有理解并接受了这些思想并带着它在市场经历一番属于自己的磨难和喜悦之后，这些东西才可能变成你交易智慧的一部分。电脑和网络技术的普及，只不过是方便使用数据，使决策执行更便捷而已，它并不能让你省去领悟的过程。当然，如果只有少数人有使用网络的特权，情形就会有所不同，但事实上是每个市场参与者都在用使用，大家都在一个平台上，并无优势可言，按巴菲特的说法，这些都不是护城河。所以要想成为成功的投资者，你只能自己去感悟市场，而这个感悟过程的艰辛和手绘图表时代别无二致，一切都得亲力亲为。在可预见的未来，电脑还只能作为交易的助手，虽然它在高频交易等方面比手工执行更有优势。如果有一天，高度智能化的电脑取代了手工交易，股票期货市场也就变成了与交易无关的电子对抗场了，但即使是电子对抗，顶层决策的还是人类自己。

开始进入这个市场，你一定不要认为自己智力高超，这会让人发笑的，因为谁不知道由两个诺贝尔经济学家挂帅的长期资本管理公司的破产？比起他们，你的学问几许，智商如何？几个世纪以来，前人用无数的金钱堆出了一个结论：在投机领域基本上是无能为力的，虽然数学模型可以模拟和储存无数的策略，但它永远无法模拟人类的动物精神。有一个在华尔街做量化的朋友说，我们有的是交易模型，我们只是不知道在当前的情况下应该使用哪个模型。任何投资者都应该思考一下这个简单的问题：当我们以一万个理由为基础做出

"卖出"的决策时，同时市场上就会有人做出"买入"的决策，这就是你的对手盘，试问，我们凭什么认为自己比对手方更智慧？

证券期货市场是随机性与规律性共存的地方，其规律性的一面有时是非常明显的，明显到让你视而不见；而其随机性的一面，则表现得极为复杂，因为此时的价格函数有无数个变量和软硬约束，其中人类的疯狂和恐慌是最主要的变量，但却偏偏是无法量化的，所以可以认为是无法捕捉的甚至是随机的。实际决策时我们的纠结之处在于，什么时候市场是随机的，什么时候市场是规律的。对这个纠结，赢利寿星们有一个共同的应对法则，就是悟好自己的道，形成自己的策略，练好应变技能，以良好的、淡然的心态处理市场变化，长年努力坚持下来，你慢慢地就会进入高境界，这些纠结也就不存在了。

开悟是哲学层面上的东西，优秀操盘手的修为和境界往往堪比哲学家，索罗斯就是这样的人。所以有人认为，高手之间的较量不仅仅是技术层面的较量，更是投资哲学和境界的较量。期货操盘的理想境界是什么，悟道是一个什么样的状态，似乎没有标准答案，用道家的说法就是：一说便错一论便俗。但是，为了逼近一下这种状态，我们不妨套用一下周作人的哲学味十足的说法：理想境界我想应该是禅，是个不立文字、以心传心的境界，有如世尊拈花，迎叶微笑，或者一声"且道"，如棒敲头，夯地一下顿然明了，才是正理，此外都不是路。周作人说的这种空灵高远的审美意趣，暗含着中国最原始的无言文化，其独特的审美方式，只能用高山流水般的相知来表达。研究中国文化的最大困境，和研究期货投资一样，其中最深邃的底蕴和最核心的价值，恰恰是无言的。

天地有大美而不言，四时有明法而不议，万物有成理而不说。说到"不可言说"，我们知道，中国文化在先秦之前，有一个很长的无言时期。这个无言不是不会说话，而是当时的文化以无言为至境，即所谓"至人无己、神人无功、圣人无名"。在这个意义上，无言并非是没有话可说，而是无法准确地言说，或者说是一开口便俗，一说便脱离了它的本真，一"道"便"非常道"了。因此，中国上古时代的贤哲们，通常会将精神的最高境界诉诸无言。中国文化的初始形态，在很长的历史时期，都是大音希声的无言文化，这段漫长的无言历史，偶尔或可见诸后来的贤哲们的言说，如《洪范九畴》，如《道德经》。

因为"道"是不可道的，它的境界是"言语道断，心行处灭"，是与思维言说的层次不同的；但是，"妙高顶上，不可言传；第二峰头，略容话会"。为了把这么一个境界介绍给大家，不得已，仍然要借由言语来表达，虽然这样就已经不是"道"了，已经不能表达"道"于万一了，但是开口讲一下，对初学此道的人来说，总比打哑谜更靠谱些。

在进入投机市场的初期，基础知识的学习和交易经验的积累只是第一阶段，这个阶段就是你得做到"无言"，你此时得到的东西需要认真归纳整理和配置，只有这样才慢慢将其内化成自己独特的东西，就像大厨把看似杂乱无章的食材加工成国色天香的菜品，才能够真正浸润你的身心一样。对市场的认识积累到了一定的阶段，你就应该开始怀疑你所学的东西，在这个阶段里，你不要相信任何大师，你要用自己的理解，用自己的思维对先前接受的知识重做新诠释，虽然一开始，这种理解和诠释可能是稚嫩的，但你要明白，别人的境界终归是别人的，没有自己的思考和历练的过程，没有真正的内化，你就永远无法在实战中使用那些高明的招式。在期货交易中，学习是为了创造，述而不作只能掌握静态知识，无法形成操盘能力。

操盘能力到了较高的段位，就可以谈论境界了。境界实际上就是庖丁轮扁的"徐疾之数"，就是卖油翁们的"唯手熟耳"，个中玄妙之处，仅靠读书学习是无法体悟的。无论什么行业，凡是研习技艺者，追求熟能生巧只是一个阶段，领悟出境界才是最终的方向。由于技术有一定的可复制性，对不少人来说，做到"手熟"并不难，甚至"熟能生巧"也不是可望而不可即，但要掌握轮扁所说的"连自己儿子都学不来"的"徐疾之数"才是至高境界。

因为这种徐疾之数的内涵十分深广，我们说了这么多，也未必能道出其实质于万一，因为理解这种只能诉诸无言的轻重之策，用手拿捏、用心体悟当然是最好的方式了。期货投资的盈亏结果固然重要，但其过程则更能说明盈亏结果有无必然性和可持续性，有些时候，过程甚至比结果更重要。观察中外求神拜佛的心态，就能看出中西方对过程和结果侧重的不同：中国人拜菩萨，一般是直接要个好结果，求财求子求官职，拜完后就期望菩萨直接帮搞定想要的结果，而大多数西方人拜上帝，一般是请上帝赐予他勇气力量和智慧，支持他去行动。我们认为，在这件事情上，西方人的方式似乎更为"科学"，因为在实际操作上，任何大师都不可能是你的菩萨或上帝，但学习他们，学习他们的定力、策略、灵动和纪律，就会得到力量和智慧，然后带着这些力量和智慧去接近市场，去感受市场的真谛，你就必有所悟，必有所得。

投资大师彼得·林奇认为，哲学、历史学得好的人，比学统计学的人更适合做投资。他这说法可能是因为哲学和历史更接近于道吧，我们非常认同这种看法。

成功的操盘手有各种流派，表面上看来，有基本派有技术派也有感觉派，有相信市场可测的也有不相信市场可测的，有习惯做左侧交易的也有习惯做右侧交易的，这些看似思路对立的人群，在本质上其实是互相渗透的，是相通的。孤阳不生，独阴不长，没有绝对的阴阳，没有绝对的对错，只不过是哪种理念或哪个方法在某个时间节点更有效罢了，而且，使用者自身是否强大，也是至关重要的。按佛家的说法，法门平等、殊途同归，各派并无高下之分。真正的操盘高手都是善于把握平衡的人，他们追求的至高境界就是动态平衡，这才是真正的道。

鲁宾说，决策者的品质远比决策结果更重要。一个投资者要走向成熟，一定要用哲学的理念，而不是用多么深奥的金融理论来进行决策。证券期货市场是搏击场，参与者门票是资金，武器是感觉、纪律、应变能力、心态，等等，能否在搏击中取胜，依赖自身的境界。有了一定的境界，站在哲学的高度，以哲学信念的宽阔视野来考量投资，就能获得更加长久坚定的自信和从容。

成功的交易没有定式，成文的理论解决不了实际问题。成功的投资者各自都有自己的精彩，他们各自的操盘技艺无法简单复制和传授。但了解和模仿成功者，虽可能有邯郸学步之丑，却是学习悟道过程中的必然套路，除非你有以自悟成佛的心性。应用之妙，存乎于心，在学套路的过程中要做个有心人，要努力悟到其中的真谛。这个"悟"，我们需要摸着石头过河，因为高手的交易系统都是一种不可言说的"道"，连他们自己都说不清楚。对这种不可言说的东西，你除了用心揣摩和感悟，还有什么学习的捷径？要想领悟交易的本质，不一定要在交易里死磕，陆游说"汝果欲学诗，功夫在诗外"，古代书法家悟到真谛的，也有不少是得益于看云影看剑舞的。说一个操盘手优秀，就本质而言，赢利多寡还在其次，执行过程中的意志力以及安静淡然的心才是最关键的。

喜欢读武侠小说的人都知道，武功有四种境界：第一境界是无招无势，乱打一通；第二境界是有招无势，花拳绣腿；第三境界是有招有势，大侠级别；第四境界则重回无招无势，似乎忘记自己会武功，却已成为宗师级别的人物。这样的宗师，其实绝大部分都是推崇简单的。江恩虽然建立了复杂的测市系统，但在他最后的著作《在华尔街45年》一书中，真正推荐的只是其简洁的十多条操作规则；众所周知，巴菲特简化到放弃行情报价机，甚至宏观分析，甚至行业分析，而只关注企业的"内在价值"；索罗斯的"反射理论"，则不过是在对市场基本因素的透彻理解和对投机心理的高超把握上披上了一件艳丽的外衣，其精髓却是简要的；而任何知道彼得·林奇常识投资法的人，都不会不惊叹于一代大师的简洁。

《道德经》说，"为学日益，为道日损"，"大道至简，大音希声"。这里，"为道日损"就是要"简化，简化，再简化"，日日都损，损到最后剩下的就是浓缩的精华，这精华的具体内容是因人而异的，都是自己擅长的。干自己擅长干的事，专注到玩命地强化自己的强项，才是取胜之道。修行修道也要讲极大的机缘和福分，全真道人张三丰说过："修道的福分要超过七代皇帝的福分"。修行的道路异常艰辛，这是个漫长的过程，就像常言说的，树不可长得太快，一年生当柴，三年五年生当桌椅，十年百年的才有可能成栋梁。投资者要学会养深积厚才能收获成熟，收获真正的成熟。而大部分人所谓的成熟，只不过是被庸常磨去了棱角，那不是真的成熟，而是精神的早衰和个性的夭亡；投资者真正的成熟，应当是独特交易个性的形成，真实自我的发现，精神上的跃迁和交易上的丰收。再难也要坚持、再好也要淡泊、再差也要自信、再冷也要热情，能做到这几点，你就成熟了，就更接近开悟了。

佛理经典有云：发现自己的错误，就是开悟；改正自己的错误，就是成就；发现所有的错误，就是彻悟；改正所有的错误，就是圆满。所以，要多审视自己的缺点才能改正自己的不足，多看别人的优点方能学到别人的真章。世界上本来就没有什么完美，一个人想开了想通了，就是你自己的完美。

让我们用一段充满禅意的对话结束本节：有个求道者，巧遇了一个开悟的宗师。求道者问，如何才能得道？宗师看着他，放下了身上的行囊。求道者问，接下来呢？宗师背起了行囊，继续向前走了……

TIPS：成功的交易没有定式，成文的理论解决不了实际问题。成功的投资者各自都有自己的精彩，他们各自的操盘技艺无法简单复制和传授。但了解和模仿成功者，虽可能有邯郸学步之丑，却是学习悟道过程中的必然套路，除非你有以自悟成佛的心性。应用之妙，存乎于心，在学套路的过程中要做个有心人，要努力悟到其中的真谛。这个"悟"，我们需要摸着石头过河，因为高手的交易系统都是一种不可言说的"道"，连他们自己都说不清楚。对这种不可言说的东西，你除了用心揣摩和感悟，还有什么捷径？

第二节　复制一尊操盘圣杯？

很多传说相信，如果能找到耶稣遣走犹大后和11个门徒所使用的一尊红葡萄酒杯子，喝下该杯盛过的水就将返老还童、死而复生，并且获得永生。这尊红酒杯子就是传说中的圣杯，这个永生的状态类似于佛教所说的涅槃，这个传说广泛延续到很多文学、影视、游戏等作品中，比如亚瑟王传奇中，就有人说他终其一生的最大目标就是找到这尊圣杯。期货人也是如此，不少求道者倾数十年之力就是为了找到这只交易圣杯，他们认为，得到了圣杯的人可以在市场在获得永生。在这个意义上，证券期货赢利寿星就是拥有圣杯的人。

赢利寿星的操盘核心可以传授吗？或者说操盘圣杯可以复制吗？对这个问题，作者认为圣杯不可复制，详见《操盘手：你无法站在巨人肩膀上》（《期货日报》，2012年5月），该文一发，旋即引起了广泛的争议。该文指出，操盘手是无法站在巨人肩膀上的，换言之，操盘圣杯是不可以复制的。

当然，对这个观点持不同意见的业内人士不在少数，以此为辩题的争论也常常发生。和许多正式或非正式的学术争论一样，参与争论的辩士们往往不只是黑白双方，还有左右逢源或左右不逢源的第三方。第六届全国期货实盘大赛发奖大会期间，在杭州香格里拉，几位得奖高手在一起闲聊，不知怎么又扯到了这个话题上。当时参聊者有本团队的买敬江和刘海亮，还有在本书中的编号是甄名隐五、甄名隐八、甄名隐十二的三位高手，简称隐五、隐八和隐十二，后来时越老师也加入进来了。

刘海亮：既然大家说到了这个事情，我就再说几句。其实我说的这些大部分都在媒体上公开发表过，有心人想必会看到吧。我认为操盘手的核心手法是无法复制的。当然，真正科学的东西是可以复制的，它意味着在既定的条件下，无论谁去做这个事情，无论重复多少次，其结果都是如出一辙，这就是所谓的可控性试验。

随着概率论的出现，推理一个事件的大概率性也有极大的应用价值，所以同样具有真正的科学属性。真正的科学当然得讲究逻辑，古希腊的形式逻辑是逻辑学的源头，只有当致密的逻辑和实证精神有机地结合在一起时，科学才会越来越倡明，伽利略、牛顿、达尔文、希尔伯特、麦克斯韦和爱因斯坦，无不是沿着这个足迹一路走过。近几百年来，现代科学在微观和宏观方面都取得了长足的进步，人类对宇宙、对物质、对生命的探索和认识，都实实在在地上升了若干个台阶，这些都经得起任何人的实验检验。但是，在投机市场上，几个世纪以来人们似乎没有什么像样的长进：如果同台竞技，如今谁有把握战胜利弗莫尔？现在，即使对经济运动了如指掌的诺贝尔经济学获得主，一旦进入投机市场，在市场预判和实际交易方面，比之于一般人，也基本上是难分高下。当年由两个诺贝尔经济学得主领衔的美国长期资本管理公司，雇佣大批数学家和电脑专家，依据历史数据建立了复杂的定量模型，他们认为，新兴市场利率将会降低，发达国家的利率将会提高，于是就按这个思路进行交易的决策。

然而1998年8月，黑天鹅不期而至，俄罗斯国债大幅贬值并完全丧失流动性，从当年5月的金融风暴到9月的全面溃败，声名显赫的长期资本管理公司对冲基金在短短150余天内资产净值下降90%，濒临破产。从过程结局上看，长期资本管理公司的投资水准和牛顿倒是在伯仲之间，都是牛人办傻事。当年在志得意满的时候牛顿说过，我之所以成功是因为站在了巨人的肩膀上。他说得不错，后人在自然科学上的那些划时代的进步，当然是得益于牛顿等先驱们伟大的肩膀，这些肩膀把人类对自然的认识抬举到了惊人的高度。设想，如果现在的普通中学生穿越到了17世纪的英国，他所掌握的知识就足以让牛顿汗颜了，这就是自然科学真真切切的进步。但当年的牛顿，还是那位稳稳地站在巨人肩膀上的牛顿，由于按捺不住获取暴利的冲动而加入了股民大军，因为是著名科学家，所以，他理所当然地认为自己这个绝顶聪明的脑袋当然能够计算出市场的走势。

1720年的英国股市牛气冲天，南海公司股票更是牛中之牛，因为它有着国家赋予的垄断权力。由于南海公司股票在股民的追捧下一路高歌猛进，作为皇家造币厂厂长的牛顿也忍不住投了7000英镑购买了南海股票。一开始，市场还真给牛股神面子，该股票继续向上高涨，仅仅两个月，牛顿竟然赚了7000英镑！可是刚刚卖掉股票，牛顿就踏空了，因为随后股价就涨到了1000英镑，牛股神后悔了。他经过"严密"计算后又决定买入，并且还借钱加大投资。但这一次，市场没有照顾大科学家的面子，不久南海股票即一路狂跌，很快2万英镑就自由落体般地离他而去，这个数字相当于牛厂长近十年的工资。但牛顿究竟是与常人不同，常人亏了就亏了，但牛股神没有白亏，这次天才的亏损除了使他认识到自己不是万能的之外，还留给后世一句经典感慨："我能计算出天体运行的轨迹，却不能预测股票的走势，难以预料人们的疯狂。"

买敬江：近一两个世纪以来，人类实践在各个领域似乎都有一定的进步和突破，但为什么人们在证券期货黄金等投机市场的理论和实战方面，会进步得如此缓慢？

刘海亮：投机市场运行几百年了，交易越来越规范，成交量也越来越大，但目前人们对于市场规律的认识和解析能力，还是限于传统的技术分析和基本分析模式，即使在网络时代，电脑也无法真正在交易方面取代人脑，业内争论的焦点还是交易是否可以真正量化。即使贵为诺贝尔经济学奖得主的萨缪尔森，其理论也不过是"为投资人员提供了挺起胸膛从业的勇气"。由于有了诸如此类的理论支撑，所以每天都有无数个"挺起胸膛"的带头大哥，在传统和非传统的媒体上声嘶力竭地叫嚷着均线如此金叉这般上穿，资金又怎么流入流出，现货市场又怎么供求失衡，似乎这个复杂无比的市场尽在他们掌控中一般。但问题是这个铁嘴阵营不是铁板一块，大哥们不仅彼此的意见常常相左，而且个人的看法也总是模棱以持两端，这不由得不使人对测市工具的科学性疑窦丛生。这不是某个大哥的无知或无耻，因为流行的测市理论都有太多的不确定性，这反倒给他们带来了极大的恣意挥洒的空间，对同一件事情，谁都可以有自己的解读，谁都无法说服谁，所以铁嘴在市场上就总有拥趸。波浪理论看起来很美，但一个浪该怎么数，该怎么定性，连艾略特自己也没有定数；江恩理论据说经过了市场的严酷检验，但在他职业生涯的下半场，江大师自己却是靠卖教材发点小财；韦尔德发明了无数的技术指标，例如RSI等，至今还被信众们广泛地使用着，但后来他本人却发表文章对这些指标持否定态度。

有不少人设计出了自己的测市方法，一般来说，都是在一段时间内准确率很高，但过了这一个时间段，准确率还不如掷硬币。人们是这样解释的：市场有时是随机的，有时是有规律的和可测的。但问题是，谁能知道什么时候是有规律的？所以，这些测市方法都不是真正的科学。如果谁一定要说它们是科学，其原因要么是他对科学的内涵做了拓展，要么就是试图模糊科学和技巧之间的界限。如果真的是科学，真的具备科学的属性，那么先在小白鼠身上试验成功了再来拿投资人的资金实战岂不更好？我们不好武断这些都是伪科学，但至少是无法证实的，不是典型意义上的科学。正因为这些测市方法不是科学，所以谁也无法像自然科学一样，通过对前人知识的占有和领悟来站到巨人肩上，然后再勉力精进。

买敬江：这样也算说得通。在自然科学领域，站在科学巨人肩上你甚至可以傲视牛顿，但我们同时也知道，有些学问由于主观特征明显所以无法定量分析，常常是既不遵从形式逻辑也不重视实证精神，从而其结论也只能是黑箱的和描述性的，不可以每一步都问为什么，用这种理论照方抓药，谁也不能说真正比前辈有所提高。所以西谚有云，无论你爷爷有多高，你还得从头长起。今天，虽然有无数的套路可以模仿，有无数的肩膀可供站立，现在的武师是否就比古代的厉害？秦琼一定可以打得过关公吗，现在的高手可战胜秦琼否？现在的书法家是否比古人更善于书道？现代作家是否已经越古代经典？目前的炒股高手比20世纪的江恩又如何？看看几百年前围棋的"当湖十局"，今天的我们有资格傲视前人吗？但是，在可以诉诸真刀真枪实证的领域，现在的工程师远比几十年前的高明，更不用说几百年前的了。这是因为这些学问大都没有本质上的歧义，谁学会了都是一样的，记住并按既定的规范来操作，你就经得起实践检验。所以工程师是可以批量生产的，而且基本上是一代比一代高明。但是，由于投机市场上主流的投资理论都无法被实证，而且逻辑基础不严谨，规范性缺失，歧义过多，所以操盘手就一定不会是仅学会这些理论并按既定的规范来操作就能长期实现赢利的，他们一定另有高招，但这些招式一定是没有普遍性的，所以操盘手无法复制，无法批量生产，无法比前辈们高明，或者说无法站到巨人肩膀上。

武侠小说中，有不少故事谈到某高手临去世前会将全部功力传到继承者体内，使其不必经过历练和蜕变就一下子武功盖世。但读者都知道，这毕竟是小说家的浪漫想象，现实中的普通人要想成为高手，蜕变过程是任谁也代替不了的。同样，想成为期货寿星，没有人可以代替你走过蜕变的过程，你必须亲历脱胎换骨的过程，就像凤凰涅槃时天变之火的考验，鹰的蜕变中换喙去甲的痛苦。

因为没有巨人肩膀可供登高而呼，所以要想成为优秀的操盘手，就必须在不能复制的、没有普遍性的"交易系统"上面下功夫，而这个交易系统正是操盘手在市场生存的看家本领，这个本领不是从天上掉下来的，也不是头脑里固有的，更不会是从哪个大师那儿承继来的。

隐五：究竟成功的操盘手是天生的还是培养出来的？这个问题早在几十年前，美国的理查·丹尼斯和威廉·厄克哈德就有过争论，丹尼斯认为是可以培养出来的，厄克哈德的结论正好相反，他认为操盘更多的是靠天分，两人谁也说服不了谁，干脆就打赌验证（幸好没有决斗）。为此，他们在《华尔街日报》上登广告，寻找一些愿意接受训练成为期货交易者的人。他们从慕名前来应聘者上千人中挑选了80人面试，最后选定23人从事此项训练计划，这23人的背景和性格各不相同，具有统计学意义上的代表性。丹尼斯花了两周时间教授他们期货交易的基本概念以及他自己的交易方法。他教导学生追求趋势，研判市场，做好资金管理。由于在新加坡，丹尼斯偶然发现农场繁殖乌龟的方法很有意思，就开始称他的徒儿们为"龟儿"。培养结束后，丹尼斯给每个龟儿10万美元的账户实盘操作。龟儿们在4年的训练中，23名学生有3人退出，其余20人还真的都有上乘表现，平均年收益率都在100%左右。所以，一时"龟儿们"名声大噪，许多对冲基金纷纷过来高薪挖人，猎头们也闻风而动，"乌龟帮"很快就成为期货市场的一支生力军。从这个实践的结果中，丹尼斯确认自己观点是正确的：成功的交易者是可以通过训练与学习得来的，这无关乎聪明才智，全在于学习了正确的交易方法和原则。

隐三：这个倒是真有其事。不过，训练与学习真的能培养出优秀交易员，无关聪明才智而全在于交易的方法和原则？我本人不是很认同。首先，选择学员是从千人中选23个，说明丹尼斯还是很重视"聪明才智"的。如果真的可复制，那么"龟儿们""龟孙们"早就遍布期市了，但我们知道这不是事实。

隐八：话虽这么说，但至少"龟儿派"交易员大部分是后天培养的，因为海龟系统不给交易员留下任何主观想象决策的余地，只要智力尚可并经过严格的训练就能获得成功。海龟交易系统有三个特点：其一，是一个完整的交易系统，其法则覆盖了交易的各个方面。对于交易中所涉及的每项决策，系统都会给出答案，包括买卖什么品种，资金如何使用，仓位大小，入市时机，止损止赢时机，等等。其二，海龟交易系统是一个机械化的交易系统。正是由于其交易系统的完整性，所以，系统不给交易员留下一点主观想象决策的余地，可以有效地避免人性的弱点。其三，海龟交易系统是一个被检测可以赚钱的交易系统。正是由于此，不管交易员在赚钱还是亏钱时都容易接受信号。丹尼斯成功地证明了，用一套简单的系统和法则，可以使没有交易经验的人成为优秀操盘手。当时由于丹尼斯的要求，"龟儿们"都认真地对丹尼斯负责，商定永久不泄露这些法则。但是"龟儿们"的道德水准是参差不齐的，不久就有个别人在网站上出售海龟交易法则。慢慢地这一套东西就公之于众了。

买敬江：其实丹尼斯自己也说过："我总是说你们可以在报纸上发表我的交易法则，没有人会遵循它们。关键在于连续性和纪律。几乎任何人都能够罗列一张交易法则的清单，其中的80%与我们教授给我们的学员的一样。但他们所不能做的是带给学员们自信，不能让学员做到无论情况多么糟仍坚持既定的法则。"这说明，海龟交易法则在于有信心有纪律连续地应用所学到的法则，其实质并不是法则有多高妙，而是有一种办法可以培养学员严守纪律的习惯。所以我想交易员不需要掌握太多和太过高深的金融理论，但一定得有一套可以升级的策略，这就是自己的"交易系统"，它可以是自己搞出来的电脑程序，可以是成文的纪律规范，也可以是头脑里固化的一种无形的应变谋略。有了它，即使市场上风云变幻，即使你的账户资金暂时受损，你的系统还在，你的法则还在不断升级，你就有东山再起的条件，你才有可能修炼成市场的强者。这个"交易系统"无法在某位大师的指导之下一蹴而就，无法跟高手交流一次就醍醐灌顶，更无法从什么渠道购买后即插即用，只能自己去建立，去修正，去完善。专属于自己这一套交易系统，有一点类似于巴菲特说的护城河。这个系统是帮助你判断和操作的，它必须是根据各自的交易理念亲自设计并不断完善的，只适合自己，只有自己才可以明白且运用自如。直接用别人的系统是行不通的，否则，市场上到处都是学习成才的实战高手，这将是如何的难以想象。所以有人说，100个人就得有110种"交易系统"。

隐十二：既然不可复制，那么，投资理论有用吗？需要掌握吗？

刘海亮：年复一年的市场运动好像在简单重复，有些走势看起来似曾相识，因此喜欢因循为用的人就认定其背后一定有一只程式化的"看不见的手"在起作用。这只手或许真的存在，只是几百年来，无论人们诉诸怎样的努力，似乎总也捉不到它。所以至少现在可以认为，定量分析的科学对投机市场在大部分情况下是无能为力的。科学力所未及之处，便永远是"伪科学"的息壤。所以几个世纪以来，自称可以准确测市、包赚不赔的理论如过江之鲫，其中一部分虽然是作者对自己的探索作的有益的总结，但更多的却不得不被认为是"伪科学"。至于一些传统的研究方法，例如K线分析、波浪理论、技术指标等，我宁愿称之为玄学。玄学是情感的、神异的，它代表着人类的想象力，没有这类想象力，许多有意义的发明就无从谈起。

江恩理论是看上去很科学的玄学，其实质就是试图在无序的市场中建立交易秩序，其理论基础甚至包括古代的星象学，那是地球中心说的产物。事实上，他的时间法则、价格法则，以及江恩线等，都是不自洽的系统，所以，我们对其研读的目的应该是追踪他的思想脉络。虽然他不能指导你一夜暴富，但认真体悟还是不无裨益的，毕竟江恩至少有辉煌和连续的交易历史。如果说他的理论误导了你，原因大概是你静态地看待了这些东西。虽然江恩全盛时期的观点十分激进，但在晚年他说出了心里话：可以期待的赢利定在25%的年复利比较合适，认为"如果一个人操作稳健而又不贪图暴利，那么在一段时间里积累一笔财富还是容易的"，这说明他自己的操作系统是低调务实的。韦尔德发明了无数指标，大名鼎鼎的强弱指数、抛物线、摇摆指数、转向分析、动力指标等都出自他的手笔，但在不断的实践后，他已不以自己的发明为然，认为唯一的法则其实还是顺势而为，"最重要的是赚钱"。韦尔德自己的否定并意味着这些指标无用，事实上它们还在一定范围内指导着我们的交易。他明白无招胜有招是自悟以后的结果，并不意味着"有招"这个阶段可以忽略。

买敬江：所以，交易还是带有很大的艺术成分的，任何和艺术沾边的东西，都得有一个必经阶段，那就是学习和模仿，模仿的对象当然是成功的理论或实操家。齐白石说：学我者生，似我者死，但这个"似"的过程还是必需的，经历了这个基本的套路阶段，就不能再一味简单模仿了，你得有所"升华"，这个过程有点痛苦，有时往往还未升华成功就"身先死"了。但是没有这个升华，你永远不可能有自己护城河。

期货交易的一般技术和知识，用一两年时间就可以基本掌握，但要使自己达到高境界，就是个一生一世的追求。熟知市场和规则是最基本的要求，投机理念的成熟和交易策略的实用才是真正的生存能力。优秀的交易员要克制贪欲，禁得住市场波动的诱惑，不要在长线和短线之间摇摆，同时也要有稳定的心态、适当的保守，甚至还要有狡猾的墙头草作风，才能永远与趋势为伍，以保证在这个没有巨人肩膀可站的行业，踏上稳定赢利的职业坦途。

隐三：这么说，我也同意这个说法。日韩把围棋或类似行业的顶尖人物尊称为胜负师。我认为在期货市场上，优秀操盘手就是真正的胜负师。期市如棋局，没有深厚的内功就无法驾驭局势，无法在遭遇强敌时战而胜之。胜负师要高瞻远瞩、超凡脱俗，要从思想和境界上摒弃俗套同时创造另类思维方式，才会感觉登泰山而小天下，才会成就非常之功。

刘海亮：提高境界不是一件简单的事情。没有任何一个套路可以让你在短期内提高境界，也没有哪一种武功本身可以让你成为真正的侠客，就如同没有一种秘诀可以让你在复杂的社会生活中保持不败金身一样。但是，只要运用得当，把握精准，任何一种武功都可以让你成为大侠，任何一种成熟的交易系统都可以让你在期货市场保持不败金身，关键是看你对于这功夫领悟到哪个层次。就像内家拳，很多人不明白，这样的软了吧唧的东西能用来实战吗？更何况，初学之时，老师和拳谱上说的话，都让你感到高深莫测，无可适从。到了一定的阶段，招式和套路倒是很熟了，可真刀真枪地动手，心中可能还是没底。事实上，内家拳的招式并不是用来实战的，只是用来训练的。因为实战的时候，对方的招式瞬息万变根本容不得你去选择用什么招式去回击，在实战中你只能靠着直接的当下反应来见招拆招，这就需要平时注重身和心的训练，这种训练到了一定火候，你的感觉就对了，就具备了"无招胜有招"的可以用以实战的功夫。反之，如果你只是苦苦从招式中寻找实战的方法，那么你永远不能悟到内家拳的门道。就像是体操运动员在临场表演时，平时训练所说的要点都没用了，这时就必须得把自己平时学的东西变成身体的下意识动作。有个这样的感觉，在任何强大的对手面前，你心中都不会恐惧。没有这种积累，没有这种感觉，即使把最厉害的乾坤大挪移的秘诀告诉你，你照样会被师太击倒。做期货也是这样，有人把技术指标弄得滚瓜烂熟，可在建仓的时候，还是会恐惧，因为那个指标是别人的，不是你的，你其实并不真的心中有底。所以，你真正需要的是自己的交易系统，别人的理论，无论怎么高明，都像乾坤大挪移的秘诀一样，你没有领悟到精髓，没有将其溶化到自己的血液中，就不可能对你有帮助。

相反，只要功夫深，一切市场认可的理论和技术指标，都有助于你赢利，即使是一些简单的形态，像洛氏霍克交易法一样，形态很简单，只要你能理解这些形态，并在交易实践中灵活运用，就可以像洛氏家族一般在市场上长期地体面地生存。只有努力把所有的理念、手法、规则溶化都深入到骨髓，以致忘记这些条文，所做的一切都是顺其自然而不逾矩，才真正变成了自己的能力。

隐八：你说的这个可能就是孔子说的"七十从心所欲不逾矩"吧。举个例子，布鲁斯·柯夫纳从事外汇交易战绩惊人，有人问他，你的交易技巧可以教给别人吗？他回答，有一定限度，多年来，我训练了大约三十来人，但只有四五个成了好手。其他25人全都改了行。这与智力无关。成功的学徒坚强、独立，想法与众不同。他们在别人不愿进场时勇于行动。他们严于律己，资金运用适中。太贪的人总是会砸锅的，早晚而已，不少有灵气的人赚了钱老是守不住，这些都不是智力的问题。所以我还是认为成功的操盘者有一定的先天因素。

隐三：国内市场上也有批量培训的案例，听说过期市"兄弟连"吗？郑州炒手中有兄弟七人，专业投资期货，并且各个"技艺非凡"，赢利能力煞是了得。大哥张明伟自己成功后，就手把手地教弟弟们，几年过去，除了新入行的小付还没有大的赢利之外，其余的弟弟全都从当年的身无分文起步，赚得了自己人生的第一桶金，数量也算可观。其实这几个兄弟的性格各不相同，大哥很严厉，二哥很温和；大哥做事低调，二哥为人谦虚，但他们心态都很好，似乎从来不为亏损苦恼。三弟吴光辉最初几个月都在亏损，但2010年之后就稳定赢利，并且资金翻了几十倍。他说："期货交易是一门艺术，靠自己摸索，可能要走很多弯路，花费很长时间，我想把自己的经验告诉他们。"他还说，其实我们现在使用的方法都是一样的，无非是均线组合、K线、图形走势、平台突破等等，但是其中的奥秘就是每个人都要结合自己的特点不断练习，努力寻找适合自己的方法。尤其要注意的是，要学习正确的期货投资理念，跟已经长期赢利的老师学习，这样学到的才是正确的方法，才有可能进入盈利俱乐部。相反，如果跟的师傅只是嘴巴功夫一流，他自己操盘都常常亏损，你怎么能从他那儿学会赚钱？这是张明伟的经验之谈，听来是不是很简单？但这些是实用的，真能赚钱且能传授他人的。

所以我认为，张明伟的实践证明，成功的交易是可以复制的，至少是在一定条件下可复制的。只要有正确的方法，勤奋努力，同时结合自己的性格找到适合自己的模式，你就能够走上稳定赢利之路。

买敬江：这些都是孤证，还没听说过谁能够有效地、持续地培养操盘高手的。古人说，笔下不必有诗，胸中不可无诗。想成为优秀的操盘手，没有捷径可走，也没有巨人现成的肩膀可站，更没有哪个师傅可以真的教会你，所以只有努力学习深入实践，充分认识自我，不断修正偏差，认真总结得失，严格执行纪律，才能在交易中做出无诗胜有诗的神来手笔。但是我并不否认师傅的重要性，而且跟一个好的师傅学习，是期市新人的幸运，所以我认为成功可以有条件地复制，但这个人自身一定得有好的反应能力和心理素质，还得有耐心，同时还要忍得住寂寞。

隐三：这个问题反正也不是一天可以争论清楚的，还是折中一下吧，高度关注+好老师+淡泊的心性+良好的机遇=成功，大家以为然否？

隐十二：好，那就算然吧。是的，良好的机遇也很重要，这点我认同。

TIPS：古人说，笔下不必有诗，胸中不可无诗。想成为成功的投资者，没有捷径可走，也没有巨人现成的肩膀可站，更没有哪个师傅可以真的教会你，所以只有努力学习深入实践，充分认识自我，不断修正偏差，认真总结得失，严格执行纪律，才能在交易中做出无诗胜有诗的神来手笔。

第三节 百忍成金

有容方为大，能忍真无敌。能忍耐就是成功的自我控制，是成熟的情绪管理，是人生的大智慧。传统文化认为，世上的万事万物是相生相克的，所以做人不可随心所欲无所拘束，要懂得忍才能行得百年之船。当然，我们所说的忍不是懦弱，而是大智大勇的无敌心法，是宽广博大的包容胸襟，更是凡事留有余地的策略和智谋。

前人有言，百行之本，忍之为上。冲动是魔鬼，一个人真正地学会了忍就可以获得常人所不具备的力量，可以做到趋利避害进退有据，从而就能在社会生活中尽显从容。做投机交易更需要忍，投资者首先要能控制自己，然后才能谈得上控制交易。操作中的忍可以分为三种：获利过程中的忍赚、空仓观望中的忍空、被套过程中的忍亏。忍字心上那一把利刃昭示着忍之不易，诠释着为什么成功的人总是少数。人类的弱点很多，迄今还保有许多动物性的特征，进化千百亿年都没有消除，也许永远无法消除。心理统计规律表明，在赢利状态时大多数人都是风险厌恶者，十鸟在林不如一鸟在手的论调这时候声音最高，很少有人能够放胆去博取眼见的十鸟，说明忍赚很不容易；空仓看似简单无为，但老手们都知道这其实是最难忍耐的，要不怎么会有会空仓是师爷的说法；可是，当被套时大部分人却变成了风险偏好者，在侥幸心理的驱使下大多数人会选择闭上眼赌下去，这就是所谓的希望交易，结果多半会被追补保证金的追杀令逼出市场。追补保证金是期货交易者最不愿听到的词了，我们做外盘时知道这个恐怖的追杀令英文叫margin call，这个短语也是一部美国电影的名字，中文翻译成了《商海通牒》，讲述的是2008年经济崩盘时的一天内，在一家金融机构员工身上所发生的故事，看上去就像是一部惊悚片。该片的叙事建立在一个抽象的技术和理论之上，对金融市场的丑恶也不事掩饰，思想深刻且很有故事性，所以值得投资人一看。从人性的角度来看，一般人在亏损状态时的忍耐力远比在获利或空仓状态时的忍耐力大，这也是人类的不理性在投机市场上的真实反映，是大多数人亏损的主要原因。

生活中的忍有三个境界：先忍于言，再忍于面，后忍于心。这个不用多解释了。对于常人不可忍之事，所谓"忍无可忍无须再忍"，如果你的修炼能使你发自内心地愿意去忍，你就达到最高境界了，生活中有这功夫的人，在期货市场上的表现也不会差。能忍常人所不能忍，你就与众不同，你就可以在别人忍不了的时候再忍一下，你就可以从多数人中脱颖而出了。

忍者无敌。邓小平三起三落，"文革"时被下放江西劳动多年，复出后总结那些年所做的事情，他说主要就四个字：忍耐，等待。这真是一种大格局，大智慧。忍耐的最高段位者应该首推唐人娄师德，此公告诉他即将去外地做官的弟弟，如果别人吐到你脸上，自己默默地擦掉也不行，因为这"是违其怒"，就是说违背了别人表达愤怒的意愿，所以要让别人消除怒气，就应该让唾沫在脸上自己慢慢干掉！这就是成语"唾面自干"的由来。韩信所忍的胯下之辱大家都知道，但他的忍还有另外一层境界，就是当他衣锦还乡后，不但没有难为当年羞辱他的小痞子而且还让他做官，更显韩侯之不凡。唐高宗时山东张公艺慷慨好义，更有容忍常人不能容忍之事的深厚忍功，他曾发愿，在他的一生中，要行一百件大忍辱的事，由于忍名远播，唐高宗御题赐书"百忍堂"三字，诰示天下扬颂张公风尚，这也是"百忍成金"的来历。我有一位检察官朋友，就是很能忍的人，他自己说，有几次在外面因琐事受气，带着枪的他只是默默地忍着，绝不随便发作，因为他认为计较小事是浪费时间，是愚蠢。周围的朋友们知道他的忍功不一般，都说此人内心太强大了，日后必成大器。果然。

有人说，投资人要学做忍者神龟，这说法很形象，可以形象地理解为忍者代表能忍，神龟就是海龟交易法，表示严守简单规则。虽然这里借用忍者的说法并不确切，但也不妨权且这么借用。忍者一词源自日语，在日本文化中，忍者又称隐者，忍就是隐，忍者其实就是隐蔽或秘密作战者，并不是中国人心目中的忍气吞声的忍，但忍者的纪律性却很值得投资人学习。忍者是日本的一种特殊职业，自江户时代始，忍者们接受忍术的训练，目的是从事间谍活动。像日本武士的武士道一样，忍者遵循一套自己引以为荣的专门规范，通常穿着深蓝或深紫色的衣服，因为这两种接近夜空的颜色能让忍者不容易被发现。

投机市场是挑战心理忍受极限的地方。初做期货时，不少人会觉着市场似乎是专门设计害你欺你骗你的，它甚至会逼着你爆仓！面对这般境况该如何将息？有期货老鬼这么回答：市场虐我千百遍，我待市场如初恋！真是戏噱之中透着哲理。因为市场永远是正确的，它永远记不得你的伤你的痛，你只有十年如一日地用初恋般的热情对待她，才有可能博其一璨，进而得吻利润之芳泽。古人说，耐一时，火坑变作白莲池；退一步，便是人间修行路，值得期货人品味。

要做投机市场的忍者，你一定要明白，忍耐必须是交易中的一种正常状态，修为到一定段位了，你就会感觉到能忍耐其实也是一种乐趣，这种段位的忍耐不是痛苦而是在感受智慧之果。道教所说有智慧的忍耐，就很有些深意，将其借用到交易中，就是当你审时度势以后，真正认清了时势的根本和关键，就会忍住自己的冲动，然后清清楚楚地去持仓、平仓或空仓以待良机。高手们大都有这样的体验：有时候，用忍耐躲过了一个交易陷阱，其快乐程度甚至超过获利。

但是，市场上到处都是不懂得忍耐的人，有时已经认定是盘整行情，自己的交易计划也是观望或小做一把短线，但有不少人却会因为忍不住而杀了进去，又不懂得适可而止，结果可能会被迫做成中长线，炒股炒成股东就是这个意思。无数人的经验表明，一忍再忍最后忍无可忍入市时，通常会买在天花板或卖在地板。这其实不是偶然的，因为主力总是有办法算得准散户的忍耐度。什么叫多头不死，空头不止？就是这个道理，这也是期货市场运行的必然要求。

当你拿不定主意是否入市时，一个简单的规则就是先忍上两三分钟，在这段时间时想清楚以后你在这种情况下是不是还会下单，如果回答是否定的，就说明自己当时入市的想法含有不少侥幸心理，所以，这种交易是没有可复制性的，应该放弃；反之，就应该毫不犹豫地下单，即使错了，也会对修正自己的交易系统大有助益。当你做错单子的时候，就一定得忍住自己的侥幸心，立刻止损，不可一厢情愿；交易中，本来是一个波段上的小失误，有人居然会因为不服输不认错而至于亏损殆尽、折戟沉沙。自负和自卑是人类与生俱来的弱点，所以在交易中除了用规则约束控制自己外，还要时时注意提高修为，不能率性而为，更不可有侥幸心理。侥幸心理害死人，如果你抱有侥幸心理扛过了一次两次，你的胆子就会越来越大，忍功就越来越退步，终究会有一天，你"侥幸"扛到了极端行情上，市场就会送你去见利弗莫尔。合理控制仓位、控制亏损、控制心态，就等于给交易戴上紧箍咒，把下单权力限制在笼子里，如此，你便行走在正确的赢利之道上了。

前段时间和几位操盘高手谈及忍之道，席间大家鸡一嘴鸭一嘴地攒成几句打油诗，虽文理既不甚通，却似乎很有些深意，现罗列在此供大家或消遣，或揣摩：

需知忍让真君子，

莫说忍让是愚蠢。

事来之时最要忍，

事过之后又要忍。

市场羞辱我，

我也只说好。

市场来套我，

我自残先跑了。

对手省气力，

我也无烦恼。

千忍万忍期货人，

才能体面混到老！

有句话说得好：如果耐不住寂寞，你就看不到繁华。专注、耐心和坚持，是成功的不二法门。赚大钱，最重要的不是正确的判断，而是合理的策略，是忍亏、忍赚、忍空的功夫。判断正确率高但执行不了的人很多，所以管不住自己就不要去做期货。期货不是比智商，是比耐力，是比自控，是比执行力。冲动带来的亏损是你对违背规则的惩罚，冲动带来的盈利是市场给你喂的药。不会止损就不要下单，要想证明你更出众，就只有在忍功和执行力上做好功课。

禅师曰：不管如何，只管任他，忍他。

拿破仑说：只有持久的伟大才是真的伟大。

邱永汉说：守股比守寡还难。

冯仑说：伟大是熬出来的。

TIPS：当你拿不定主意是否入市时，一个简单的规则就是先忍上两三分钟，在这段时间时想清楚以后你在这种情况下是不是还会下单，如果回答是否定的，就说明自己当时入市的想法含有不少侥幸心理，所以这种交易是没有可复制性的，应该放弃；反之，就应该毫不犹豫地下单，即使错了，也会对修正自己的交易系统大有助益。

第五章

吸金大法

第一节　交易系统还是吸金大法?

林肯说,几乎所有人都可能忍受逆境,但如果想测试一个人的品格,就给他权力。

是权力。特别是无约束的权力。

投资者,特别是自有资金自主操盘者,下单的权力比国王下诏的权力还大,按林肯的说法,这最能测试一个人的品格和操盘能力了。

证券期货本质上是资金的群殴,在一定程度上有类于政治利益集团之间的争斗。这种争斗有一个标本,就是日本的战国时期,该时期日本这么一个弹丸岛国分裂成了66个小国家,每个小国家都有自己的元首,这些元首都是统治者,他们大多都有自己的绝对权力,和证券期货投资者的决策权别无二致。这个时期在时间维度上相当于中国的明朝,是时,现代意义上的民主制度还没有诞生,统治者的权力还没有被有效制约,就像青涩的投资者一样,决策的权力大得没边。这类统治者或操盘者为了实现自己难以理喻的古怪念头,就会把权力转化成巨大能量,这种能量可以将无数资源毁于弹指之间。操盘手就是股票期货战国的小国王,如果没有合理的机制加以约束,"帝王之怒也血流成河尸伏千里",他的王国迟早会改姓易帜。日本当年的其他小国家都被逐步吞并,德川家康最后的胜利,某种意义上取决于他对权力的合理运用。

孟德斯鸠说:"一切有权力的人都会滥用权力,这是万古不易的经验。要防止滥用权力,就必须以权力约束权力。"把统治者的权力关进笼子,才能保证公权不被滥用。正是因为有了这样的思想作为基础,民主社会才会得以持续的自我更新、自我完善和自我发展,创造出了今天人类所享受的大部分人文和科技成果。究其根源,"把统治者关进了笼子"居功至伟,布什总统曾说过:

"人类千万年的历史，最为珍贵的不是令人炫目的科技，不是浩瀚的大师们的经典著作，而是实现了对统治者的驯服，实现了把他们关在笼子里的梦想。我现在就是站在笼子里向你们讲话。"他认为，这个笼子周边插着五根栅栏，那就是选票、言论自由、司法独立、军队国家化和三权分立。"把统治者关进笼子"是华盛顿总统的伟大创举，他认为不把统治者的权力关起来，普通公民就没有安全可言。同理，不把投资者的权力关起来，权力就会被滥用从而资金就没有安全可言，同样，这个关操盘权力的笼子周边也要插着五根栅栏，就是市场研判、交易计划、头寸管理、执行纪律和风险控制。

这五根栅栏就像对君王权力的约束一样，就是把下单权力关在笼子里的一套设计，这种设计就叫做交易系统。这套系统源于西方，它基于人性本恶说；而中国传统文化大都相信人性本善，基于这种文化人们倾向于把约束权力的愿望寄托于圣人和清官。设想，如果相信操盘手都有像圣人和清官一样的操守，能够靠自律混迹市场，大多数投资者的结局将会是多么的悲摧。

投机市场经过几百年的发展，逐步演化出了许多成熟的思想和完美的理论，但其中大多数都是以测市为导向的，但事实上，即使你研判市场的准确率再高，你的实际交易也不会有多高的胜算。无数实践证明，若想长期在投机市场体面生存，最重要的其实不是研判行情，而是驯服操盘手，将他们的权力关进一个量身打造的笼子里，而这个笼子又不至于太束缚其手脚，舍此再无良方。投资者下单的权力被装进合适的笼子后，权力就可以成为点石成金的魔杖，否则就会成为负能量，进而成为摧毁财富的利器。

这套限制权力又能充分发挥操盘能力的方法，就是交易系统。其实我们很想把它叫作"吸金大法"，虽然这叫法不无戏谑。因为交易系统这个说法是典型的翻译腔，很容易让人产生误解，似乎是一套什么十分科学的软件，所以我们感觉用吸金大法来称呼它似乎更加贴切，至少这个说法承认了交易手法中的艺术成分。如果说投机赢利的方法更接近什么的话，我们认为它更接近武侠里说的大法，某种靠多年修炼才能得来的、听来有点儿玄妙的本领，而不是系统的科学方法。几个世纪的投机市场运行经验表明，市场上不可能存在必赢的秘诀，也不可能存在独门绝技。如果有秘诀和绝技的话，一定是一种以大概率优势取胜的方法，那就是国外所说的交易系统，我们在这里谓之曰吸金大法。

因为股票期货市场或然的暴利，也因为一些人认为自己的智力超群，足以保证其在群殴中胜出，所以大家才携带重金而来，所以期货市场才会熙熙攘攘、比肩继踵。不少投资者都感觉自己聪明有悟性，甚至还抱有某种崇高的使命感。但期货市场客观上是要求大多数人不赢利的，这样一部分人在混迹市场一段时间后，都会被不客气地告知，智力远不是一切，失败是大多数投机者的宿命。

当宿命出现的时候，掉入失败组的投资者是否想过：股票期货市场参与者如过江之鲫，每个人都是不一般的聪明，你凭什么能够赚到别人的钱？能否想一想进化史，人类在敬畏和尊重自然的同时也在与自然搏斗，人类靠什么能够在弱肉强食的丛林里立足无数个世纪而没有步恐龙的后尘？再想一下，一个弱小的个体如何在人类社会立足和发展？一支军队要想取得战役的胜利，最核心的东西是什么？

其实以上所说的这一切靠的都是规则，这些规则的总成就是系统。投机交易更是如此，操盘手成功的终极武器其实就是买卖的规则，这些规则的总成就是一套交易系统，就是一套吸金大法。

是否拥有成熟的交易系统，是检验一个操盘手是否成熟的标杆，所以我们很重视对不同类型操盘手交易系统的比较研究。在比较研究的过程中，我们和他们有过无数次正式或非正式的交流，为分享计，我们从中选取一些经典的对话，呈读者参阅。

盛利：许多人把失败的原因归结到我们的磨难还不够、修为还不行甚至亏的钱还少，但这样的磨难和修为可能终其一生还达不到要求。其实这个市场上必然的科学的规律是无法找到的，制胜的秘诀是根本不存在的，真正起作用的其实是意志和自律，在这两条的基础上，还得要有自己的交易系统。这种系统不是一种秘诀，而是一套完善规则的有机集成，有人戏称之为吸金大法。交易系统或曰吸金大法首先是一套完整的交易规则和控制体系，然后在反复实践的基础上，对证券期货交易过程的各个相关环节做出明确的唯一的规定，这类规定还必须符合使用者的心理特征和投资品种的属性，以及投资资金的风险特征，所以必须得是量身定做的。套用把统治者的权力装进牢笼的说法，操盘手限制自身权力的牢笼，还得自己亲手打造出来。

隐三： 看来操盘手得"作茧自缚"了！

盛利： 茧本来就是自我保护的嘛，如果缚得张弛有度，这只茧就算是做对了！

市场上流行有许多自称神奇的交易系统，它们大部分是商业性的，表现形式或者是量化，或者是程序化，或者是某某必胜术，而这些系统都是基于统计学或图形识别的，有些甚至是基于某种神秘的学说，据说还是谁都可以学得会从而赚大钱的。这些东西都是市场上的奇葩，不是我们所说的交易系统或吸金大法，这里不讨论了吧。我们要讨论的是一套综合的体系，它首先是一整套限制下单权力的规则，同时又集成了投资理念、投资战略和风控方式，并且贴合使用者的习惯。按经典的定义，它是"以投资哲学为灵魂，以投资战略为指导，以交易规则为依据的"方法总成。

证券期货投资是一种特殊的资金运动，其价格波动本身的不确定性和投资者心态的不稳定性都会导致亏损。和现实的人类社会一样，虚拟的证券期货市场是复杂的和无序的，我们知道，越是复杂无序的事物越是需要以系统化的方式来理解和应对。就像纷繁复杂的现实社会需要用宗教、法律和道德等去规范人类行为和应对不确定性一样，证券期货交易也必须在充分认识市场的基础上建立起一个系统来应对市场波动和投资者情绪对交易产生的影响。

买敬江： 交易系统的建立应该基于交易经验和对市场规律性的理解。交易系统应该是机械化和条理化的，就像英国人说的 by the book，凡事都依据规范，用数据和图形去描述市场，用确定性的指令去指导交易。我们圈子里的期货寿星们对这个系统各有各的看法，但共性却是非常明显的，综合起来主要有以下几点：（1）整体上要有逻辑自洽性，要建立在统计规律和实践总结上，并在较长的时间周期内证明其有效性。（2）这是一整套的规则体系，必须对市场行为的各个相关环节做出明确的要求，对各个决策点都有明确具体的规定，决策链条简明且具有高度的可操作性。（3）有宏观的可行性和长期的稳定性。（4）它必须是完整的和连贯的，是前后一致的，同时也是可以自我优化的。（5）最后的，也是最重要的：一定得自己亲自建立起来这个体系，任何拿来主义的想法都是行不通的。

隐三：当使用交易系统，采取百分之百客观的决策模式时，便把人为的因素排除在外了，正是因为这一特点，交易系统能够有效地排除主观意志对交易的干扰，使系统具有较高的操作稳定性和抗灾难性失误的能力。这种抗灾难性失误的能力，类似于软件系统的鲁棒性。鲁棒性是英文robustness的音译，类似于我们说的稳健性。鲁棒性原是统计学和控制理论中的一个专门术语，用于表达系统对特性或参数变动的不敏感性，或者说系统对环境的变化有强适应性，不容易崩溃。鲁棒性已成为控制理论中的一个重要的研究课题，也是一切类型的控制系统的设计中所必须考虑的一个基本问题。鲁棒性问题与控制系统的相对稳定性和不变性原理有着密切的联系，也对证券期货交易系统的建立有着重要的指导作用。

当然这个系统还得把执行者的自我管理纳入在内。一般来说，当交易产生一定的赢利时，操盘者的心态最容易产生变化，最容易产生强烈的平仓欲望，而不是耐心等待交易系统给出平仓信号。应该知道，宏观上来说，用客观的系统信号来平仓要远远优于主观平仓点。大多数情况下，操盘失败的原因不是因为市场太聪明，而是我们太自作聪明。人类在交易中总是被自己的主观意愿所击败，所以我们应该使用交易系统来规范交易活动，回避主观意愿对交易的影响。要做到这一点，还得有一个修炼的过程。

盛利：你们说得很科学，接近量化了哦。不少人问我，你连续那么多年赢利，有着非常成熟的交易系统，这个系统是怎么建立起来的？其实，这个问题真不好回答，总之得自己亲手去创建吧，谁也没法代替你，但基本的套路还是有的。

　　我也同意以上二位的说法，交易系统一定得是自己慢慢积累和建立起来，这是证券期货投资者的必修课，是没有捷径可走的。结合我自己的经历，我想，建立系统大概要经历以下四个步骤：第一步，对市场研判和交易感受的积累，这些看似碎片化的认识是进阶的基础，随着时间的推移，它们可以按基本的特征分类后串成若干链条，然后再进一步编织成面，这就是整个交易系统的子系统了。第二步，这些子系统在不断的实践中，会被市场检验出不足之处，针对这些不足，交易者应该用系统的学习、模仿和修炼来加以弥补，形成交易风格以及系统根本，从而升级适合自己的系统。第三步，把各个子系统集成为完整的系统后，真正的难度还在于执行力的提高，要想获得成功，你就应该严酷地训练自己，逐步蜕变成一个理性的、不打折扣的执行者。第四步，通过对心理学和哲学的学习和体悟，同时把这些理念真正融合到实践中，自己的境界就会进一步提高，慢慢地，自己的技术就会达到炉火纯青，甚至是无招胜有招，此时，交易者可以在形式上没有预测、没有规则，实则一出手就暗含了某种不可言说的"道"，这是操盘手的最高境界。一般来说，能完成第二步的人，就有混迹市场的基本能力，能完成第三步的人，在市场上就可以体面生存，能完成第四步的，基本上属于得道高手，在市场上非常罕见，要达到这个境界，除了天分和心性之外，还得长时间的留心和感悟，再加上不可或缺的机缘。

　　张世杰：盛老师说得很具体，我也很有同感。我自己也是经过了若干阶段才有了一套真正属于自己的东西的。第一阶段是学习和积累经验，这阶段是打基础的，常言说基础不牢地动山摇，所以在这个阶段，你就务必大量收储、兼容并包地学习。要大量阅读各类有关书籍，熟读唐诗三百首，不会作诗也会吟，说的就是知识的积累和内化的过程。开始时不需要怀疑书里的"教条"，因为有些东西你认为是教条，可能是因为你的境界还不够。除此之外，就是看盘解盘和复盘了，这是个苦力活，开始时难免是看热闹，只能看到涨、跌的曲线，除此别无他物。经过半年左右认真地看盘训练，你的看盘就会有目的性，可以从目前的走势有意识地去判断大盘的运行趋向，学会自创指标、编写公式，并学会对各类市场进行系统的研究。到了一定的阶段，你就得摒弃大部分指标和公式，回归到最简单的几项技术，这是一个扬弃过程。做到这一步后，你就进入整合阶段了，这个阶段比较长，我是用了两三年才完成的。过了这个阶段，你就会慢慢地拥有适合自己的交易系统了，在有效的交易系统的指导下，你就有能力迅速熟悉陌生品种，部分高手可以做到脱离基本面获利。

不是人人都能走进拥有系统的这个阶段的。投机这个行业很特殊，你即使付出心血、辛劳和汗水，却未必能登顶成功。这个职业需要你容忍失败。大浪淘沙，最终成功成为操盘寿星的，只能是那些同时拥有勤奋、天赋和机遇的少数幸运儿。

隐四：无论大师的水平有多高山仰止，但别人的东西终归是别人的，要想真正提高境界，就必须自己去认真思索和实践，从而获得属于自己的东西。当你的学习和实践积累达到了一定的阶段，你就必须开始去怀疑，怀疑一切你所读到所看到的东西，然后用自己的逻辑框架去重新分析和诠释它们，不管这些尝试有多幼稚和荒谬。你必须尽早迈出独立思考的脚步，才能彻底摆脱人云亦云的境地。读书学习别人总结出来的知识和经验只是一种手段，如果学习反而让你丧失了独立思考和创新能力的话，那就背离了学习的初衷。学习是线性的，而创造则属于非线性的，正是后者，给世界带来了多姿多彩，也给了操盘者创造了机会。你必须通过长期的修炼才能融会贯通，然后就会悟出自己的方法，这些方法梳理顺当了，就嬗变成了交易系统。交易系统形成是因人而异的，因此这个系统一定是个性化的，自己创建的。善于动口、拙于思考是走向亏损的捷径，世界上唯一能够不劳而获的东西，就是亏损。

买敬江：这些都是自己的心得，值得我们借鉴。虽然吸金大法因人而异，但内核却有共通，基本上包括以下几点：有效控制弱点，落实交易思路，强化风险控制，持续改进操作。具体地说，套用量化的用语，我们的交易系统应包括以下四个模块：行情研判模块、交易策略模块、资金管理模块、危机管理模块。这四个模块是有机的整体，它们既相互制衡又互为基础。

我们对寿星们的统计数据表明，如果对各个模块的重要程度做一个定量的话，行情研判模块约占10%、交易策略模块40%、资金管理模块占30%、危机管理模块占20%。危机管理模块是一个比较新的概念，是本团队的一位操盘手强调的，基本上类似于软件行业说的鲁棒性，它保证投资者有应对黑天鹅事件的能力。大部分造成危机的极端行情是由黑天鹅事件决定的，而黑天鹅事件是不可测的，所以这个模块对于整体是至关重要的，它从某种意义上保证了资金在遭遇意外重击时不至于全军覆没。

行情研判模块是为交易策略和资金管理服务的，当然，对行情的正确研判是赢利的基础，但这远远不是交易的全部，这个问题，我们留待以后专门论述。如果研判出了问题，或在操盘中有大的失误，就需要较强的危机管理来保证系统安全性。行情研判模块的基本原则，是必须判定一个明确的价格区间，包括进场和离场的信号，这个模块对应该顺势而为还是低吸高抛都必须发出明确的指令。出场的标准也要明确，是因为行情的发展变化不符合标准，还是为了止损或止盈？离场应该是主动行为，不能够被逼无奈才惶惶然逃离出场。再者，这个模块必须给资金管理模块提供明确的依据。

资金管理模块，一般从保证金占用率的角度来进行管理控制。要有一个科学明智的资金管理方法，用百分之多少的资金去承受风险？因为使用了止损，所以我们应该了解自己正冒着多大的风险。我们在交易中，要明白本阶段的保证金使用是正常的或者是积极或者是保守的？每个人对风险的承受能力是不一样的，风险度要以不影响自己的交易判断为基准。

交易策略模块的基本要求，是要制定一个适当的交易策略以把握行情的节奏。面对价格曲线和资金曲线的涨涨跌跌，可以真正做到心如止水是十分不易的，所以要摆脱这些弱点，只有制定明确的交易策略，通过加减仓位来冲抵盈亏波动对人性弱点的考验。我们加减仓位的基本原则是：亏损时只减仓，不加仓；盈利加仓要按照事先设定好的经过测算的比例执行。当然，这只是一个基本原则，不是唯一标准。

危机管理模块的重要性我们已经说过了。虽然你的研判和交易策略做得很好，但市场上的突发事件还是一个非常重要的问题，我们对此一定要有主动的应对措施，不要临时乱了方寸。很多投资者认为，突发事件虽会引起行情的异常波动，但它只是加速或减缓一波趋势行情，改变不了行情的趋势。这个说法固然有一定的道理，但据此死扛，可能会导致某些单子死在黎明之前。所以期货投资者也应该建立"预警机制"，最大限度地确保交易策略的顺利实施，否则会被突发事件打乱节奏，在黑天鹅的威逼下激情进场或被动离场。

投机的精髓是在市场上长期占有概率优势，而不是孤注一掷。成功的交易者只是将每次交易看作是一连串交易事件中的一个，而在宏观上追求大数定理的境界。但由于统计样本分布的不均衡性，所以不利事件的发生会具有集束性，这样，任何交易系统都得面对连续失败的可能。面对这种大的压力的时候，深刻理解交易系统所依据的投资理念，对于逆境期保持心理平衡具有至关重要的意义。

盛利： 有了一个好的交易策略并不等于成功，因为市场人士都知道看对并不等于做对，这二者之间的天堑是如此巨大，大到绝大多数人根本无法逾越。跨越这道天堑的关键在于交易纪律，纪律可以左右成败的七成，能够执行纪律才谈得上使用策略。市场里不乏聪明绝顶的明星级选手，但明星也是人，在很多时候，他们也会受骄傲、愤怒、恐慌、失落、彷徨等情绪的影响，这些影响有时候会大到把所有的规则和交易系统打个粉碎，所以期货市场里最大的对手往往就是自己。知易行难，很多事情我们看明白了但还是做不到，所以就要用规则来约束自己，更要从日常的点点滴滴的约束做起，例如排队，例如等红绿灯过马路。对自己约束一次不重要，重要的是约束全过程，并使之成为习惯和自觉。所以成功的投资人都会对交易纪律严防死守。先不要考虑怎么赚钱，只要有效地控制好风险，利润自然就会到来，这是真的。交易系统只是交易员的工具，拥有一个好的交易系统只是成功的良好开端，但最终能否成功还必须依赖执行能力。

买敬江： 对，不过同时你的交易周期要和交易系统匹配，你这一段时间要做短线的话就不要使用趋势系统。要做趋势交易，就不要像短线一样盯盘而被小波动干扰，这是两种截然不同的方法，所以要有区别地使用不同的交易系统。

你必须对自己修炼得来的交易系统有信心，因为这是你是经过时间和实战考验的系统，这是特别珍贵的，因为别人的经验对你基本上没有大的用处，所以要自信要有足够的耐心等候系统发出信号，建仓后更要有同样的耐心和信心持仓，直到系统发出反转信号为止。打仗不怕死、不顾一切的将军其结果往往是战死沙场，很多自认为勇敢、能死扛的投资者，最终的结果一定是亏损殆尽。我们应该充分认识到自己的性格特征，在交易系统的构建上充分考虑这些因素，并用规则来加以平衡。

使用操作系统可以消除人的情绪对交易带来的影响，可以告诉你明确的进出场点，这样，一致性交易才成为可能。法国哲学家蒙田说过：人最难做的是始终如一，而最易做的是变幻无常，做个一成不变的人是一件了不起的大事。可见，严守信仰是最有效的，也是最困难的。也有人说：信仰不是很难的事，你说了，你做了，你成了，然后你就信了。反复去说，持续去做，坚持去信，信念就有了。恪守信念，不断去做，以身为则，以言示人，信众就多了，信仰就来了。信仰最怕的是只说不做，多说少做。

盛利：是的，所以还是相信自己吧。

以上的对话说明了开发交易系统的过程很像高僧修炼的过程一样，是一个艰巨的系统工程。我们学习成功者，应该学他们的内核，而不是表面上的长多短空。齐白石说，学我者生，似我者死，就是这个意思。只有经过长年的一心一意的艰苦修炼，才能升华出独属于自己的吸金大法。交易的持续成功其实与个人修炼关系更大，技术倒还在其次。正像不知道是哪位先哲说的，技艺无优劣之分，境界有高低之别。

修炼是一个长期的苦旅。一个动作经过千百次重复后就会进入人的潜意识，久而久之就变成了习惯动作。就行为能力来说，世人可以分作两类：空想家和行动者。空想家善于谈论、设计、渴望，甚至于设想去做大事情；而行动者则是立刻去做，多实践的结果是行为变成了习惯，习惯养成了性格，性格决定了命运，久而久之你就成功了，而空想家则还停留在一大堆的蓝图上。专注是一种力量，习惯是更大的力量，切记切记。

交易系统有可以描述的一面，这是意识层面的决策和操作过程，或者说是能够用语言表达甚至量化的，但是，市场上存在有不少艺术型的投资者，他们靠潜意识做出决策。这些人都是得道高手，其中有极少数是因为天资极高的缘故，但更多的是通过多年的严守纪律的磨炼，把规则和纪律内化成了自己的习惯，虽然在这个阶段看似不讲条文，不能事事都 by the book，但这种人的纪律是在不自觉中体现出来的，这就是专注和习惯产生的力量。但不幸的是，期货市场上绝大多数投资者既不是艺术型也不是科学型的，而是率性而为的情绪型选手。我们知道，让情绪主导交易就一定会时常做出非理性的决策，所以这些人注定是市场的炮灰。

孔子说"七十而从心所欲，不逾矩"，是指自己到了七十岁的时候随心行事也可以不逾越规矩。这也是交易的最高境界了：不知道存在交易系统这回事，而在操盘中却处处表现的是交易系统的内涵。不过，这是个积累和感悟的过程，是经过了从无到有然后再到无的嬗变过程的，孔子古稀之年才到了这个境界，能够直接进入这种"无"的状态的人是上帝恩赐的浑金璞玉，普通人还是不要有这个想法。

"七十而从心所欲，不逾矩"，这句圣贤之言值得反复品味。在投机市场上，这个"矩"就是限制操盘权力的牢笼，人的修为到了一定的高度，这个隐形的矩就存乎于心，交易时就能从心所欲，交易系统就真的成了"吸金大法"了。

交易系统就像一部优秀的影视作品，它一定是优秀的剧本、音乐、摄影、灯光、布景、后期等多种元素合成的有机体，而绝不仅仅是一两个高妙的桥段和一两段高山流水般的音乐，或者是一两个大牌的艺人。

TIPS：大师只能是你自己。别人的高明终归是别人的，要想真正提高境界，就必须自己去认真思索和实践，从而获得属于自己的高明。当你的学习和实践积累达到了一定的阶段，你就必须开始去怀疑，怀疑一切你所读到所看到的东西，然后用自己的逻辑框架去重新分析和诠释它们，不管这些尝试有多幼稚和荒谬。你必须尽早迈出独立思考的脚步，才能彻底摆脱人云亦云的境地。

第二节　不知亏，焉知赢

人的趋利行为是无可厚非的，但用"人不为己，天诛地灭"来标榜，则有悖于文化传统。因为这里的"为"，应该是修为之意，不是为了谁的"为"。所以这句话的本意是：一个人如果不修己的话，天理就会让他灭掉！

但不管怎么说，证券期货市场的参与者一定是逐利的，因为逐利，所以就一定是有亏有赢。说到亏赢，就想到了人面对亏赢的心态，这时头脑里就会跳出来一句"未曾清贫难成人，不经打击老天真"，这好像是哪部烂片上的台词，时隔经年，该片的具体情节早已丢到姥姥家了，但这一句却挥之不去。不经打击老天真啊，成功的人其实都是逼出来的，作为市场中人你是否想到过，自己的抗击打能力如何？能亏得起吗？自己究竟想花多少时间去赚多少钱？能够承受多大的风险来博取利润？为此是否做过详细的规划？事实上，不少人做投资前压根就没有想过这些基本问题，甚至大多数投资者只是看到别人赚钱了，一激动就顾头不顾腚地冲将进去，他们的逻辑是：邻居那个无业的老赵，单位里那个不学无术的小张，还有据说连初中都没毕业的某某人炒股炒期货都发财了，我为什么不行？

这个可较不得劲，说你不行，你还真是不行，因为绝大多数人都不行。俗话说光看贼吃饭不看贼挨打，凡进入投机市场的，谁都有被暴利所蛊惑而操持不定、进退失据的时候。虽然谁搞投资也不是为了赔钱，但会长期赚钱的前提是先学会正确地赔钱。孔子说不知生焉知死，意思是只管活好就得了，何苦用死来困扰自己，当然从珍惜生命的角度讲此言论颇具积极意义，常人当然应该活在当下珍惜今天，但在期货市场上，人的平均"寿命"比现实中要短几十几百倍，死的威胁时时存在，所以做投资时，珍惜生命就应该懂得不知死焉知生，或者说不知亏焉知赢。

过来人都说，适当的亏损可以给你教训，让你清醒。有用的经验教训一定得是用真金白银砸出来的，直接照搬别人的经验并能顺利地、成功地运用到操盘中，不是凡人可以做得到的事情。另外，希望从模拟操盘中得到可靠的经验，也是痴人说梦般的不现实，因为模拟单子亏损时你无法感受到刻骨的伤痛，你无法对亏损留有深刻的记忆，所以只有在实盘中犯下错误时，市场的耳光才能够真正抽到你的脸上，你才会痛彻心扉，你才会在咬碎钢牙后真正去思考，去长记性。虽然，模拟单高手的大势分析判断能力还是很强的，但模拟下单毕竟是抱有游戏心态的，区别就像运动员平时的训练和大赛的表现，这两种状态看似差不多，但不同的是调动潜能的能力天差地别。有些运动员被称为"训练型"的，他们一旦到了大赛上想着金牌时，这份渴望往往会变成压力而扭曲了心态，结果往往是发挥失常，操盘又何尝不是如此。模拟操盘时，你会很容易就做到止损，因为你面对只是数字而已；但实盘时面对将要砍去的真金白银，你真的能做到泰山崩于面前不改色吗？一个成熟的操盘手，是会常常挨市场这个无形之手抽打的，也许挨上几百次还远远不够。不经打击老天真，真正的操盘高手大都历经炼狱，大都死过几回，所以他们终日乾乾，深知自己时刻都游离于生死的边缘，这样方可做到历无咎。

索罗斯说，我有认错的勇气，发现错误马上改正，所以我的成功不是来自于猜测正确，而是来自于承认错误的勇气。这就是知亏的境界。有不少投资者往往羞于认错，这是不成熟的表现，这是因为他们不知道，不完整才是常态，会认错才是境界，死不认错的人终究会等到市场逼你认错的那一天，彼时，大片江山都已易帜了。

亏损是一个令人讨厌的词汇，但交易长期稳定获利的秘密就在于操盘手对亏损的体悟和正确处置。一般来说，从一个操盘手对亏损的认识程度，就完全能够看出他的交易境界。高手们都喜欢谈境界，但境界是什么呢？我们认为，境界是一种蜕变后所展现出来的气质，有了一定的境界你就可以在更高的层次鸟瞰交易市场，就可以绕过诱惑和陷阱，直击市场运动的本质。境界这东西是无法传授的，境界的获得源于勤奋和苦难，还有迷茫和顿悟。没有深夜痛哭过的人，不足以谈论人生，谈论境界。比别人走过更远的山道，流过更多的血泪，背负过更多的沉重，才有可能站立于用磨难垒砌成的丰台上俯视市场。

人们对任何事物的认识都不是完美的，所以错误是认识的一部分，失败是人生的一部分，就像误判是足球的一部分。所以，亏损也是期货交易的一部分，赢利寿星们有一个共识：要想赚得清楚，必先赔得明白。理智地承认输掉一场战斗，并不意味着输掉了战役，更不等于输掉了整个战争，古人说留得青山在就透着这样一种朴素的哲理。正如体操选手，训练时你摔倒的姿态如果越来越从容，你的水平就一定是有了大幅的提高。

蔡宏图及其家族拥有领航台湾的最大企业航母，其资产规模达到数千亿元人民币，不仅是台湾金融业龙头，也是岛内最大的企业集团。蔡宏图之所以能有如此大的成就，一个重要的因素是他的稳健。一次他和堂弟蔡明忠（富邦金控董事长）等朋友们结伴游不丹，一群人骑着骡子走在山路上时，突然蔡宏图从骡子上摔下来，脸差点撞到地上。大家都还没反应过来时，他就已经不声不响地站了起来，就像什么事都没发生一样。蔡明忠描述说，当时蔡宏图"摔倒的姿势非常优雅……所以他是临危不乱，不会出错的人"。

临危不乱也是对操盘手的基本要求。交易中要保持清醒和理智，要真正明白适时认错不是愚蠢而是理智，应当按照自己的规则去亏损，同时还得注意亏损时的姿态：理性，不慌不忙，甚至是优雅。人在期市混，哪有不亏损！问题是面对既成的亏损，你要根据事先的计划来处理，能够像体操选手一样有一个"优美的跌到姿态"才会慢慢有所长进，最终走向成熟。多年来，我们对高手们的感悟进行汇总和研究，总结出了优美的亏损姿态应当是这样的：

1.永远"不敢于"亏大钱。每次交易都应该提前预计好亏损的可能性和限额，设置好止损位并严格执行，这样才可能保证永远不亏大钱，这是整体的操作思路中第一重要的环节。实际操作中一定要特别注意每次所冒的总体风险应该是总资金的一小部分，例如5%，这样才能体现出以小博大的原则，把每次可能的损失控制得当，就等于有了较多的试错机会，总体的胜率才能提高。在你连续做错的情况下，如果损失越来越合理，止损的姿态越来越优美，你的抗击打能力就会越来越强，生存和赢利的机会就会越来越大。

许多行情我们是看不懂的，除了事后按图索骥的大仙外，我们大家都并不真的知道行情要涨还是跌，最多只能有一个阶段性的相对准确的判断而已，因为即使我们的理由再充分，涨跌终究不只是由你所知道的因素决定的，例如短期内，供求关系常常不如主力的炒作对市场影响大，不为人知的因素常常出现，即使你能在盘面上捕捉到主力的动向，但他们往往不止一家，他们内部是合纵连横的，有时可能会有一或几家临阵倒戈，变数很多很多，所以我们不能太过相信自己的逻辑，市场本来就常常没有逻辑，你的逻辑又有几分可靠？

2.钱要赔得明白。思想准备不足就懵懂入市，只想着赚钱而不知控制风险的人，即使开始幸运赚上一笔，他们中的大多数会很快不明不白地连本钱一起赔掉。赔得明白就是对风险了如指掌，然后按自己的计划，按自己的思路，按自己的预期赔钱。按自己的预期赔钱？这话听来好像在说笑，其实我们的本意并不是让你主动找着赔钱，你知道的。如果你的资金数额是一定的，每天按计划进行交易，没有赚钱的具体要求而只有亏损的上限，通过训练如能真正做到了把每一笔交易的亏损都限制在预定的范围内，而不是总想着赢利，久而久之，你就会惊讶地发现自己其实在整体上是赢利的。所以，明白自己要在哪个价位平仓，止损平仓时最多会赔多少钱，是操盘的第一要务。面对多变的投机市场，普通投资者不可能有实力去硬挺硬拼或者去影响行情，我们要懂得用委曲求全来保有实力，永远保留下一次进场的权力。

3.从一个人赚钱的单子有时候并不容易判断其操作水平，但从其赔钱的单子就容易判断出来。就像我们在网络上聊天，正常情况下我们无法判断对方用的是什么输入法，但一旦对方打错字，我们就可以从中看得出你用的是五笔还是拼音，是语音还是手写。同理，判断一个人的人品一般也得从他所犯的错误中进行观察，所以从他赔钱的单子更容易看出操盘的水平。因为期货市场的或然利润非常之大，只要有严格的控制风险能力，基本上总是有赢利机会的，多少而已。从一个操盘手亏钱的单子里，我们可以看出他的风险是如何控制的，他跌倒的姿势是否优雅，从而判断他控制风险的能力。从亏损单子判断操盘水平的方法一般是：他是在哪个部位亏损的？这个部位是不是值得一搏的关键价位？是顺势操作遭遇反转呢还是逆势而为？是在心理或资金支持不了的情况下仓皇逃离还是在关口位有序撤离？所以同样是亏损，难看或优雅，是操盘手是否成熟的关键点之所在。

4.要赔得有计划。在计划做交易时，利润风险比例一定得合理。如果一个波段的方案是，在做错的情况下准备认赔10万元，如果做对了可以赚到3万元，这种设计看似荒唐，但却是不少投资者有意无意间常做的事情，不用说，这种操作赔得会很难看，即使赚了也很无厘头，这是许多人亏损的主要原因之一。投机交易追求概率，做对了赚的钱数一定要远大于做错了赔的钱数，一般是风险利润比要有一比三才有入市的价值。有些寿星级的操盘手，得找到一比四的机会才出手，所以他们往往老谋深算，交易并不频繁，但一出手就胜算很高，这才算得上是以小博大。实操时，可以在双方争夺的重要关口用少量试单来验证大局的发展，一旦验证了自己的设想，就要果断地顺势跟进，如果做反了就立即止损，损失也可以承受。期货老手都知道，试单更容易使操盘手融入市场的波浪中，避免了旁观者的心不在焉。

所以，要学会管理亏损和适应亏损，有人借用赌博的说法"小赌怡情，小输清醒"，什么时候你能热爱小额亏损了，你的亏损额可控了，你就离成熟不远了。有时赢利会使人头脑发热，小亏损反而使人更加清楚地认识自己，由于市场的非理性，我们无法预料会连续出现几次亏损，但我们通过努力就可以控制每一次亏损都是一个可承受的小额。单子被套时，最初的损失往往是最小的损失；如不及时止损而为一张错单愁肠百结，你可能会丧失更好的交易机会，同时也可能使你心态变坏。有这么一类人，他们犯错后总有理由为自己开脱，而不是用客观的标准来判断自己的选择是否理性，所以他们会深信自己永远是对的。如果你在每次亏损后都要找客观原因，而不是认真总结反思，市场终究会让你再也没有机会犯错的，因为你很快就会出局的。有些人即使知道市场永远是对的，愿意顺从市场的趋势，但他们羞于承认亏损，所以就会常常陷入自责的痛苦中，而不去坦然面对，这样就会失去提高境界的原动力。承认了亏损的合理性和不可避免性，你在交易中就不会去片面地追求完美，而是以把控风险为基础来追求大概率的成功。不断出现的小亏损会使我们成熟，包容甚至爱上小亏损你的心态就成熟了，境界就提高了，当然这需要长时间的心性的磨炼。

一般交易者也许意识不到，自己过去遭受大损失的根源正在于不懂得坦然接受赔钱的结果，不愿意接受既成的事实。真切地懂得亏损是交易的一部分，你就不会对亏损有恐惧，面对可控的亏损你的感觉就会好起来：不过如此嘛，我能控制你嘛。只有当损失超出了预设的限度，才会感觉到真正的压力。把亏损一直控制在合理的范围内，就是交易能力的象征，久而久之，交易者自信心就被强化了。具有自律精神、坚持主动控制风险的人，市场终究会给你千百倍回报的。

懂得亏损，还体现在持仓的标准上，看准了的单子，持仓一定要坚决，哪怕盘中的反复给你的压力有多大，为小利提前变现是愚蠢的行为。所以有人说"宁可破了关口位止损而出，也不要见小利就跑"。在做左侧交易时即使上升空间已很明晰，时间维度也还是不易把控的，行情发展过程中会出现反复甚至是主力的洗盘，左侧交易者为了不踏空可能多次出击都不成功，这种情况下就得有计划地保有六出祁山的实力，这一次次的出击造成的小额亏损就是成本，将自己的亏损额度比作箭的话，为了获取猎物我们必须射出这些看似无法收回的箭。箭的额度射完了，无论猎物是否到手，都应该停止交易，以重新安排新的交易计划。同样，对赢利单子持仓也会面临着回撤的风险，这些回撤也是无法收回的箭，所以抓住大波段所产生的利润必须可以弥补这些成本，才是对投机资金的合理使用。

台湾言程序交易团队的一篇文章里说过，人生最舒畅的绝对不是酒足饭饱的时候，而是在痛苦解除的那一刻。这篇文章里说：我想了一整天，我现在能做的是什么？唯一能先做的就是再降低杠杆。当接受了这个损失和决定降低杠杆时，我瞬间清醒了过来。怎么会这样清醒，那是完全活在当下的感觉，过去和未来都停止了意义。时间静止于那个当下，耳朵可以听到很远的声音。然后，一切的亏损就都无所谓了，从现在的金额重新开始。接下来，我专心地想出一些更好的交易策略，那些策略是赚钱的时候想不出来的，只有在绝境中才能想到。

有人说，风险控制的要义不是完全规避风险，而是承担适度的风险，因为完全规避是不可能的，适度承担才是科学的态度。信托行业的风险控制有如下几种类型，认真思考一下，对做期货的人有一定的启发：一是主动型风控。识别关键风险点，想办法在事先化解、在过程中控制；二是被动型风控。他们强调交易对手必须是政府国企或行业几强，抵押率不得低于多少多少；三是学者型风控。热衷于纠结细枝末节，尤爱抠字眼；四是无赖型风控。主要任务是推卸责任，一个项目不做最好，风险为零，说明风控到位。信托行业的风控百态，对我们来说是一面镜子，建议大家照一照自己。

把握亏损、控制风险的总体原则，高手们的共识是：有计划，可管理，可承受，心态平稳，动作优雅。

切记切记。

TIPS：一般交易者也许意识不到，自己过去遭受大损失的根源正在于不懂得坦然接受赔钱的结果，不愿意接受既成的事实。真切地懂得亏损是交易的一部分，你就不会对亏损有恐惧，面对可控的亏损你的感觉就会好起来：不过如此嘛，我能控制你嘛。只有当损失超出了预设的限度，才会感觉到真正的压力。把亏损一直控制在合理的范围内，就是交易能力的象征，久而久之，交易者自信心就被强化了。具有自律精神、坚持主动控制风险的人，市场终究会给你千百倍回报的。

第三节 量化交易可否战胜"贪欲之人类"？

只是短短的二十几年，IT技术的高速发展就颠覆了整个世界，借助电脑和网络，人类在创造了空前的科学成就的同时也积累了丰厚的物质财富，而这些成就和财富又进一步加速了人类的生产和生活方式的改变，同时被改变的还有思维模式以及认知方式，人类从来没有像今天一样的自信。作为对信息化要求最高的领域之一，金融业的改变当然是首当其冲。随着电脑和网络技术在交易中的作用越来越大，人们必然要问：电脑在期货交易方面的应用会有极限吗？人工智能会把期货市场弄得面目全非吗？电脑会在期货市场上驱逐人脑吗？

　　大家都知道，对这些问题的观点当然分成两派：挺电脑派和挺人脑派。十多年来在各种场合下，我们有意无意间参与过无数次此类辩争，每次都是电脑派人脑派各执一词，阿公阿婆各摆其理，议论纷纷莫衷一是，可到最后，阿公还是阿公，阿婆还是阿婆。更可乐的是，基本上每次都有第三派骑在墙上作折中状，他们或帮忙或帮闲，或帮倒忙，热闹得要紧。

　　江湖上的事情总得有个了断，不能长期就这么搁着。这想法真有点儿社会责任感的意思了，虽然我们知道这其实是"好事者之为"，但为了给喝酒吹牛找个由头，我们还是于某吉月吉日，以此为名组织了一个餐会。参会的有盛悦程序化团队教头简称程序化，和不愿透露实名的期货老不死三名，在本书第八章"期市《录鬼簿》"里的编号是甄名隐四、甄名隐七、甄名隐十三，简称隐四、隐七、隐十三，作者也有幸忝列其中。

　　到会的隐四、隐七、隐十三这几匹期货老不死都是名动江湖的人物，至少目测起来也都比作者从市场里搜刮的银子多，为此我等特静默三分钟以表愤慨。不过，时间的车轮滚滚向前，伟大的品酒事业顾不得个别同志的郁闷和闲愁，所以未经东家批准，酒会就在一片浪笑怪叫声中匆匆开场了，全然不见了这班高人平时的从容。

　　第一浪怪叫过后，组委会主任宣布了会议议程：一、品评隐七同学的家藏酒；二、交换近期心得，象牙色段子也可适当提交；三、再提当年勇；四、就人工智能在交易中的作用，大家放开胡扯。

　　投资圈里人会面，见不到官员的牛某哄哄，也见不到成功人士的指点江山，更见不到"道上的人"那放大了若干倍的客气，只是在酒精的催化下说话慢慢地较上了劲，议题集中在人工智能是否会在交易上驱逐人工，主要辩手是我公司程序化团队教头对隐四和隐十三，作者的主要任务则是按下录音键。

程序化团队教头： 我们先不严格区分量化和程序化，暂时把它作为人工决策的对立面吧。人工智能在投机市场上的作用越来越明显，是因为现代投资理论强调多元化投资组合以降低风险，强调统计规律以辅助决策，但人类的视野和精力都相对有限，不可能进行大范围甄选和验证，赖此形成的投资策略难免有失偏颇，并且执行起来也会有打折扣的倾向。而电脑有足够的能力处理大量信息，用它来消除投资组合配置的局限性，优势十分明显。同时，人类会有情感依赖的倾向，分析问题时常非理性，时常会有"希望交易"，而量化投资借助程序来实施执行，能够完全克服人性固有的弱点，使投资决策更理性，执行更决断。因为电脑拥有如此巨大的优势，所以程序化交易特别是量化交易的支持者说，现在纽交所量化交易每周占总量的40%～70%，已成为市场主流，总体上看恐有驱逐人类操盘手的可能。

隐四： 我不认可这种观点。因为这个比例是大量的闪单和高频单做出来的，其中大部分是为了提高流动性，借以从交易所拿到"流动性回扣"，所以并不代表真实的以赢利为目的的投机交易比例，并且，量化交易使用的人数只占全部交易者的2%左右，覆盖的资金量只有20%左右。同时，在统计上口径也存在着很大的问题，常常是把一些简单的电脑下单视为量化交易，若如此，量化的外延也就太大了！

投机交易的本质是人性的博弈，量化交易是人类博弈智慧在数字化环境中的延伸。一个优秀交易员即使能够把自己毕生修炼来的最精锐最综合的"直觉"量化成程序，也不容易对冲掉市场环境日新月异的变化。软件的确可以比人更准确迅捷地分析交易数据发现交易机会，但它却算不出投机市场的欺诈、疯狂、操纵，更无法理解中国特色的半夜鸡叫。在决策时，人类可以听取别人的意见，可以分析宏观局势，可以揣摩未来走向，可以洞察市场的微妙之处，但量化公式却感受不到这些，甚至有不少搞量化的人自己会说，我们不怎么关心基本面问题！这本身就是信息不对称。再者，许多时候我们交易决策的依据是一些没有明确标准的东西，例如强弱、突破或识别陷阱等，这些东西无法准确地用程序来模拟，甚至可能连自己都说不明白，这样的东西如何能让电脑帮你执行？

交易无疑是一种艺术。艺术是感性的，所以高端奢侈品都是手工生产的。人类投机交易的艺术，实质上就是优秀操盘手可以同时考虑并平衡多种因素，而这些因素大多是奥妙的和无法定量的，是"只可意会不可言表的"，而量化策略则不会具有这种能力，这种能力就是主观交易者的强项，是人类操盘手尊严的底线。

隐十三： 心理学认为，人体是一个接受刺激反应的生物体，有一个刺激，产生一个反应；换一个刺激，产生另一个反应。一般正常的人都有足够的对外界刺激做出恰当反应的能力。我们用自己的知识观察一个人是否心怀恶意，往往一眼就可以看得明白，不需要进行科学的判断，只需要经验依据即可，而科学在这些问题上常常是无能为力的。

程序化团队教头： 虽然这么说，但交易纪律让人去严守就很靠不住，人都是有很多欲望和弱点的，所以必须让系统来帮助自己克服，一个便捷的方法就是程序化，让交易系统自动决策，基本没有人工干涉，只是在特殊的情况下调整一些参数，这个叫作参数优化。量化是一种工具，一种方法。说量化不顾基本面是不全面的，我们同样有基本面的量化方法。

隐四： 虽然技术进步对推动生产力发展的作用是有目共睹的，但其作用还应该是有极限的，不可以被无限夸大，尤其是在一些传统行业。例如教育，当电视在中国开始普及时，许多行业内人士曾认为电视播放名家授课，将使得大学变得没有围墙；电化教育开始时，不少人又认为传统教育的作用可能被弱化；及至网络时代到来，网络教育又被认为可以让人足不出户即可学到哈佛的真章！可事实是，即使在网络化程度最高的美国，网络教育产业也没有兴旺起来，教师并没有因此而失业，电脑始终无法取代人脑：因为虽然教学的工具变了，但许多微妙的、艺术的互动细节还是无法被简化或被量化。

量化交易确实可以把握传统操盘手无法把握到的许多小机会，特别是在交易标的越来越多的情况下。在软件技术日趋发达的环境下，一些传统的特别是超级短线型的操盘手有待转型，但像巴菲特这样的大师是电脑永远也无法取代的。设想，即使再高明的程序，它会和政要及银行家沟通吗？会揣摩财长的话外音吗，会感受国际形势对行情的影响吗？所以量化交易并不是一座取之不竭的金矿，过度的数据挖掘已经给量化投资敲响了警钟，有限的市场容量也已经成为量化投资发展的瓶颈。

华尔街对高频和量化如此的高调，有不少声音其实是来自软硬件厂商，他们意在推介最先进的设备，为了增强说服力，他们还往往会把西蒙斯抬出来，但这些人是不是没有注意到，西蒙斯毕竟是个案，他背后的人脉支撑，他对市场方向的影响力，是常人永远也无法复制的。其实高频交易在国内所能支持的资金容量极为有限的。某些群体迷恋高频，是因为这种方式可以提供巨额的手续费，所以经纪商是最喜欢高频的，对投资者来说，频率越高，交易成本就越大，资金常常会沉没在无形之间。其实对电脑和人脑，我们没有必要厚此薄彼，制胜法门因人而异，用什么方法都有赢利的大量案例，况且即使是在华尔街，即使应用最高端的软件硬件，有持续赢利能力的也总是少数。操盘手有许多技术和经验都是一流的高手，但他们也无法真正克服人性的弱点，因为我们知道，虽然克服人性弱点是一条根本的出路，这就需要寻求一种折中的办法，这个办法或许就是人与软件的有机结合，但不论怎么说，具体的执行最终还得落到人的身上。所以即便是交易量之大甚至有时能占纳斯达克10%的文艺复兴公司，当市场有大的波动或处于某关键点位时，交易还是会换到手工状态的，所以电脑依旧是个辅助的地位。

程序化团队教头：不要把硬件厂商说得那么邪恶吧，好不好？一般的量化交易其实对硬件要求不是很高的。对硬件要求高的，那是高频交易，高频只是量化投资的一个极小的分支而已。看看AHL的系统交易模型吧，AHL做的是管理期货，就是 managed futures，靠的是设计系统模型，在市场出现一些具有可预测性的趋势时，就迅速对其加以确认，并去抓住交易机会，获得稳定收益。

隐七：在制造业领域，最现代的工业生产是程序化，但最关键最精密的部分又往往得靠人工。在投机市场上，只有结合人为判断和一些机器规则，才能在目前的市场环境下体面生存。金融不仅仅是数学，更是心理和政治，这些都无法量化。金融危机后，美国一著名研究机构的研究表明，未来几年对宏观的把握将变得越来越重要，而宏观上的决定性因素主要是各经济体间微妙的平衡，量化在这方面就勉为其难了。

从量化投资在美国几十年的发展历史来看，虽然成果丰硕，但它在规避系统性风险方面依然是弱项，因为政策层面的事情，程序很难去把握。无论量化，还是主动，其实都源于最基本的投资原理，量化工具在交易实践中需要不断地调整，所以人类的动态把控永远是不可或缺的，电脑驱逐人脑，在这个领域里是不现实的。

商业化量化投资的最大问题就是，对自己的策略保密不容易把握。不保密的话，用的人多了就会失效，而保密得太好就无法营销。没有一个交易员会把自己的交易系统与别人分享，那些世界级的顶尖交易大师也是如此，他们写了许多有关交易的书，但没有一个人写出自己的交易系统，其中的一个原因是怕用的人多了就不灵了，另一个原因是核心的东西似乎是只有自己才能真正把握的。

程序化团队教头：人的潜能是巨大的，很多不可能的事情现在都成现实了，试想几十年前谁相信会有网络，会有量化交易？可现在就已经很风行了。

隐十三：我认为，这种说法只是浪漫的畅想，无法作为有说服力的论据。畅想虽然是科技进步的起始点，但并不是都可以成为现实的，大家都看到了顺风耳和飞毛腿成为现实，但你会认为七十二变和如来神掌会成为现实吗？智能化难道没有个极限吗？

刘海亮：是该这么理解。以前有一部记不得名字的电影，说是一位高人将头上辫子练成神鞭，并用它收拾过一个恶人。多年后该恶人见到此人的辫子已剪，就不怕他了，要找他复仇，但没有了神鞭的高人居然枪法超准，恶人吓坏了，高人大声喝道："鞭没了，神还在！"借用他这句话，我想说的是，即使量化交易的地盘进一步扩大，大家都不用辫子而改用枪了，操枪者的"神"还是最重要的，也就是说，机器总还是在人的管理之下的，有"神"的人才能更好地控制机器，而不是相反，所以电脑真正取代操盘手，不大可能实现。

程序化团队教头：从长期来看，电脑可以繁衍自己，可以成为新的物种和人类共处并最终驾驭人类！

隐十三：这个问题还是让凯恩斯来回答吧：长期来看，我们都要死去，From long run, we all die！

众大笑。

程序化团队教头：文艺复兴基金的量化业绩想必大家都知道吧，他们利用电脑系统进行高频交易，即所谓的算法交易（Algo Trading）或高频交易（High Frequency Trading）。前者注重分析市场数据，跟踪市场趋势；后者注重造市（Market-making），做一个买卖价，赚价差。当然，也有不少投资人运用高频交易策略进行投资。一个完整的量化投资系统需要分析数据、行情数据、高频数据，还有分析平台，动用MATLAB、SAS等各种分析工具，还有模拟后验系统。这样做出来的策略基本上都是可信可用的策略，许多方面是人工下单所不能比拟的。

我们的量化交易采取的是一种完全的量化方法和系统自动交易，不是由系统做出买卖建议，然后再由人工判断是否采纳和执行。盛悦程序化没有任何主观因素，杜绝了人工犯错的可能，至于你信不信，反正我是信了！看看我们在期货实战排排网上的排名您就知道了！

隐四：你们在排排网上的排名，我们谁不知道啊，甚佩！自然科学有客观可重复性的规律，社会科学则只具有统计意义上的规律，只有在大数定律意义上有可重复性，所以试图用一个确定的公式来模拟金融市场，理论上也是不可行的。市场价格运动是一个非线性的、不确定的过程，对其中规律性和必然性的把握非常困难。科学的思维方式把市场当作一个纯客观的研究对象，他们以为通过对历史数据的某种运算就可以预测市场，从而战胜市场，这是一个误区。如果有朝一日电脑在投资交易领域全面胜过人脑，那么各路神仙都会有一部或多部合法印钞机，果真如是，证券期货市场必将无疾而终。

张世杰：战争和对弈的胜负，取决于将领和棋手的智慧和心理素质，交易也是如此，操盘手的综合素质决定着最终的胜负。我想，不论什么高深的模型铸造成的"圣杯"，最后的操作都要落实到人的身上。应该承认，任何交易系统都有它的亏损阶段，如果使用这个系统的人经不起回撤，就可能在某一段困难时期抛弃他自己的系统。一个能够有长期好业绩的系统，如果不是拥有异常高端的设备和技术，它就一定是违背人的天性的，所以大多数人都将无法真正执行，到最后还是极少数人胜出。

程序化团队教头：你说的有道理，投机交易当然要求操盘手的习惯反人性，但人类固有的弱点是不可能真正克服的，就像在一个春天的夜晚，曼妙的女子坐在你怀里，我想除柳下惠以外的男人肯定都会把持不住，所以最好的方法是用手铐将自己铐住。做交易的道理也是一样的。大家都知道，市场上经常会有那种假突破、假跌穿的情况，诱骗你跟进，诱骗你止损，谁能一眼看穿？所以，无论人们如何修行，你都很难抑制自己的冲动，最好的方法就是用量化模型，让没有感情的机器来铐住你的手，强行控制交易者的情绪。

隐七：是吗，量化就这么曼妙吗？阁下可能不曾听过这个段子吧：话说某私募经理人在出租上接完电话，司机问是做量化的吧？他说是，司机问是基本面量化还是高频交易，他回答说是高频交易；司机问是股票还是期货？他说都做。司机问现在炒股的人不多了吧，他弱弱地回答现在程序化交易更吃香后忍不住问司机：你怎么问这个？司机悠悠地说，我在深圳做过合伙人。于是该私募经理陷入沉默，最后司机问：车钱够吗，要不我尽个义务？亲不亲，量化人嘛！

哈哈哈！论战在一片与职业和年龄极不相符的、极尽放浪的狂笑怪叫声中草草收场。

真是好一派冠冕堂皇的大论，好一个颠倒黑白的江湖啊，几瓶陈酒造完，议题还是没有个结论，当然，这本来也不可能有结论，这样也好，下次可以用这个由头接着品酒，只要隐七同学的家藏酒仓单还充足。

　　餐会行将结束时，组委会主任适时宣读了拒不到会的投资小鳄老李的致歉信，并代表广大群众申斥了他小财主气太浓、组织观念太薄弱，等等，申斥过后，下一个议程就是推举下届酒会承办人，老李同学光荣地被缺席选中，看来这个组织还是有点儿民主的气氛。当然，这个职位的主要任务是埋单。

　　与会者大都是没开车，原意是想一醉方休，可最后没有一个喝多的，可见计划这玩意有时多扯淡。但凡事预先没有计划又不行，先做计划再据此顺势谋变才是正道。做期货又何尝不是如此呢？

　　刚刚鸟兽散，隐七又打电话来诉说着他的意犹未尽，看来老酒的劲儿果然不小，而且量化的话题永远也没有个了结，这种江湖恩怨一定得用长期的盈亏账单来做了断。

　　TIPS：投机交易的本质是人性的博弈，量化交易是人类博弈智慧在数字化环境中的延伸。一个优秀交易员即使能够把自己毕生修炼来的最精锐最综合的"直觉"量化成程序，也不容易对冲掉市场环境日新月异的变化。软件的确可以比人更准确迅捷地分析交易数据发现交易机会，但它却算不出投机市场的无理、欺诈、疯狂、操纵，更无法理解中国特色的半夜鸡叫。

第六章

谁能不预测行情？

第一节　你预测，或不预测，市场都在那里

行情是否可测，时下市场的主流话语认为这是一个低级问题。言外之意就是讨论不得，谁说这个谁就不够段位。其实市场中人，无论是操盘手还是研究员都在预测，但有点儿扭曲的是其中不少人却在竭力否定预测的意义，真是一边看相书一边骂算命。不少人认为，预测与否不重要，不管是谁，不管拿着什么兵器，用蛮力也好技巧也行，或者纯粹用纪律和规则也好，甚至掷硬币也未尝不可，只要资金曲线总体是向上的，你就是伟大光荣正确的。这不仅是期货版的猫论，更像拿破仑的经典论调：当被问及哪一种部队是最好的部队时，他回答说："能打胜仗的部队。"

在优秀操盘手中，有的认为可测，有的认为不可测的，还有的认为局部可测。我们在一次业内活动中做了一个调查，结果是这样的：说行情不可测的占40%；说行情可测的占23%；说有条件可测的占25%，说根本没想过这个问题的占12%。如图6-1所示：

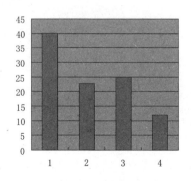

图6-1　行情预测

1.行情不可测；2.行情可测；3.有条件可测；4.没想过这个问题

资料来源：北京国经时代资本管理有限公司研究所

认为市场可测的人有不少是长期赚钱的，认为不可测的群体里也有许多业绩不错的，即使在寿星的群落里，有关行情是否可测也是各有说法。本章我们将冒着被讥为不够段位的风险，对这些言论加以条分缕析，以期明了个中三昧，供投资者明鉴。

一、"行情是不可测的"

多年前，本着外来和尚好念经的基本原则，我们"借才异域"，慕名请来了香港股票期货两栖专家陶生。此人精通K线技术，人称线仙，据说他详细研读过全球主要市场几乎所有品种的图表，对国内证券股票市场更是了然于胸，按他自己的说法就是 know it from A to Z（门儿清），所以不管谁问他行情，都是张口就来，分析得头头是道，还有一定的准确度。

半年过去了，大家和陶专家混熟后，都觉得该神仙其实和凡人别无二致，所以对他的仰视也软着陆了。

有一次开完例会，小杨用图像纸描了一幅走势图，满脸天真地呈给陶专家请教，如图6-2。

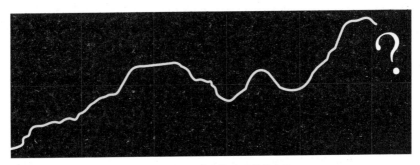

图6-2　这是什么品种的走势

陶专家："这个图嘛，不用说是国内去年新上的，新股上来必涨已成国内新股的恶习，不成熟市场嘛，不是有效率市场嘛。哦，我已经知道这是国内哪个板块的了，具体是哪一只？等一会儿再告诉你。这只票具有良好的抗跌性，已形成上升通道，只要年报不特别坏，马上就可以突破上升通道见新高，目前建仓，正得其时！"

小杨：专家分析得很专业！不过这是长江……

陶专家：长江？不用你说了！是000783长江证券？600119长江投资？600345长江通信？600496长江精工？600900长江电力？大概就这些吧，我知道这些票 from A to Z！

小杨：可是陶专家，这是长江的略图，我对着中国地图描的！专家，这个涨不了啦，前面就是大海！

陶专家：啊……It's gammick, I hate you！（可恨，使盘外招！）

哈哈哈哈，一阵群体性爆笑后，曾经的陶粉们顿作鸟兽散，正应了古人的说辞"市人皆大笑，举手揶揄之，其人惭而去"，自此，陶专家落下了预判长江走势的话柄。见识到这桩糗事的人，都爱用它来说明所谓的专家都是嘴上功夫，K线分析都是蒙事的。本故事是如假包换的真事，不过其初衷只是想善意捉弄一下铁嘴专家，供大伙满足一下观摩名人落败的猴戏而已。其实，盼大佬露怯，看名人洋相，自古以来是吾国吾民 N 大乐事之一，也算是进入了DNA的娱乐精神。

其实这些花边只是揶揄而已，对市场的不可测性，各路高人都有自己独到的见解。

华尔街有句名言说（华尔街名言有一个特点，就是无法考证来源和真伪）："一个好的操盘手是一个没有观点的操盘手。"这句话从字面上来看，当然是说一个真正成功的投资者在投资过程中最好不做预判，而是让实盘告诉你行情要怎么走，操盘者的任务只是对走势做出合适的反应，而不用证明自己的观点正确。或者说，操盘手不必解释过去，不必预测未来，但必须知道你现在该怎么办。

大人物的言论更有影响力。巴菲特的老师曾说过，在他投资股市五十年的历程中，如果说还有什么没有见过的，那就是从来没有见过有人能够每一次准确地预测大盘的走势！巴菲特自己也说：华尔街的基金经理们看对市场的概率并不比大猩猩抛硬币概率高。巴菲特师生的话虽然感性，但也表达了他们对事情一个侧面的感悟。学术派用更专业的语言，说明了一切技术指标，都不过是价格波动的记录，并不能对市场行情做出正确的预测，他们认为人们所作出的预测，其实只是根据某种前提或逻辑，然而逻辑不是实际行情，在浪高相当于水深10%的波幅里，大多数交易者都无法时时遵从逻辑，要不也不会有动物精神主导交易一说。所以，该派人士建议，一切技术分析系统，由于它们在性质上都属于武断的或者主观的预测工具，因此，必须全部抛弃；投资者应该利用市场本身的趋势，以无知无识的立场直面行情，只要顺从了市场，你就可以无往而不利。美国几十年没有亏损的交易大师Ross来北京布道，在我们和他的沟通中，他说了许多心得，我们把这些东西放在微博上，其中最被关注的就是这么一句话"trade what you see, not you think!"意思是，在交易中要相信你见到的，而不要相信你想到的，他更进一步说，个人的看法一文不值，跟随市场才能成为赢家。

更有人从哲学高度上指出："倚重预测，在世界观上是神秘主义的宿命论，在方法论上是以偏概全的形而上学，在值博率上是把赢利建立在极小概率上，在人的本能上迎合了偷懒和自大的天性，所以，对于预测的粉饰渲染，需要有敬鬼神而远之的态度，慎之戒之！

美国专家考尔斯多年来一直思考一个问题：专家如果真能成功测市，为什么自己不投资而把机会介绍给别人呢？然后他对1929年至1944年间知名专家们给出的几千次预测的结果加以汇总，发现专家们有80%的人长期看多，只有20%的人看空，而期间的实际行情是大跌了50%，所以从统计规律可以认为，专家测市不靠谱。此后，投资理论界以更精密数学方法对市场的可测性做了研究，结论也是专家测市不靠谱。持不可测性观点的学者有凯恩斯、范玛、巴里亚、考尔斯、获坚、杜尔等经济学家。其中获坚还把实际走势图和随机走势图给专业人士看，这些专家们基本都没有给出正确的判断。

所以，一些激进的人士甚至推荐掷硬币决定买卖方向，先行者有美国某猛人，每次都投硬币的方式决定买卖，一年下来，不但没有亏损，而且还有可观的收益。掷硬币派也是有理论基础的。20世纪初，在对各国股市变化过程的长期研究基础上，巴里亚提出：在一个有效市场，股价具有随机性，期权期货对股价变化有平衡作用，时间越长股价波幅越小。根据他的理论，行情是高度随机的，所以基本分析和技术分析都是多余的，内幕消息更加荒诞，所以入市应该抽签决定。

和我们交流的赢利寿星们中也有40%左右的人认为市场是不可测的，这些人建议对市场不要有自己的看法，因为这样会带着自己的偏见交易，会影响决策的正确性。他们对主流测市理论的看法大致如此：

K线分析法。我们看到的欧美市场的走势图并不是蜡线，而是一条直线加上开盘收盘等几个点，叫作条线图，只有亚洲才风靡K线方法。K线图原是日本米商记录米价的图示法，后来人们用它分析价格走势。但是，它并不能给予投资者一个正确的投资指导，因为每一种走势，在不同专家的心目中都有不同的解释方法。面对一根阳线，专家们可以得出相反的解释：或曰庄家建仓或或曰拉高派货，用这两种解释来买卖，结果就可能是荒唐的。

艾略特自认为他的波浪理论属于大自然法则的一部分，这一法则支配人类所有的活动。只是许多人不明白，大自然有许多法则，为什么波浪的法则才会主导价格运动，而且不会支配人类所有的活动？是不是大自然的波浪和市场波动长得像？而植物生长的法则为什么就不能成为主导？波浪的形态，是艾略特波浪理论的立论基础，所以数浪的正确与否，是至关重要的，但数浪的两条基本规则也语焉不详。从艾略特的描述来看，即使他本人亲自数浪，也常常会十数九不同，迷失在浪花一朵朵间。至于什么是一个完整的浪，哪些升跌不应该计算，他的法则的主观随意性太强。用这样的模式指导投资，你心里有底吗？

江恩的理论更加荒唐。江恩相信：市场逆转点是存在数学上的关系的。如果给他市场的历史顶点和底部的时间和价格，他能运用数学和几何原则预测将来的转折点。他声称自己使用的分析方法和技术是以古老数学和星象学为基础的。然而，他的理论似乎从未有人真正清楚掌握，还不如广义相对论，至少还有四个人是真正明白的。江恩认为，金融市场存在着振动的法则，这些法则可以准确预测未来市场，包括时间和价格两个维度。他还声称自己对此有星象学和数学上的证明。但是，他所说的古老数学具体怎么应用没有人能弄明白，至于星象学，那是基于地球中心说的，这个烧死布鲁诺的学说怎么能成为投资市场的理论依据，真是匪夷所思。江恩的24条军规其实也只是一个雾里看花的条例，止损止损再止损是其本质。事实上，他的儿子后来说其父并不能靠交易，而是靠卖教材来发点儿小财。

道氏理论只是从市场心理和交易量变化来推测市场，虽然该理论有其独到的创建，但其信号发出过多，又十分迟缓。信号过多让人无所适从，就像老是有人撰文说唐山地震前有人预测到了，但政府没有重视才造成了恶果。地震预测的问题到今天都是无解的，即使有人的预测事后证明是正确的，事前政府也没有理由采纳，原因是当时常常有专业的更多是业余的爱好者作出地震预测，这些结论正确与否又无法鉴定，如果采纳就意味着得天天采纳此类观点，结果就得是家家户户跑地震忙，如果造成的混乱谁埋单？这就是信号过多带来的问题。

技术指标也是不可靠的。欧美投资者喜欢技术指标，而已知的技术指标有1000多种，但比较流行的也有十几种之多。目前，大部分电脑分析软件都可以看到这些指标。目前在多数电脑软件上可看到的技术指标，主要有如下几种：BIAS乖离率、DMI趋向指标、EXPMA指数平滑移动平均线、KDJ随机指标、MACD指数平滑异同平均线、ROC变动速率、RSI相对强弱指标、TRIX三重指标平滑平均线、R威廉指标、ARBR人气意愿指标等等。但这些分析并不可靠，已知的技术指标林林总总，但分析其实质，大多数都在使用移动平均线原理，用穿越和交叉来发出买卖信号。但这些信号都是看起来很美的，给人一个很大的错觉，我们观察历史图形，发现在重要点位都是发出买卖信号的，但它们都是在行情发生变化后才发出信号的，所以它反映的永远是过去，是十分钝化和滞后的信号，依此操作，会有什么好的结果呢？

技术面分析者认为历史会重演，打开未来之门的钥匙隐藏在历史里。但这些并不能经得起统计学的检验。基本面分析也不可能预测市场，它只是客观地告诉你市场上发生了什么，但事实上，在许多情况下，投资甚至难以在基本面上找到涨跌的原因。因为基本面包括很多内容，除了供求关系还有宏观经济、政策因素，天气与产量等等，可是你永远不可能掌握全面的基本面资料，而这些碎片化的资料有时候甚至对你的判断产生误导，更何况市场上随时都会出现意外情况，让你始料不及。用基本面来预测，实际上是用目前所知的静态数据推测动态变化的市场，但基本面随时在变，它对市场价格变化的影响也是变化多端的，依此判断，并不能有效地指导交易。

价值投资对应到期货市场上，就是对现货价格的推测为依据来认为期货价格是交割临近时会向某一价格收敛。这个思路只能告诉你套利的空间有多大（而这个数据也不一定正确），却不能告诉你在哪里入市，因为一只意外的黑天鹅就可以让行情向着不利于你的部位的方向单边发展，而最后即使真的如约收敛到你设想的区间，你也可能已经被逼得爆仓数次了。价值投资是巴菲特这样的极少数人才可以运用自如的，据此取得成功是一个小概率事件，更何况，模仿巴菲特容易，学会他对政界财界的熟稔和对市场的影响力，是任谁也做不到的。

二、"行情是可测的"

说到可测，不少人会说：若有人能精确预测市场，市场将不复存在。这个说法貌似强大，但事实上是挥舞了绝对完美主义的大棒。没有人说过市场是绝对可测的，即使测市理论的翘楚道氏理论也承认，短期走势毫无道理可言，中长期走势才是可以确定的，是可测的。市场运动有随机性的一面，所以任何人都可能预测失误，但这并不构成反对预测的理由，绝对准确的东西是不存在的，形而上的绝对主义者和完美主义者只能去以点代面地否定一切，而不会有什么建设性的思路。事实上，人们永远不可能认清事物的全部本质，但这并不代表我们不能在一定范围内做正确的事情，经验告诉我们，在无法绝对正确的领域，概率的大小才是最重要的。目前，我们远远没有理解我们所处的世界以及我们人类自身，但这并不影响我们以大概率的正确促成了人类社会的发展。局部的已知规律，就像行情的非随机性的一面，给我们机会，让我们在一定程度上战胜未知。用知名市场人士所犯过预测错误来反对预测，实际上是走到了另外一个极端，这种极端的看法也可以是听来是振振有词的，但在本质上却是试图阻碍人们对市场规律的探求。

经济学家马可维茨、杜宾、夏普和罗斯主要从风险的角度研究了投资的方法，他们是持可测、至少是局部可测的观点的；同样，萨缪尔森、威廉士和米勒的研究结果也是这样的。其实这些先行者说的可测，都是指在一定的范围内可测，绝对的可测是不存在的。人们以大量方法，包括数学方法检测了市场波动特点，确认了其随机与非随机的二重性。随机性就是指价格我行我素，与历史数据没半点关系，此时预测不如掷硬币，但在非随机性价格运动时，我们就可以根据一定的方法预测走势。随机性使大家都有机会赚钱，即使压根不理解市场的人，也会有一阵子因为手气奇好而发财，这也是投机市场的群众基础。所以至少在非随机的阶段，市场是可测的，这也是期货的根本魅力，因为专业人士认为他们可以把握波动的规律并依此做出具有"大概率正确"的预判，因而可以常常战而胜之。其实随机性与非随机性是你中有我我中有你，交织于波动的整个过程中的，对这两种市场波动状态如何甄别，是专业人士必须面对的难题。为解决这个问题，心理分析就显得有应用价值了，心理分析派人士认为：市场本身就是所有投资人的心理波动的叠加，心理学的研究表明，群体的心理也是局部可测的，因此心理分析可以辅助投资决策。对投资人的心理活动特征的把握，特别是强调注重逆向思维，能够使市场在这个层面下变得部分地可测可控。

在高度随机的价格波动中寻找到非随机部分，然后去测度它，这就是市场分析者的任务。假设价格波动完全随机，则硬币派将成主流，但大家知道事实不是这样的；行情的波动在某种程度上有非随机性，这正是测市方法存在的基础，如何寻找价格波动中的非随机部分，周期分析是最有效的，因为周期是由内在的条件决定的，它反映着某种客观规律，所以是相对可靠的方法。

所以说到可测，请不要抱有"精确化"预测的成见。期货市场只要不全是疯子在操盘，就一定有其内在的规律，当然这些规律不易发现，更不易把握，但我们不能因此而走向另外一极，成为不可知论者。

三、"不管是否可测，谁能不预测行情？"

巴菲特说过的不预测的言论很多，譬如"如果有人告诉你行情明天要上涨，千万不要相信"，等等，早已是众所周知，但大家是否注意到，他的选股套路是根据公司基本面的数据深度挖掘研究，然后才做出决策，这难道不是一种预测？他的"持有到永远"，难道不是一种长期看多的预测？

所以我们在想，谁能不预测行情呢？

我们对成功的操盘手的跟踪研究表明，即使宣称从不预测的，其本质上也是要么是正在预测，要么是在验证预测结果的路上。只不过预测标的的时间周期不同而已，这些周期可以细微到分钟级，也可以宽泛到年月级，视自己操盘的周期而定。有些操盘手只是不刻意去预测，他们是墙头草一样的短线客，但本质上，这些人当然不会无端下单的，他们有自己的看法，都是些有思想的墙头草。虽然你声称不预测，但你跟着多方走，说明你认同多头，这不正是一种预测的结果吗？如果你又改成空头了，也正说明你预测空头要占上风，只是你的交易周期短，你没有认为自己在预测而已。这些不知道自己在预测的人，都是有良好盘感的优秀操盘手，他们是得道高手，他们的"无形预测"非一日之功，初学者不能盲目仿效。

预测是认识市场的一个重要手段，投资者从青瓜蛋子到得道高手的进化过程一定得从分析预测开始，一如学武之人练习套路。只有对行情有正确的认识，才能谈得上对市场的把握能力。事实上，正确的认识和预测也并不能保证你稳定赢利，所以到了一定程度就得特别注重习惯和规则，但这并不能说明预测不重要。相反，预测是一个必要的基础。一般高手对市场运动方向都很敏感，预测能力也都很了得，但他们深知看对不等于做对，因此他们不以预测为傲，所以一般情况下他们只讲规则和纪律，而不是强调预测。这些人的境界相当于武侠中说的无招胜有招，他们已然脱离了主观成见、扬弃了所有方法、忘掉了所有招数，能够浑然忘我地与市场融为一体从而可以凭感觉操作，这是一种长期修炼来的"无招"。无招源于有招，所以从有招开始的修炼是必不可少的，在这个意义上我们可以仿效武侠的套路，大侠们说的"拳无拳、意无意、无意之中是真意"，不啻期货操盘的至高境界。

我们认为，谁都在预测行情，特别是做中长线的，你总是有了看法才交易，没有人会翻到哪页算哪页的，当然您可以举一个硬币派的反例，但这不会是市场的常态吧。做高频交易或日内波段的人许多是声明从来不预测行情对市场是没有看法的，但他们只是不预测中长期行情罢了，他们跟着小波段走，前提是认可了这个小波段的方向，这岂不也是一个预测！只不过他们自己没有意识到，更没有诉诸文字。这也就是说，所谓主观交易者，也总是有了看法才交易的。他们说的没有观点，其实是一种无招胜有招的高妙境界，和盲目下单判若霄壤。

华尔街的流行说法，"真正的高手应该是没有自己的观点的"，我们不能简单地去理解，更不能认为"没有自己的观点"就是随性而为。这里说的"没有自己的观点"，一方面是说要尊重市场，不要逆市而为，另一方面就是如果看法有误就不要固守己见，要勇于向市场低头。总之这是要求我们的观点尽量地符合客观实际，和绝对没有自己的观点的说法，内涵是绝不相同的。

我们访问的许多赢利寿星开始也认为自己真的是没有观点的，经过充分交流后，他们也意识到自己确实是不爱谈观点，或者没有意识到自己有观点，但却不是真正的没有观点。这些成功的操盘手大都是对市场分析方法充分消化后，经过多年的磨炼，就能够不自觉地产生出贴合市场的自然反应，似乎是本能地知道市场就该那么走，就像李小龙所说"我打出的拳，不是我计划、意识中的拳，我打出的拳，毫无意识，而只有在我无意识之中打出的拳，才是真正的拳"，这正是所谓的无招胜有招。市场变幻莫测，就像蛇行一样之难于把握，它不会等着你去度量和定位它的七寸，你得做足功课练好本领，在充分了解它的习性后，才能用"无招"来出手制伏它。

四、几点思考

我们再回头看看掷硬币做单的人。他们不会是仅仅掷了硬币就马上入市的。那位在期货市场按所掷硬币的正反面做多单和空单，一年下来成绩不俗的美国人掷完硬币后，其实也得用一点时间选好一个理想的点位，然后定好止赢止损点来做保障，才能实现业绩的。他这种看似随意的做法，其实是用操盘纪律来做保证的，他只不过是用这种行为艺术，证明测市的不必要性，和规则的重要性。纪律当然是最重要的，即使是江恩这样的技术专家，按说他全盛时期的预测准确率极高，但他还是认为规则和纪律优先于预测。虽然这么说，也不意味着研判市场没有必要。

人类预测命运基本上相当于投资者预测行情。命运和行情一样，虽然有随机的成分，但大方向上还都是按照自然规律有目的地进行着。世界上的万事万物都得受宇宙规律的制约，人类的命运也是受这些规律的掌握的。命运是否可测，不同的人有不同的回答，很多自以为掌握了成功学的愣头青会豪迈地喊："不信天不信命，命运掌握在我手中。"果然如此，岂不是可以为所欲为？可实际上一场意外就可以让你去面见江恩去见凯恩斯，又有几人能真正掌握命运？命运遵守自然规律的这一部分自是可测的，不可把握的那一部分，你得靠行为规范和人生经验来拿捏，投机市场也是这样的。

命运是被一种无形的客观规律所左右的，如果说这种规律就是上帝或神仙也行。这种无形的规律在期货市场里也可以表现出来，只要了解掌握这种规律，就能在一定的程度上感知潮起潮落，然后努力做到随缘自适，交易就会因此变得精彩。人生其实也是这样，要不怎么会有期货是浓缩的人生这种说法？

一个成熟、智慧的人，虽然知道命运在许多局部是不可预见的，但在总体上却是符合某种自然和社会规律的，所以就会不时地对自己的前景做一番展望。同理，市场参与者应该对市场有所研判。预判就是认识了解市场，就是"知"的层面，操盘是"行"的过程，在实战中做到知行合一才是我们应该追求的。有了预测的"知"，才能从容地有计划地操盘，如果你的预测被市场验证有误，就可以根据计划坦然止损，如果事先没有计划，在不利时仓皇出逃该是多么的不堪。在没有被市场验证以前，一定得对自己的看法持怀疑态度，因为我们得出的结论只是可能性而已，市场才是万能的主。虽然在投资中"知道"与"做到"之间存在着巨大的差距，但"知道"应该是贯穿全过程的指导思想，而不是可有可无的，只不过某些得道高手一眼便可明了，不需要进行具体的研判步骤而已。我们学习这些高手，一定得从最基本的分析学起，而不是学人家挥洒自如的盘面感觉。

所以，认为市场不可测的人分两种：一种是无招胜有招的高手，另一种是懒惰的新人。不预测行情的人分四种：牛得不必预测，笨得不会预测，懒得不愿预测，傻得不屑预测。

TIPS：预测是认识市场的一个重要手段，投资者从青瓜蛋子到得道高手的进化过程一定得从分析预测开始，一如学武之人练习套路。只有对行情有正确的认识，才能谈得上对市场的把握能力。事实上，正确的认识和预测也并不能保证你稳定赢利，所以到了一定程度就得特别注重习惯和规则，但这并不能说明预测不重要。相反，预测是一个必要的基础。一般高手对市场运动方向都很敏感，预测能力也都很了得，但他们深知看对不等于做对，因此他们不以预测为傲，所以一般情况下他们只讲规则和纪律，而不是强调预测。

第二节　独臂经济学家在哪里？

我们对上百位有连续赢利记录的高手做了一个调查表明，25%左右的人说经常看研究报告和行情分析，40%左右的人说从来不看，35%的人说偶尔看看，其中甚至有人说，证券期货研究员有用吗？有用，就是让天气预报显得更靠谱一些。

这话其实不无道理，因为真正的有价值的研究报告是不会在第一时间送达普通投资者手中的，而且一般来说，研报公开之时就是其无价值之日。更何况，由于中国证券期货市场的不规范现象太多，普通投资者对研究报告大都没有什么信心，且因为深受阴谋论的影响，他们普遍认为研究员相当于庄家的鼓手。就算研究员的立场是独立的，由于市场的不可知性，他们中有不少人就不得不追逐模糊概念，是地地道道的杜鲁门所说的"双臂经济学家"。

经济学家还分单臂双臂？这可是杜总统鲁门兄的发明。原来，在向学者咨询经济问题时，杜鲁门总统曾经要求来一位"独臂"经济学家，因为他对经济学家的说话的方式"烦得要死"，他们总是模棱两可地说"从一方面看，我们能够……但从另一方面来看，也许……""从另一方面来看"的英文就是on the other hand，因此杜鲁门很讨厌这个other hand（另一只手），所以就想要一个one-armed economist（"独臂"经济学家），就是能够讲出确定性的经济学家。

杜鲁门也太能难为人了。

财经研究员大都自诩为经济学家，其实他们专事财经研究，有的还颇有建树，也勉强可以算是专家吧。但是在证券期货市场上，以巴菲特为代表的大师们都是自称从来不看研究报告的，这不会是故弄玄虚。用比较客气的话说，研究员们专注的是商业研究，操盘者注重的是市场方向，两者的诉求有很大差异。同时，国内研究员的研究水平和职业操守更是广遭诟病，有人甚至说，不谈操守，仅就水平而言，能在正确时间推出正确研究报告的研究员，基本上在国内还没有出现过。

其实这也都是没有办法的事情。从根本上说，这还是因为行业自身的属性和从业者整体的浮躁心态。经济学在国内原来并不引人重视，不久以前，文学还是大行其道的显学，但由于诗意终究无法抗衡面包，自20世纪90年代起，经济学就开始取代酸溜溜的文学，成为国内的显学了。在经济学家这个热闹非凡的部落里，对同一个问题，10个人就会有11种观点。照理说，对一个充满不确定性的问题，一群人七嘴八舌的叽喳一通，各执一词，甚至为了维护自己的观点吵得像一千只鸭子抢滩，本也正常，但10个人何来11种观点？原来是因为，有一个曝光率颇高的大腕，还没散会呢，观点就变了。这就是经济学家群体的常态。研究员是一个在学术圈里极端市侩化的群体，他们为了追求学术理想，或为了一己之私而自说自话，内容往往还是自相矛盾，投资者若是没有火眼金睛，难免被整出一头雾水，然后自己也是神经兮兮的每天11个观点。

其实证券期货研究员这一拨做商业研究的准经济学家真的很可怜。因为他们得解释昨天，评论今天，预测明天。解释昨天还好说一些，因为事情已经实证过了，套个理论吹一下就得，约等于先开枪再画靶，但画靶的力道得分外小心；评论今天得看有关部门的脸色，太直白了得小心阻挡了历史车轮，至少得挨上个道德绑架，太隐晦或者太违心了吧，又得背上道德包袱；预测明天就更难了，反正价格涨跌就两个方向，你说明天涨，牛二说明天跌，没准人家还猜对了呢。

这就是说，对市场上的敏感问题，特别是与预测搭上界的，人们习惯于立即把研究者置于"是非选择题"上炙烤，基本上没人关心你的逻辑过程，所以在这个意义上，牛二也有机会战经济学家而胜之。举个例子，2008年诺贝尔经济奖得主克鲁格曼认为，李嘉图的"比较优势理论"并不能充分解释现代国际贸易现象，所以提出了"规模经济是国际贸易产生的原因"，当我把此事告诉一个工学博士时，该博士居然说：原以为是什么高深理论，这个我早就知道！经济学家就是这么浅薄！我当场失语。又一次，当我告诉一位80后IT蓝领，克鲁格曼的成就还包括了曾成功预言亚洲金融危机时，他一脸的不屑，这有什么了不起的，我当年就觉得不对劲！我要去搞经济学，比这些人强多了！

这大概就是经济学家挨骂的根源了吧。在社会道德普遍沉沦的今天，经济学研究者更成了人们可以公开发泄不满且最安全的谩骂对象，预测行情碰巧说对的暂时不在被骂之列。在这个盛行包二奶的时代，有不少经济学家被形形色色的利益集团包括市场主力所包养，因此他们常常会发出一系列匪夷所思、离奇古怪的观点，这些人距离"经纪学"越来越近，却离经济学越来越远。

按说经济学在其多年的实践中，已形成了一定的范式和共识，其中能够定量的部分还成了"科学"，既然是科学，那么对于一个典型的问题，在基本相同的条件下，给出的答案应该具有一致性，所不同的应该是在具体操作细节上。例如，在20世纪80年代，为了解决当时的宏观问题，官方出面请来了两位诺奖大鳄，托宾和弗里德曼，这两位代表着正方和反方，因为一个是凯恩斯学派另一个是货币学派。当时，国内学界政界都想看一看这两个人怎么对垒，以便于分出雌雄——当然，采信雌的还是采信雄的抑或都不采信，还是咱官方说了算。可是，令人惊诧的是，这两个死对头给出的判断和解决方案竟如出一辙，分析他们的逻辑过程，也不像是为了讨好官方而串供过的，并且他们这样水准的学者也没必要染上这样恶习。所以，各个学派的经济学家，其实并不是天生对立的、你说东我偏说西的关系。相反，由于对基本范式的认同，他们对现实问题的基本认识上，应该是存在共识的。但目前，国内的研究和争论却常常是鸡一嘴鸭一嘴，使人不得不怀疑他们的独立性和专业基础。

所以，这些人时常面临着窘境，和操盘一样，时刻面对的都是两难选择。

如果说政治家用政绩征服民众，魔术演员用演技骗得了观众，那么经济学家靠什么？答案可以很复杂，但至少，由于客观上需要满足人们对确定性的要求，他们好像经常靠两个字：预测。

投机市场是一个怪物，是说清不清道不明，是似是而非和模棱两可的。谁要是能以可重复的方式准确预测市场方向及轨迹，他就一定富可敌国。明知道市场在大多数情况上是不可测的，但出于对不确定性的恐惧，一般市场中人还是会看各类的财经新闻及专家观点，想从中找到买卖的时机和理由。大量的市场需求造就了无数的投研专家，但事实上，他们中的有些人不但没有任何实盘操作经验，而且连经济学的基本范式也没有搞明白，他们的观点真的会有价值吗？

2008年11月，英国女王访问皇家科学院，问了一个让经济学家尴尬的问题："毁灭性的市场危机扑面而来，经济学者为何无法觉察并预警？"正是这次金融危机和女王的质问，触发了经济学理论界的自我检讨，他们发现，其实传统经济学赖以安身立命的基础假设是存在严重缺陷的。事后一些经济学家集体致函女王，大意是检讨"是经济学在学科数学训练的褊狭和学术文化的缺失，脱离现实世界、固执不切实际的理论假说，以及对市场的实际运作不加评判地美化，等等"，正是这些，造成了经济学对现实的解释和指导能力的欠缺。基于理想化的定义构建起来的模型，由于其先天的缺陷，不但不能准确预测甚至不能恰当地描述市场的波动，这也是证券期货研究员广遭诟病的根源之所在，如果他们真是立场独立的话。

其实研究员的重要使命之一，是在于消除信息不对称，虽然不可能真正被消除。投资者的决策多半必须在信息不对称的情况下完成，信息完备或信息对称，常是人们的假设，是自欺欺人的理想。即使收集信息最不遗余力的证券期货交易市场，也从未有过真正意义上的信息对称，真正的信息对称下的博弈，好像只有下棋才是。所以在宏观上，研究员可以为我们收集整理信息进而建立数据库，并紧密跟踪宏观经济与政策动向，及时向投资者提示机会和风险，他们所做的工作是单调和乏味的，同时也是不容易被理解的，当然不容易讨好投资者。例如，观察玉米的价格，需要关注供需平衡表、各主产区旱涝情况、单产和总产量、种植与进口成本、进出口量与库存量、下游企业的行为、玉米与大豆比价，还有欧盟、美国和中国的宏观经济数据指标。这些，只有专业的研究员才有工夫去做。研究玉米，还应该细致到要预测天气变动、预测降雨量对单产的定性影响、对播种面积进行调研、对贸易商的行为和心态进行研究、认真核算玉米的种植成本、预测每个月度中国有关商品的进出口量，然后对需求方面的趋势性因素和偶然性因素进行前瞻性研究。这些，只有专业的研究员才有工夫去做。对玉米的主要市场做横向发展、对比研究，还得研究相关品种和上下游品种，然后做出套利和对冲或者投资组合的建议。这些，只有专业的研究员才有工夫去做。另外，服务于实体企业的套期保值和风险管理，是期货研究人员的另一个使命，他们要根据具体企业的现状，详尽分析相关商品基本面及价格运行方向和区间，协助企业建立风险管理体系，这些，也只有专业的研究员才有工夫去做。

所以，研究员是整个行业链条上的必需的一个环节，是为我们提供参谋服务的。操盘手自己是指挥员，参谋的意见如何采纳，当然还是您说了算，他们的研究结论只是提供参考，不是让你去迷信的。更何况，所有大家看得到的模型和研究报告都是有关白天鹅的，而投资者的命运或许实际掌握在黑天鹅那里，而黑天鹅是怎么繁育的，他们不会比小散知道得更多。所以不要无端责难研究员，他们必须是双臂的，是因为市场本身就是双臂甚至多臂的。研究员们真的太无奈，面对变幻莫测的中国经济，他们必须要给出方向判断，这个压力已经逼得他们"都不会说话了"。日前某机构发布的研究报告，运用一些经济理论来解读周期过程，指出旧周期见底但对新周期启动没有把握的说法，报告的结构本属正常，但为了表达自己的没有把握，他又说道：我们知道，他们也知道，我们知道他们也知道，他们也知道我们知道他们知道。好吧，那我们善意地希望，当前处于特殊的政策空转期，一个大的变化或正在酝酿。当前越平静，未来越期待！有网友评论：策略报告都不说人话了，我知道你知道我已知道你也知道我确实知道你早知道！

有人说，研报可以作娱乐解读，报告中经常出现所谓的"拐点"，就是不景气，底部"有待确认"，是说自己也很迷茫；"尚待观察"，其实是说没戏；预测某品种"值得关注"则是应该买或者卖，但不知道该买还是卖。这些双臂学者有多无奈！

其实证券期货评论家和研究人员的终极任务，并不是向投资者提供关于行情方向的答案，但为了迎合公众的趣味，他不得不违心地去这么做，其实他哪里知道行情是向左还是向右。我想，他应该去收集和挖掘数据，然后用理性的方式来引导投资者去思考他所发现的问题，在表达过程中还应该袒露自己思维的每一朵浪花和心灵的每一次战栗，甚至写出自己在灵魂深处的灰头土脸，而不是为了证明自己的方向判断而拼凑论据，甲乙丙丁地开了个中药铺子，并且刻意隐瞒了探索的过程。这样的文章即使其结论是正确的，也乏味透顶，也会断绝了读者与之心灵共振的可能，投资者也不会信任你。期货预测的结论无非是涨跌，谁需要你来替人猜谜！如果读者与你的思想有所共鸣，能目睹了你灵魂深处的对行情的纠结，以及为什么纠结，不论你的结论如何，同样会受到受众欢迎。决策需要投资者自己去做，结论需要投资者自己去寻找，研究的魅力在于对选择的困境之洞察以及寻求解决途径的尝试，而不在铁嘴神断。

有人偏激地认为，新财富年年评选出来的研究员，是"一帮傻子选了一群骗子"，此话确有些尖刻有些极尽嘲讽，但从客观结果来看还确实有些道理。因为明知道短期的预断是毫无价值的，但他们仍然日复一日地玩猜硬币游戏，目的是为了找出中国市场的特色与习惯来安慰自己的良知。不过这并不是说研报压根就没有看的价值，投资者要懂得从中汲取精华：首先是宏观的、行业的、商品趋势的数据；再者是国外市场的发展态势，以及具体品种的趋势性的情况，这些都是极有价值的信息。同时，我们也应该重视研究报告的基本逻辑推理和基本分析方法，从中学习一些方式方法，而不是咬牙切齿地把他们打成独臂英雄。

TIPS：经济学家和财经研究员很可怜。因为他们似乎必须得解释昨天，评论今天，预测明天。解释昨天还好说一些，因为事情已经实证过了，套个理论吹一下就得，约等于先开枪再画靶，但画靶的力道得分外小心；评论今天得看有关部门的脸色，太直白了得小心阻挡了历史车轮，至少得挨上个道德绑架，太隐晦或者太违心了吧，又得背上道德包袱；预测明天就更难了，反正价格涨跌就两个方向，你说明天涨，牛二说明天跌，没准人家还猜对了呢。

第三节　像宗教一样看待技术

多年前我们举办过一次辩论会，辩题是技术分析管用吗？正方认为技术分析是指导交易的灯塔，反方观点是任何技术分析从本质上讲都是骗人的。辩论的具体记录找不到了，只记得过程很激烈，结果嘛，雄兔还是脚扑朔，雌兔依旧眼迷离。

这双傍地走的兔子，我们不能也不必辨出其雄雌。因为我们认为，存在的并被一个群体广泛认可的东西，一定有其合理性，即使你能够举出一千个反例来证明它的荒诞不经。我们畅想一下，这雄雌二兔的辩题，套用到某些宗教上，是不是也很合适？正方一定说宗教是行为准则是暗夜明灯，反方的说法就更多了，其中最大不敬的是"文革"时东北某方丈被游街，脖子上挂着：什么佛经，尽放狗屁！如此无君无父之语，竟也博得无数人等狂欢。

有个搞宗教史的朋友去美国做访问学者，他回来后说，其实许多美国新教徒并不懂基督教，让人吃惊的是，他们却是很虔诚的信徒。他还开玩笑说，宗教嘛，本质上就是迷信，迷信嘛，信众就不一定真懂，不真懂又能笃信，说明布道者已把该派教义用自己的方式表达得深入人心，信众也就认可了。因为欧美大部分人都有主流宗教信仰，所以人们之间的关系就有了公认的准则，这是西方文明的基石。几千年的宗教史证明，信仰的力量是巨大的，主流的宗教信仰对促进社会稳定居功至伟。

本节我们试图说明，在期货交易中，信仰的力量也是巨大的，对本质上不那么科学的经典分析方法，我们也应该用信仰的态度去运用。因为真正科学的分析方法是不存在的，而市场里又需要信仰。

从本质上来说，宗教其实是一套信仰甚至可以说是规则体系，这套体系保证了当人类面对未知世界的时候，有个方法可以决定什么可以做，什么不可以做，以及应该什么时候做，应该什么时候不做，什么情况下继续，什么情况下终止，等等。人的命运虽然不可测，但要在一个群体里正常生存，就得"世事洞明"，这些洞明就是规则，而在欧美，这些规则一般是用宗教作为载体的。人类在漫长的进化道路上逐渐懂得了规则的重要性，所以他们就努力去理解自然，总结出了与自然和与同类相处的一套规则。只有如此，才能保证人类的生存和进步，这就是生存智慧。自从盘古开天辟地，亿万年悠悠过去，地球上的大户恐龙消失了，原因是因为它们缺乏规则，仅仅靠欲望生存；看似弱小的人类却成了地球上的大户，端赖规则所赐。这其中，宗教事实上是一种最重要的规则。

宗教是精神活动的产物，表达着人类对未知世界的理解。在许多国家，宗教在维系社会道德秩序、缓解各种社会矛盾、救济帮助贫困民众、稳定和谐社会结构和推动社会进步方面都发挥了重要的作用。可以说，只要人类存在，宗教就必然会存在下去，因为人类不会有更合适的方式对未知世界进行解释。无论从整体还是个体上看,人类对自然的认知能力十分有限,永远穷尽不了客观世界,这就是宗教存在的息壤。科学虽然能够帮助人类客观地认识世界,但其范围毕竟还很狭窄。对投机市场而言,作为人类心理运动的叠加,交易本来就不是科学行为,科学的触手在投机市场面前还非常渺小。所以,在交易领域,我们应该放弃盲目崇拜科学的狂热,而对市场的非理性保持敬畏之心。

投机市场由于可以定量的层面太少,所以人类对其的认知能力还相当有限,许多时候市场是未知的和不可测的,从而理解和测度市场的一个重要方法就是借助于技术分析工具,而我们知道这些工具是不科学但有庞大的信众基础的,因此我们认为它和宗教有较高的相似度。

虽然宗教被无神论者斥为精神鸦片,但它却有效地规范着人们的行为,定义着道德的准则,使人们有行事的底线,能够让人们用一种大众认可的视角来审视纷繁的现实世界,并可以用一种标准或手法来应对日常事务,虽然它并不总是有效的。宗教是一个系统的规范,经过几千年发展而被广泛认可以后就有了准则的意义,因此在一个几乎所有人都有信仰的社会,无信仰的人如果不是十分自律,就可能是可怕的异类。

欧洲人常说,没有不好的宗教,只有不争气的信徒。同理在投机市场,没有不好的分析技术,只有不好的执行能力。

在我们熟悉的期货寿星中,有不少人是用固定的准则进行"机械化交易"的,他们在过了交易的懵懂期,走向成熟以后,断不会再去朝秦而暮楚:昨天还是波浪理论的信徒,今天就迷恋上了RSI做指针,明天可能又粉上了道氏理论。我想如果索罗斯是这样的做法,谁还敢去投资量子基金?喜欢学习是好习惯,但学习的主要目的是为了开阔视野,如果为此而常常改变自己的交易指针,你就无法在这个市场里成长。为什么?这就是我们本节要谈的,技术分析其实具有宗教属性,主流宗教的教义从本质上来说分歧不大,你只能够信一个,设想,如果你面前有一个信多种宗教的人,你会感觉多么的荒诞。同理,你的操作指针也应该基于一个主要的分析方法。

任何分析方法都是有缺陷的，否则它将无敌于天下，投机市场还怎么存在。对于市场上的各种预测和即时分析，以及自己根据某种分析方法所产生的看法，只是一个观点罢了，无端认定其正确性无疑有巨大的风险。注重预测的分析过程和论据而不是其结果，并依据实时走势对计划进行及时调整，才是一种理性的对待技术方法的态度。如果有一种大家都知道的分析方法，这个方法并不是那个人的独门暗器，但是对这个方法有心得人还是可以使用它来长期赢利，这样的方法就是普世的好方法，这样的"宗教"就是值得皈依的好宗教。其实这样的方法就是我们经常在教程里学到的那些经典。

在历史图表数据中抽取、发现和总结规律，是技术分析的首要任务。技术分析就像宗教，我们要怀着对经典技术的敬畏之心去应用它，而不能企求它有多高的准确度。信仰要有一个基石，技术指标本质上大都是量价关系，而许多量价分析都是建立在均线理论之上的，所以均线理论就是一块基石，不信仰这个，你也找不到其他可以信仰的标准。就像宗教一样，你知道宗教的基石是虚构的，但不相信不如相信，因为它有合理成分和规范意义，它让你对不确定的事物有个判定的标准，而且更重要的是，大多数人都信仰它。所以我们说，你信仰的分析手段甚至可以建立在荒诞不经的逻辑源头上，比如星相学、五行八卦。

我们信仰宗教，和信仰技术分析方法一样，都是为了在充满不确定性的空间里为自己设定一个具有连贯性和一致性的标杆体系，以便于我们去依此行事，即使为此我们错失一些机会也是值得的，因为谁都无法否认，想抓住所有机会的系统一定是最愚蠢的系统。如果没有一个一致性的标杆体系，我们将会常常茫然无措。这种适应于自己的标杆体系一旦由自己亲手确立，我们的任务就是要去坚守它，同时在保持基本框架的基础上不断优化细节，切不可因为别人的高明而改变自己，因为别人的高明无法移植到你的身上。所以有人说，经验就像旧鞋子，它对主人体贴入微对你则可能需要削足适履。像信仰宗教一样坚守一套简单和标杆体系，并把它发挥到极致，是许多资质平平的人成为期货寿星的奥秘。

股票和期货的价值肯定是难以判断的，一个难以做出价值判断的投资对象不可能简单地被把控。有不少人说技术分析是垃圾，但为什么这些垃圾会存在这么多年？为什么一个世纪以前的经典还是被许多人奉若圭臬？不少反宗教人士也是严厉抨击宗教的，但却并不影响其几千年生生不息的传承。迷信是科学出现以前人类认识自然的方法，随着科学的进步，它的势力范围越来越小，但其衰微的速度相对于广袤的未知世界，还是非常缓慢的。投机价格的形成，特别是在中短期时间维度上，本来就不是科学的，也没有谁能够总结出科学方法来，所以技术就有它存在的理由，一如宗教。

同理，我们可以认为，技术分析方法也是一种由验方、统计规律和某种神秘文化构成的完整体系，我们不可以因为其"不科学"就简单地否认它们。在一个包容和多元化的世界里，科学主义和经验主义甚至神秘主义是完全有理由并存的，此所谓各美其美，美人之美，美美与共，天下大同。

所以，在对待技术分析是否科学的问题上，我们似乎可以大胆地反问：为什么科学的才是可行的？在科学依据之外，我们是否还有别的依据？经验和历史依据都是伪科学吗？在技术方法获得科学的依据之前，是不是都没有存在的理由？在日常生活和投机市场，人类究竟在多大程度上是依靠科学的？

在这里，我们应该承认技术分析本来就不是科学的，所以请不要用"科学"的法则来考量它，硬给它披上科学的外衣，它就成了伪科学了。无数成功交易员的业绩证明，经验和历史依据同样可以指导我们的交易。不过，指导并不等于我们在实际操盘时要对其盲从，因为任何一本讲技术的书都试图告诉你在何种图形、何种指标、何种均线排列时应该如何操作，还有许多历史实盘作为佐证，但这仅仅是告诉我们这些方法被验证过有实用价值，却并不意味着我们要对其言听计从。书本上讲的例子都是依据既成的事实，无异于先开枪后画靶，所以不能够肯定地告诉你明天该如何操作，但它会告诉你思维的路径。未来是不确定的，技术所依据的历史会重演和趋势会继续发展等其实最多算是一种统计规律，它哪里会产生什么绝对的定式！一个理性的做法是以技术来理解市场，渐次形成一整套策略和体系来逼近市场，这还远远不够，最重要的其实还是临场的应变，而这种应变能力偏偏是难以传授的，所以需要千磨万砺方可有成。在历史图表数据里抽取可能的规律，是技术分析追求的目标，虽然这个目标非常难以实现，我们还是要像对待宗教一样，怀着对经典技术敬畏之心去不断摸索，并在实践中去伪存真，方可提高自己的实战段位。

预测技术从某种意义上说就像占卜术，它更多的是建立在信仰而不是科学的基础上的。它在某种程度上反映的是操盘者的心理需要。市场变化莫测，它在大多数情况下是非理性的，但交易者总不能平白无故地出没于市场之中，投资者需要某种权威或依据，即使这种权威或依据本身未必科学。重要的是，如果没有这一切，投机者在交易时就会更加不知所措，更没有确定性。人们在社会活动中，面对随机性极大的对象，连强大如乔布斯者也真切地认为：你总得信点什么。

人不可能生活在纯粹物理的世界里，随着精神生活的丰富，我们更多的是生活在符号的世界里。千百年以来，语言神话艺术宗教等共同编织了人类经验的符号之网，而且随着时间的推移将会愈加精巧和牢固。人不仅仅根据直接需要和欲望而活着，想象和激情、幻觉与神秘、希望与恐惧同样重要。在抽象的投机市场里，交易者应该以宗教般的虔诚相信某一系统，然后长期坚持运用该系统，久而久之你就会得到启示，得到智慧和力量。没有这些启示，你面对纷繁的市场，你将会如何选择？西方人说，信仰会出现奇迹，我信。

做人要有大局观，做市场更是如此，所以我们不能简单地理解技术工具。有史以来，人们膜拜神灵，并不是因为能够直接得到庇佑，而是因为只要坚守足够的虔诚，人们就可能得到神灵的启示，这些启示可以指导生活实践。索罗斯告诉我们，有些技术图形只是他画出来的；高盛告诉我们，有些市场消息你当真了，你就输了。如果一种分析方法是必胜的，那它一定不是人人可用的，如果一种分析方法人人可用，那它肯定是无效的。技术分析有时候可能是庄家使用的工具，所以机械地理解它你就可能受到愚弄，所以要像看待宗教一样看待技术，辩证地看待系统给出的信号，并依此来理解市场。像宗教一样看待技术，你就可以在不确定的市场里找到某种确定性，这就是某种入市"标准"，何况许多人都相信的主流分析方法，一定会对市场有所影响，而且，庄家也有据此设计陷阱，只有明了这些，你才能真正贴近市场。

虽然许多人对技术有宗教般地相信，但在操盘实践中一定不可机械地盲从，因为我们据此认识了市场以后，就该让自己的选择能力发挥作用了。我们不相信一个没有成功操盘经验之人发明的技术分析方法可以传世。但问题是，这些发明人的护城河可能宽得连他们自己都无法告诉你其内核。所以后人不可对自己暂时不明白的、甚至连发明人都表达得不清不楚的理论持简单否定的态度，而应该设法提高自己的境界，努力去思考去体悟。这样才能和智者在同一高度审视市场。对在很大程度上不可预测的事物，我们总可以有一套体系或策略去逼近它，然后使自己站在大概率的一方，这才是理性的态度。这套体系应该是人们的共识，这种共识是必要的，否则，市场中没有一个被认可的体系，没有一个可以交流的话语平台，论及市场时只能打打哑谜说说偈语，该是多么的不可想象。

我们都知道，市场里大部分投资人在大部分时候都是错的，这也是市场运转的必然要求。要想成为赢利的少数人，就得自己去学习、去领悟、去实践、去磨砺，没有人能够代你去经历这一切。我们提高境界的一个必要路径就是认真领悟前人的分析方法，我们再重复一遍，虽然它们是不科学的。前人留给我们的，一般不会是直接答案和即插即用的工具，而是他们经历过的无数伤痛换来的清醒认识，是赤裸裸的坦诚、明明白白的告诫。所以，要坚持分析行为和揭示本能，让技术像宗教一样，给信徒带来精神上支持和行为上的规范。

观察投机市场，我们发现许多做投资的人没有自己的交易系统，只是知道一些未经亲自验证的碎片化的法则，同时也遵守得不全面不坚决，故而处处碰壁，这种人在市场里俯拾即是。但是，有这么一部分人碰壁后会痛定思痛，他们会慢慢地总结出一些规则，然后将其融会到操作之中，慢慢地这些人就会逐步减少亏损，并开始有稳定的收益。经过这个过程，他对这些自己总结得来的规则开始相信，并能够自觉地去遵守，慢慢地就成了他的信仰，然后他就能在市场上做出更优秀的业绩，这些成功强化了信仰，他就开始主动地在生活中运用到它们，这是一种良性的互动。

所以，一些赢利寿星忠告投资者，一定得建立自己的信仰，锁定合适的分析工具，同时条例化、机械化自己的交易规则，最后还要加以简化以便于执行。高手们大都会说，许多有效的规则往往是很简单的，但这个简单一定得来源于复杂。

TIPS： 我们信仰宗教，和信仰技术分析方法一样，都是为了在充满不确定性的空间里为自己设定一个具有连贯性和一致性的标杆体系，以便于我们去依此行事，即使为此我们错失一些机会也是值得的，切记，想抓住所有机会的系统一定是最愚蠢的系统。如果没有一个一致性的标杆体系，我们将会常常茫然无措。这种适应于自己的标杆体系一旦由自己亲手确立，我们的任务就是要去坚守它，同时在保持基本框架的基础上对细节加以优化，切不可因为别人的高明而改变自己，因为别人的高明毕竟是别人独有的，所以有人说，经验就像旧鞋子，它对主人体贴入微对你则可能需要削足适履。坚守一套简单的标杆体系，并把它发挥到极致，是许多资质平平的人成为赢利寿星的奥秘。

第七章

东西方智慧与期货投资

第一节　传统智慧与投机市场

中国在五千年的发展历程中，积淀出了自己的民族性格，形成了独特的东方文化。中国文化的基本精神，表现在自强不息、贵和持中、居安思危、厚重内敛等特征，这些文化核心和精髓，和期货交易有关系吗？

我们开始学炒股时，学习的投资理论和分析技术大都是来自西方。他们的这些理论主要是基本面分析、技术面分析、量化投资理论、循环理论，等等，本质上，这些理论的核心诉求还是预测市场。但事实上，交易高手都有一个基本共识：交易的根本问题不是预测市场。有一部分人更是认为，预测在整个交易过程中所起的作用不过10%而已，看对和做对的距离何止山水契阔！即使单说测市，西方投资理论也并没有真正解决这个问题，因为市场的运行在大多数时间是不理性和不科学的，没有人给它规定国标、省标，所以这些理论所测的对象通常是不确定的，而面对不确定性，中国传统的智慧却有更强的适用性，这个我们即将详述。金融市场充满着偶然性和不确定性，规律性常常被无序性覆盖，所以在投机市场，设计一个不以人的意志为转移的、可重复的行情测度实验，几乎是不可能完成的任务。况且，即使发现局部有一定的规律，多数人对该规律的认可之日，便是它的失灵之时。所以，投资者的智慧应该更多地用在应对市场变化上，而不要用在致力于做一个未卜先知的神仙上，诚如孟夫子所言，"虽有智慧，不如乘势"。

不同的投资者对市场的看法千差万别，有人认为市场是可以战胜可以操纵的，所以想做市场的主人；有人认为市场连理解都很困难，谈何战胜！所以他们便采取中庸之道，设法顺应市场，不断通过学习来增强对市场的认识，通过提高境界以适应市场的轨迹。

投机市场不缺赢利机会，缺少的是发现机会的慧眼、利用机会的巧手和把握机会的定力。在投机交易的基本理念上，中国传统文化可以走得更远，可能是因为股票期货市场存在太多的不确定性，它的走势是非理性的、不科学的，而中国传统文化正巧也是"不科学"的，它之所以能够薪火相传生生不息，可能是因为它有应对不确定的大智慧。老子说的"天下莫柔弱于水，而攻坚强者莫之能胜"，从哲学高度道出了交易的最高境界，颇值得反复玩味。普通投资者在期货市场里生存，知道以弱胜强以柔克刚的策略艺术是不可或缺的。期货市场放大资金和利润，同时也放大风险，这些本质上是在放大人性的长短板，所以要控制交易欲望限制风险，如果你只能开摩托车，就不要冒险去开赛车。《孙子兵法》说"水因地而制流，兵因敌而制胜。兵无常势，水无常形，能因敌变化而取胜者，谓之神"，此言可直接无缝地套用到期货市场上，因为市场永远是正确的，因势利导顺应大势，才是期货交易成功的本质要求。《孙子兵法》又说"故善战者求之于势，不责于人，故能责人而任势"，《唐李问对》里面说过，"善弈者，谋势；善谋者，顾全局；不谋全局者，不足以谋一域，这些都是强调对形势的理解和拿捏的功力，以及顺应形势的能力。佛学认为，世界是无常的，没有什么是不变的，而期货市场上的价格变化最快，一般交易者心态的变化尤为无常，所以要求操盘者深入理解水无常形的内涵，随时对市场的变化做出反应。《周易·系辞》说"君子知微知彰，知柔知刚，万夫之望"，应用到期货交易中就是说投资者只有善于审时度势才能成就非凡之功。期货高手都知道，操作期货到了一定的阶段，就一定得在境界上升华自己，这个升华的有效方法就是向传统文化问道，因为传世五千年的中国文化是投资哲学的活水源头。观察华尔街成功的作手，他们未必了解中国传统文化，但他们的投资手法和自身修为，却是在无意之中契合了中国的"道"。

人性固有的弱点在投机市场中非但不可避免而且被成倍放大，减轻这些弱点对操盘者的制约，就需要内心的强大，所以修炼出一个强大的内心是克服弱点的有效办法，运用中国传统智慧提高人生境界，就是一种上好的修炼。有人甚至说市场就是把钱从内心狂躁的人的口袋里流到内心安静的人的口袋里的一种游戏。中国传统文化大都有"求道"的诉求，这个道的境界虽然是无法言表的，但基本上相当于通过实践来领悟事物的整体，最终达到"拳无意"的最高境界，这才是真正的大智慧。

"道"是最高次层的追求，它不仅仅体现在交易上，而且还体现在人生的每一个阶段，每一类事物上。不同于一般投资者，得道高手在交易中总是从容不迫的，一两次失败甚至多次连续失败都无法让他们恐慌，因为他们自信于自己对亏损的认识和控制，他们真正理解市场，拥有健康的投资理念和策略，所以才能从容淡然，超然于投机过程。这才是真正明白了投机之道，只有这样的人才能成为市场的寿星。

一般来说，对市场上不可预测不可控制的因素，我们似乎是没有办法的，只能尽人事听天命，把自己放在卑微的后头，把结果交给上帝定夺，至少西方科学对此是无能为力的。面对那些不可控制的因素有些人不愿低头，他们希望把控未知，但要达到这个目的，就不能一味地讲科学，一个好的方法就是深入探求命运的本质，以找到认知和把握它的良方。在这方面，中国传统文化，比如易学和佛学都有一套成熟和实用的理论。根据这些理论，任何事物的发展过程都是从无形的存在依次转化成有形的现实，人们通常认为是偶发的事情，在这个模式下其实全都是被这些无形存在预先决定了的，只是常人不易觉察到这些存在，所以才认为它们是偶然的。这种无形的存在在佛学中称为"种子"，在易学中称为"机"。从这些理论来看，赚钱的"种子"或"机"才是本质的，而博弈计算只是一个认知的方法而已。由于种子是"无形中的无形"，有形的方法常常用不上力，唯一办法是从根本处下手。佛学认为，"种子"归根到底是由过去的信息和行为而产生，善行生好种感召福报，恶行生坏种感召灾祸。期货交易的本质其实也是这样的，不少人的成功就来源于据此原理发展出的"善"的操作方法，并为市场实践所证实、所放大，并且越来越成熟。这是中国传统文化无可比拟的优势。

关于传统文化和投机市场的关系，网络和一些出版物中已经有许多论述，有些还分析得十分到位，大家可以找来研读，我们不在这里重复，以下仅把我们和交易高手们交流的言论摘要汇总如下。

老子的哲学思想，孙武的军事理论，王阳明的知行合一等中国传统智慧，都是指导今天金融交易的重要思想源头。老子说"上善若水，水利万物而不争"，乃是道出了交易的本质。在市场沉浮经年，我们深切感受到对操盘手来说，最重要的绝不只是预测和交易技艺，而是信念、耐心、理念、心态、担当、自律等看似交易以外的东西。水能载舟亦能覆舟，期货市场放大资金放大利润，也增加了陷阱的密度和深度。市场就在那里，它会耐心地等着你的弱点暴露，如果你道行不深，终究会让你消失于无形。所以大禹不像他的父亲鲧一样去堵水，他治水的方法就是因势利导顺势而为，这就像交易一样，如果逆势就容易陷入不利。《孙子兵法》中说"水因地而制流，兵因敌而制胜。兵无常势，水无常形，能因敌变化而取胜者，谓之神"。市场是变化的而且是永远正确的，刚入市交易的人可能会谨小慎微，然而小有赢利后就会开始膨胀，风险意识开始淡薄，就会认为自己可以战胜市场从而漠视势的存在，及至酿成大错之时，已悔之晚矣。

《孙子兵法》说"知天知地胜乃可全"，稳定获利最重要的一点，就是要知道目前市场所处的位置，以及机会的大小，这就是要知地知天，必须有相当的理论和实践做基础，才可以明了这一切。理论方面，要能够深入三大理论，即道氏理论、波浪理论和混沌理论，还有三大分析：技术分析、基本分析、政经分析。只有把以上的三大理论与三大分析融会贯通，才能对市场有深入的理解，而具体的执行能力的提高，还得常常向中国传统文化问道。

《孙子兵法》又说"不可胜者，守也；可胜者，攻也。守则不足，攻则有余。善守者，藏于九地之下；善攻者，动于九天之上；故能自保而全胜也"，所以坚持自己的风格一以贯之，才能做到战必胜之，从不为外界的干扰所动，是一个成熟投资者应有的品性。《孙子兵法》里上兵伐谋的战略思想，强调"上兵伐谋，其次伐交，其次伐兵，其下攻城"。伐谋是至上的，而伐兵则是不得已才为之，所以我们在交易中也得灵活机智，因敌变化，而不是斗狠斗勇。值得注意的是，操盘的临场感其实更重要，军事史上的名将们大都有狼般敏锐的临场感，从亚历山大到拿破仑，从林彪到粟裕，莫不如此。要做到因敌变化而取胜，就要关注趋势背后的成因，这样才可能了解市场的根本结构，对形势了然于胸。要做到灵活机智，学会变中取胜的本领，研读军事思想很有助益。

《孙子兵法》还说"善战者，求之于势，不责于人，故能择人而任势"。如果你的投资有阶段性的失败，你要从自身寻找原因，而不要去怪舆论的误导和他人的干扰，因为在重大的头部和底部区域，正确的看法总是占少数。任势，就是信任趋势的力量，市场最大的力量就是趋势，其他的都在其次。对于趋势的定义，孙子兵法自有一套，"任势者，其战人也，如转木石。木石之性，安则静，危则动，方则止，圆则行。故善战者之势，如转圆石于千仞之山者，势也"。拿这几句话来解释交易中的现象，就是趋势是由高换手和持仓形成的，否则趋势就产生不了，市场就无法活跃。大量成交，巨量持仓，就是"圆则行"，这样趋势就产生了。

其实《道德经》里蕴涵着交易的最高境界。人法地地法天，说的就是自然循环，就是要尊重趋势。而对现象的解读和对趋势的把握，又端赖自身心性的修炼。深入领悟了道德经的内涵，才能道法自然，才能帮助你建立符合自然规律的交易系统。

《道德经》说"反者道之动，弱者道之用。天下万物生于有，有生于无"。操盘中，利用反向思维，才能不和注定亏损的大多数人站在一起，从而在市场中长期生存。但我们知道，这一定是知易行难的事情，因为有勇气有决断力，需要一个长期磨炼的过程，在市场的大起大落之时，操盘者要保持清醒不被情绪左右，绝非一日之功。

说到传统博弈智慧，就不能绕过围棋。围棋是最能反映中国传统文化的一种策略游戏，围棋对弈的境界和交易的境界相通之处良多，我们愿多费点笔墨，来挖掘一下围棋对交易的启迪。

围棋是中国传统哲学思想的一个浓缩，其思想源头是古代周易文化，是先人对自然变化之道的一个抽象，是对宇宙、自然、社会认识的一种模型，充分表达了古人对自然的认知方式和对事物的思维习惯。

赢利寿星们不少人对围棋都很有心得，他们常常说交易和操盘从内核上来说有惊人的一致性，并喜欢劝说周围的人学学围棋。他们大都认为，围棋不一定得从小开始学起，对于三四十岁的人来说，如果你的目标不是去当专业棋手，不管什么时候闻道，都对提高自己的综合修养大有裨益。围棋的棋子只分黑白两色，这是最简单最基础的颜色，像极了投机市场的多空双方。中国古代的哲学思想认为，万事万物都有阴阳两个对立面，所以古人用阴阳来解释自然界的各种现象，认为只有阴阳的对立和统一才是事物发展的本源。围棋中的黑子与白子表征着太极的两仪，太极两仪生四象，阴阳消长而万物生焉，多么朴素的原理！这看似简单的黑白两色棋子，却包含了中国传统文化的精髓。市场运动的两个方向，何尝不是对立和统一，何尝不是阴阳消长！

期货和交易都是规则简洁的复杂游戏，就像世界上没有两个相同的海岛一样，围棋和交易的本质也都是变幻莫测的，所谓千古无同局，没有任何一种游戏可与之相提并论。

交易圈子里有一个共识就是，下围棋的人需要有一种特别的心性，这和交易是极吻合的，围棋需要什么心性，做交易就需要什么心性。有人会说，下棋无关金钱，心理的压力没那大，此言差矣，看看国际棋战，即使你不去说什么为国争光，棋战的奖金难道不是真金白银的头寸？所以，我们有必要思考一下围棋对提高修为的意义，看是否真的和交易有共通之处。

1. **围棋能够使人考虑问题周全。** 人在下棋过程中主要是通过局部计算和形势判断之后才谨慎落子，否则就容易导致失误。所以，下围棋能够养成多动脑、多思考、落子无悔的好性情好习惯。围棋讲究不下随手棋，高手都是想好了再落子，这个习惯可以让我们养成下单前一定要有备而来，做好功课并制定出周密的交易计划。下棋时我们常说"一着不慎，满盘皆输"，一个闪失就有可能导致局面的逆转。做期货何尝不是这样，就算你是一个高手，随着成功操作次数的增加，盲目的骄傲就可能使你踏错节奏，如此反复几次就会步伐凌乱，凌乱几次就会吐出以前的盈利，甚至被清理出局。

2. **下围棋能够使人注意力集中**。做期货盯盘和下单都需要专注，下围棋也是这样。每一步棋都要经过仔细观察、评估和判断后才能做出决策，并且在这个过程中必须心无旁骛。常下围棋，可以养成保持注意力的习惯，对交易很有帮助。职业棋手们的基础知识都是相差不多的，而对弈能力的参差不齐，就在于对基础理论的理解和应用的创新，更在于长期的专注。交易也是一样，大家也是面对同一个市场，使用同样的工具和市场信息，操盘水平的差异，源自于专注力和个人修为的差异。

3. **学习围棋能够加强记忆力**。我们观察到一个有趣的现象，就是交易高手对交易数据都有惊人的记忆力，甚至对十多年前的某价位还记忆犹新，但事实上，他们在其他方面的记忆力不一定优于常人。下围棋时，棋手当然不能乱下子，就像交易中不能乱下单一样，围棋有许多定式需要熟记，只有这样，实战时才能根据棋局的发展加以灵活运用。为了融入棋局，在下棋时棋手会习惯地记住双方行棋的每一步，高手一般都能够凭记忆复盘，从对局中汲取经验教训，以利再战。对棋局这样好的记忆能力，其实是长期训练得来的。所以，我们应该向棋手学习这种特质，养成对数据的习惯记忆和敏感。

4. **好的围棋选手都有很强的大局观**。他们知道舍与得、轻与重、大与小，知道局部与整体，这种能力，在交易里有多重要，无须多言。有趣的是，围棋和交易运用的都是虚拟世界的规则，并且都有相当多的计算机无法模拟的"不科学"成分，比如轻重缓急的大局观等，它们在操作层面上的相通性很强。棋谚有云："弃小不顾者，有图大之心"，就是说如果棋手下出了不管眼前利益的怪招，其真正的诉求是追求更大的利益。交易也是这样，因为有时候基本面和盘口信息说明行情是有向上意图的，可当时实盘却偏偏向下走，直到大部分散户止损出局后，行情就开始如愿启动了。应对这一类行情，就需要上好的大局观，这种心胸可以从下围棋中习得。无论在黑白或者红绿的世界里，大局观都很重要，所以要注重每一步都得做通盘考虑，不争一钱一目的得失，否则就会因坐井观天而坐失良机。

5. 下围棋能够提高快速反应能力。 对局不是简单的重复，不可能按照固定的棋路走，就像期货走势不可能按一定的规律发展一样。下棋需要出奇制胜，既要应付对手行棋的变化，还要让自己的棋路使对手难以应对，这样才能主动把握棋局发展。这种应变能力到了一定的程度，面对市场行情的变化，就会在正确的时候做出正确的反应，交易水平就会日新月异。围棋上的快速反应一是应对眼前，二是保留后续手段，交易又何尝不是如此！

6. 学习围棋能够培养耐心和毅力。 下围棋既是斗智又是斗勇，是综合能力的对抗，高水平的弈者手谈一盘常常需要几个小时，对弈时不但是大脑高速运转，还需要体力的配合，没有一定的耐心和毅力是下不好的。这一点和交易一样，不仅仅是操盘技巧和手筋的对抗，其本质更是人性的对抗，这在种层面的对抗中，耐心和毅力常常是决定性的。

7. 学习围棋可以提高应对挫折和压力的能力。 对弈过程中需要面对各种挑战，时刻都需要通过自己的分析和决策来解决盘面纷争，下棋最终追求的是胜负，因为江湖中人都深知天外有天，所以优秀棋手需要有极高的抗击打能力，这样才能在压力和逆境中保持良好的心态，提高自己的应对和反击水平。证券期货市场放大了人性的弱点，胜败不只是兵家常事，有时一瞬间就因为自己弱点的暴露而被市场抽打若干耳光，有时收益良好正在得意呢，可能一个反转，世界末日就到来了，所以通过学围棋提高应对挫折和压力的能力，能够让投资者从容应对胜负盈亏，增强自己的韧性。

8. 围棋的许多谋略可以直接在交易中的应用。 这方面的著述甚多，大家可以找来揣摩一下，这里不作赘述，仅提一下"围棋十诀"供大家参考。"围棋十诀"是唐代王积薪所作，其中内容我们不详加解释，大家可以对照有关资料慢慢理解：（1）不得贪胜；（2）入界宜缓；（3）攻彼顾我；（4）弃子先争；（5）舍小救大；（6）逢危需弃；（7）慎勿轻速；（8）动须相应；（9）彼强自保；（10）势孤取和。

这些对对弈者的要求，与对交易者的要求，何其相似！

所以，我们建议交易者，在交易的闲暇之余还是应该多读一些传统文化经典，不论是战略战术的，还是修养修为的，对交易都会有所助益。我们圈子里的高手大都有读传统文化的习惯，其中有不少精华都成了口头语，无形地深化在交易的理念中。例如，胜而不骄败而不怨，良贾不为折阅不市：在市场里经常会听到一些人的抱怨和后悔，当初如果如何，现在就能赚多少多少了！其实，交易是"有道者坦荡荡无道者长戚戚"，毕竟"往者不可谏，来者犹可追"，所以不要怨天尤人，要永远把精力用到对下一个时机的把握上面；还有，"多君潇洒意，破甑不曾顾"：就是说凡事后悔无益，期货投资也需要这种"破甑不顾"的精神，不要陷入对错失良机的自责中，这和对待沉没成本的智慧是一致的，值得深思。一位操盘手说过，作为一名专业的投机者，必须学会享受风险，否则他就不是真正的成熟的投机者。因为没有一种方法可以不败，再好的交易系统也可能会连续赔钱，所以要对自己有信心，不要沮丧，不要缩手缩脚。做交易，理解了"既往不咎"和"破甑不顾"的深意，就能有助于自己认真地做好每一笔交易，久而久之，必可成就非常之功。

做交易，怎样利用传统的谋略和智慧，是个大话题，我们无法在这个篇幅里把这个问题讲透彻。我们应该知道，交易高手的特质主要有两方面：操盘战术和个人修为。在中国传统文化的诸多学派中，战争理论是讲实战的，儒道法是讲修为的，所以期货中人，重视对这些传统智慧的学习和修炼，不可或缺。

TIPS： 人性固有的弱点在投机市场中非但不可避免而且被成倍放大，减轻这些弱点对操盘者的制约，就需要内心的强大，修炼出一个强大的内心是克服弱点的有效办法，运用中国传统智慧提高人生境界，就是一种上好的修炼。所以，有人甚至说期货就是把钱从内心狂躁的人的口袋里流到内心安静的人的口袋里的一种游戏。中国传统文化大都有"求道"的诉求，这个道的境界虽然是无法言表的，但基本上相当于通过实践来领悟事物的整体，最终达到"拳无意"的最高境界，这才是真正的大智慧。

第二节　投资者要懂点行为金融学

我们搞投资的人，基本上都是从学西方投资理论开始的，这不是什么倾向性问题。因为中国证券期货市场的历史太短，还没有产出系统的理论，而西方投资理论是全球投机市场的基石，在理论和实操中都有着无可替代的作用，这个不会有问题吧？

是的，没问题，大多数人都会这么说。不过多元的世界永远有多元的声音，在对此问题的调研中，我们发现不少人其实并不认可这种说法，其中一位就是名叫盛六的操盘手，这是个超严谨的主儿，凡事讲规矩、按程序，有板有眼。从业十年来，他仅凭着严守几项简单规则，再加上不折不扣的执行能力，就从青涩少年蜕变成了年轻的市场寿星，目前已连续赢利七年。不知是天性如此还是职业习惯，该同学一旦对什么东西来劲了，就一定得弄出个子丑寅卯来，虽然常常力有不逮。去年有一段时间，他致力于琢磨西方文化和东方文化谁在期货交易中最实用，盛同学那可不是一般的同学，人家研究这个命题绝不是嘴巴上说说那么简单，他又是调查走访，又是比较研究，又是闭门深思，又是博览网页书本，日子一长，年纪轻轻的他愣是把自己弄得形容枯槁、面目黧黑，还真像个学者了。真是功夫不负有心人，不数月，盛同学的阶段性成果就出来了：西方的投资理论例如道氏理论波浪理论等在中国资本市场根本没用，甚至趋势线平均线什么的也是专家唬人的道具！基于这个伟大的结论，他给自己设计了一个使命，叫作什么什么行动，没有人能够记得他起的名字，其精神实质就是让大家不要再为西方这些鸟理论耽误功夫。他说得这么雷这么震，当然有不少人找他论战，而且也当然有不少人支持他，双方为此还爆发了几次小范围论战。这么论了几次战后，他发现并没有出现一边倒支持他的局面，反倒是技术派的常常以严谨的逻辑说道占据上风，这颇让他不爽。如此几番之后，他这倔强劲还真被激发出来了，于是，某日晚，为了过一过挑事儿的瘾，或者是为了显摆显摆，也可能是为了布道吧，该同学断然决定破费两个价位招来了一干同好，专扯西方投资理论在国内市场上的存废问题。

由于贵为埋单手，这厮甫一落座，就不顾一贯的严谨，大着嗓门开扯了：各位，现在谁还在研究K线理论、波浪理论、趋势线分析理论和技术指标分析理论？有三两个人举起了手，盛六马上说，你们都是打小就被绑架的苦孩子啊，我认为吧，这些理论本质上都是用事后的数据来预测未来，还得假设市场是理性的，但它不理性啊，那么这些分析理论真能指导你赢利？吴总答，小盛啊，可别这么无端哦，咱也是连续赢利多年的人，咱可是一直在使用波浪理论啊，有问题吗？盛六答：赢利并不代表路线方针正确，根据你的修为，如果不用什么波浪理论浪费时间，听听咱的话，你就得赢得更多更轻松更有必然性！见大伙不再说话，他就更来劲了，索性站了起来大声说：我的研究结果证明这些理论都是马后炮，没有人能真的靠这个赢利，何况，即使它的信号发出得正确，操作不到位也还是没辙！我知道大伙都是高手，可高手也有盲点啊，咱今天索性就地办个扫盲班如何？

见大家没有人接茬，他提高了嗓门说：其实，今天我也不想扫西方理论有没有用的盲，倒是想给大家交流一下我读"行为金融学"的心得。

我的观点是西方理论特别是金融学对交易根本没什么用，但我在研究这个课题的时候深度研读了行为金融学后，我的想法就修正了一下！哦，我不是在打自己的嘴巴，我的本意是西方理论对交易真的不实用，但行为金融学除外！需要声明一下，行为金融学其实并不真的是金融学，我不提倡大家读西方金融学的观点其实也并没有变。

说着，他从包里拿出几页纸端端正正地铺在餐桌上，看来他还真是有备而来的。

他接着说：是的，我坚决不建议交易者深究金融学理论，但怎么又推荐了这个行为金融学？告诉你们吧，推荐行为金融学并不意味着我缺乏言行一致性，因为行为金融学本身并不以金融学为重，它并不是真正意义上的金融类理论，它其实更侧重研究人类的心理和由此产生的行为。行为金融学是个学术杂交品种，它试图整合金融学、心理学、行为学、社会学、博弈论等学科，力图揭示金融市场的非理性行为和决策规律。它的主要理论是，投机价格并不只由投机标的的内在价值决定的，投资者主体行为对其影响更大。它是和有效市场假说不相容的，其主要内容可分为套利限制和心理学两部分。

行为金融学认为，虽然市场参与者都认为自己是理性的或至少是理性成分大一些的，但事实是，基本上所有的人都做不到完全理性或基本理性。这种非理性贯穿了我们的一生，在投资行为上也是这样的。行为金融学揭示了为什么投资者可能在某一个账户做空而在另一账户同品种做多，更讽刺的是，不少人在买保险的同时也在买彩票。行为金融学是对传统金融理论的颠覆，它认为，新古典金融学有许多理论误区，这正是行为金融学思考的起点。新古典金融学的根基是理性人假设，该假设认为投资者是理性的，他们以追求财富为目标，是一群没有感性没有缺点的、六亲不认的经济完人。理性人假设、有效市场理论、随机漫步理论和资产组合理论有机地结合在一起，构成了一个自洽的理论体系，但这个理论的根基大家都知道是有问题的，因为人都是非理性的，市场常常是无效的，这是尽人皆知的道理，自洽的只是理论，对实操没什么帮助。但是，要对这些大树动真格的，不是一两个反例就能解决问题的，它需要一个体系，一个可以抗衡这棵理论大树的体系。行为金融学就是这么一个体系，虽然它目前也还不甚完备。

老吴说：别学领导讲话了，直接说真东西吧！

盛六接着说：心理学实验表明，人们在风险状态下具有偏离理性人假设的行为特征，所以人们会在面对损失时表现出风险喜好型的特征，但在面对小额利润时却想落袋为安而因此放走了机会。行为金融学的期望理论对理性人假设提出了有力质疑，这个理论认为，人类从来不像理论假设中说的那么理性，最多只能说是有限理性。他们的卓越工作为行为金融学奠定了理论基础，2002年诺贝尔经济学奖授予丹尼尔·卡纳曼，就是为了表彰他把心理研究的成果与经济学融合到了一起，尤其是在不确定的情况下人的判断和决策方面做出了突出贡献。其实，卡纳曼首先是一个心理学家。

另一批统计学家也向有效市场假说提出了挑战，在用实证研究找出了标准金融学的缺陷的同时，也提出了把心理学引入金融学的研究思路。行为金融学将人类的一些心理学特性如人类行为的易感性、认知缺陷、风险偏好的变动、自控缺陷等和投资者情绪有关的感受引入到定价理论中，解释了价格反应过度和反应不足等一些传统理论无法解释的现象。

新古典金融学的投资态度是消极的，他们认定不可能有超过平均水平的投资方法。行为金融学认为如果交易者能够提高信息挖掘效率，并建立可操作的风险控制机制，就可能把非理性投资者出现的误价转变成套利机会，然后用一套实用的技术将这些机会变现。他们同时还认为，非理性交易者的行为模式也是有规律可循的，他们受制于到心理学规律。总之，行为金融学主张积极研究市场，而不是认定市场有随机行走的特性，因而消极地把它交给上帝来定夺。

在行为金融学者的眼中，大部分投资者的心理特征主要有四个观点：过分高估自己、急于回避损失、遗憾心理和从众心理，这种心理状态普遍存在。所以，自我认知和自我情绪控制是至关重要的。人在情绪失控时，往往无法依据理性进行决策，拿破仑·希尔曾说过："我发现，凡是一个情绪比较浮躁的人，都不能做出正确的决定；每个行业的成功人士，基本上都比较理智。所以，我认为一个人要获得成功，首先就要控制自己浮躁的情绪。"所以，了解自我并努力管理好情绪，是成为赢利寿星的必然一程。

在证券期货市场里，正是以上所说的认知偏差、选择偏好影响了投资决策，这些决策的叠加就产生了定价的偏差，然后市场又通过反馈机制再一次影响到投资者的心理，如此循环。研究行为金融学就是要在充分明了的基础上反其道行之，通过研究无效率的资产定价，还原出投资者的认识、情绪与意志，并剖析这些异常背后的缘由，从而发现隐蔽的交易机会。

行为金融学把理性交易者称为套利者，而把非理性交易者称为噪声交易者，并认为前者会很迅速消除后者引起的价格偏离。同时，行为金融学也明确地指出，即使当一种资产被广泛地误价时，对它的纠正也可能有很大的风险，或者说成本极高。非理性交易者是市场的润滑剂，他们让市场得以光滑地运行，但他们发出的噪音也让市场变得不完美，不过，市场这东西根本就不需要什么完美。

行为金融学经过20世纪90年代的迅猛发展，大有僭越传统金融学之势。行为金融学不只是学院派理论，他们的理念在实际操盘中也常常可以派上用场，并取得了令人瞩目的成就，如行为金融学大师理查德·塞勒就是一位既有理论也有实操能力的人，他的公司在大盘涨幅仅为16.1%的环境下，年报酬率也达到了31.5%，颇令人瞩目。同时，国内也有部分基金公司和投资管理公司在其业务中使用行为金融学成果，并取得了不俗的业绩。在行为金融学的应用研究领域，国内一些分析软件提供商起到了主导作用，他们把行为金融学的投资理念用于揭示市场事实、发现市场规律并建立操作模型，至于这些软件商的名字，我就不提了，以免大家认为我和他们是一伙的。

行为金融学在我国证券期货市场中的应用正方兴未艾，这是因为中国的证券期货市场是尚未成熟的市场，一个最突出的问题是过度投机，原因就是中小投资者有着太多的非理性行为，而这正是行为金融学致力解决的问题。我国目前机构投资较少，中小投资者在市场中占绝大部分，他们的决策行为在很大程度上决定了市场的短期态势，但是，由于信息不对称和操盘不专业，中小投资者常常以弱势的姿态出现，其行为的非理性导致了市场的严重不稳定。在这种环境下，行为金融学的应用前景十分广阔。

投资者应及时收集与处理信息，同时应当了解自己和其他投资者在此时会有什么样的心理和行为偏差，并采取相应的投资策略以避免心理因素造成失误。例如，根据行为金融学的理论，市场中的投资主体可能会对市场中的信息反应迟缓，此时，对市场延迟反应影响的性质和程度，以及价格变动的趋势和持续时间必须有深刻地了解和准确把握，才能在合适时机买入和卖出，这就是大众心理在投资操盘中的应用，也是操盘手把握时机的能力的具体体现。市场参与者的非理性造成的行为偏差导致了市场价格的偏离，而若能合理利用这一偏差，就能形成一套以行为金融学的基础的投资策略。近年来，美国的共同基金中已经大量出现了基于行为金融学的基金，业绩已崭露头角。

参与投机市场的人都应该学点行为金融学，事实上有不少人早已读过有关著作了，大家对其中的批判性例子都还有深刻的印象，但是世间万事都是知易行难，学了这些以后，能够在投资中不犯书中提到过的错误的人很少，我们圈子内的赢利寿星们也大都经常重犯诸如此类的错误。所以，我们在多学习的基础上还得多实践，还要每小时三省吾身，才能降低犯错的频率，我只是说降低犯错频率啊，完全杜绝错误是圣人和完人才能做到的事情。

李总：听了个半懂不懂，不过你那么认真，想必是受益匪浅了，我得好好学学。除了行为金融学外，你还推崇什么西方理论？

盛六：还有博弈论！其他的西方学说就不值得我们这些人深究了。以下我来说说博弈论，希望大家一互动交流！

博弈论如雷贯耳，不用我从头说起了吧，其实它的一些思想已经被有机地集成到了行为金融学里面，所以博弈论也算是行为金融学的股东吧。从行为本质上来说，期货市场是个标准的多方竞局，竞局中有大量的参与者，所以我们不可能精确计算出各方的策略组合，以及自己的相应对策，而只能从总体上对博弈局面进行统计性的把握，并依此进行决策。令人遗憾的是，博弈中的统计计算也是不稳定的，因为期货市场是现实博弈，投资者不可能像理想博弈那样遵循个体利益最大的原则去行事，况且，操盘手的行为还会受到各种非市场因素的干扰，因而其行为一般都具有不确定性。个体行为的不可预测，会造成准确预测群体行为特征的不可能。从统计力学我们可以知道，由大量微观粒子组成的宏观系统之所以有稳定的统计性质，其基础还是在于组成它的各个微观例子具有稳定的物理性质，而期货投资者就不是这样，期货市场中每个人的操作都具有不确定性，所以，市场总体上也不存在稳定的统计规律。

信息不完美博弈、多方竞局和现实博弈都是带有概率性的，在市场中同时存在这三个因素，它们相互影响，而信息的不完美和多方竞局的复杂性加剧了人们行为的盲目性和非理性，使得现实博弈的特点更明显；而人们操作的非理性反过来又使市场的信息更为混乱，计算也更为困难。多种因素的交互作用造成了市场博弈的概率性，所以，千万不要以为自己可以看透期货市场，根本没有人能做到这一点。投机市场对任何人来说都永远是一只变幻莫测的黑箱，收集信息分析信息只是测度这只黑箱，但不可能把它变白、变透明。其实市场上的主力也不可能完全把握市场运行的脉搏，只不过由于信息的不对称，他们看到的透明度会稍高一些而已，如果发生了小概率事件，主力自身通常也没有办法全身而退。

他接着说，我还是要强调投资属于概率性博弈，所以在选择对策和实际操盘时都要有概率意识。由于必须考虑概率因素，所以在计算时比明确的竞局更复杂。操作时的概率意识是指要充分意识到自己不可能达到对系统的完全明了，因此自己的一切操作都必须在没有绝对把握时进行，否则就总无法进场，我们能追求的只能是概率意义上的相对优势，也就是说决策要带有赌概率的意味。所以，形象地说概率意识就是赌博意识，敢赌会赌的人才能在市场中取胜。从这个意思上说，投资是有思想的赌博，操盘手是有计划的赌徒。

由于投资是有思想的赌博，参与者需要有较强的概率意识，所以很多智商很高的人由于不明白这个道理而屡战屡败，最后连屡败屡战的机会都没有了。秀才造反三年不成，这种追求优势概率的事情是不可能完全透彻的，所以正确的做法就是有策略地冒险，在过程中管理风险。一般情况下，证券期货市场没有稳定的规律，它永远是变幻莫测的，不敢赌概率的人永远找不到符合他们要求的机会，这样，他在市场上永远没有机会了。

再说说理想博弈和现实博弈。

象棋和围棋中都存在很多定式，一旦出现这种定式则胜负立判，只要棋手不犯晕，胜负就是必然的，或者说，在理想情况下，胜负是必然的。但在低水平的比赛中双方都没有能力看得出来定式，而继续坚持走下去，最后的胜负还不一定呢。即使是高水平的比赛有时也会出现这样的"勺子"。在这种情况下，主动承认必然结果就是"理想博弈"，不承认定式而坚持着与对手周旋，在运动中等对手犯错就是"现实博弈"。理想博弈的参与者都是理想人，所谓理想人是以自身利益最大为原则，他们据说有足够的智力做出正确计算且在操作中不犯错，并且假设对手也是理想人，反之就是现实博弈。理想人的行为是可以预期的，理想博弈研究的是竞局本身，不涉及竞局中人的因素。通过研究理想博弈可以得到很多对现实博弈很有启发性的结论，一般来说，现代博弈论所研究的都是理想博弈。虽然学术研究通常不包括现实博弈，但现实博弈亦有其规律，因为参加现实博弈的人是有共性的，掌握这种规律性往往是在现实博弈中取得胜利的关键，学术界的博弈论研究由于其局限性，他们的成果往往会受到实战派的忽视。不论是体育比赛还是证券期货市场，博弈论专家对这些现实中的博弈也提不出具有直接可操作性的建议，这就需要我们自己去领悟它，去接受其启发，从而为我们现实的操盘所用。

在具体的社会实践中，理想博弈是必然要转化为现实博弈的。现实中不存在理想博弈，很多胆小怕事的人，究其心理根源，就是把任何事情的对方想象成了博弈中的理想人，胆小的投资者其实也是这样，他们往往因此错失良机。理想博弈必然转化为现实博弈，是因为人总会犯错误的，所以一个简单的竞局也存在转化为现实博弈的可能。市场中的价格变化就具有这种特点，它不是有规律的涨跌，也不是纯随机的起伏，而是呈现出时而周期时而趋势，让人倍感莫测，把握这种价格变化，就需要有现实博弈的思路。

吴总：现实博弈没有定式，我们把握起来不容易吧。

盛六：是的，这就需要我们注意观察，注重修炼。在现实博弈中，竞局参与者往往意识不到竞局是怎样计算胜负的，譬如刚入门的棋手不谙规则，再譬如小孩可能搞不懂什么是输赢，甚至有的是不满足于理想博弈的结果而去折腾。总之，现实博弈中的人都不是理想人，现实博弈的规律也总是与理想博弈不同，但理想博弈的成果对现实博弈有一定的启发作用，虽然它与现实博弈有一定的距离。确定对手将采取什么对策，等着对的犯错，是现实博弈的关键所在。正确的预判对手可以得到比理想博弈更好的结果，反之就会比理想博弈差。期货交易中也是这样，不要认为对手方就是理性人，操盘手应该习惯于分析对手方的交易心理，因为心理学和实践告诉我们，人的心理活动是有共性的，是可以被研究和利用的。期货交易是典型的现实博弈，研究对手方犯错误的规律性，当然有助于交易的决策。所谓人不知我，我独知人，做到这一点，操盘时你当然可以比对手方高出一筹。

从本质上说，现实博弈的制胜关键是在理想博弈的基础上发现对手的行为规律，比如划拳游戏，从理想博弈的角度来看双方出拳都随机且无趣，但从现实博弈的角度玩下去不但趣味无穷而且还一定能分出高低，其中的秘诀之一就是总结对手出拳的规律性，然后利用之。期货市场也是如此，本来，根据随机漫步理论，市场中没有必赢的方法，似乎没有必要玩下去，但是人们会把交易作为现实博弈，而按照现实博弈的思路来做，交易就趣味无穷了。所以操盘手应该利用理想博弈的结论来研究现实的期货博弈，你下每一手单子时，不但得知道自己的利益所在，还要关注对方的利益所在，这样才能看透对方把对方可能的招数尽量考虑到，然后据此做出应对的策略。所以交易水平的高低不取决于掌握多少学识，而取决于对对手方行为规律性的把握，和良好的决策、执行能力。

但是规律也是会被人反利用的，发现规律也并非就等于拿到了金钥匙，你得区别对待各种情形。例如庄家会蓄意走出某种规律，然后利用人们的思维惯性，在某一时间点上挖下陷阱。应该知道的是，庄家在这种模式下制造的规律当然都属于短期规律，他的目的是用规律设套，所以你的分析应该深一个层次，必要时还得将计就计。当然，这样的斗智斗勇不可能是稳态，当规律被多数人发现时庄家会根据需要破坏它，此时还是得顺势而为，因为只有庄家才有实力打破规律，普通投资者只能随机应变。期货市场就是这样一个不断建立规律，又不断破坏规律的过程。发现并利用规律，才是投资者应该注重的。

讲完了？

讲完了！

哗，哗。几阵稀稀拉拉的掌声。

在盛同学看来，今天的过程圆满的，既款待了同行，又不失时机地表达了自己的思想。不过次日吴总在电话里问，盛六既埋单又讲课的，图的是什么？是雷锋呢还是布道者？不等回答，他就自己给出答案了：虽然盛六是对自身理性要求很高的操盘手，但现实生活中他也和普通人一样，本质上也是不理性的嘛！由此可见，行为金融学的研究对象实在是太广泛了。

TIPS：我们一直不建议操盘手深究金融学理论，但推荐学习行为金融学并不意味着我们缺乏言行一致性，因为行为金融学本身并不以金融学为重，它并不是真正意义上的金融类理论，它其实更侧重人类的心理和由此产生的行为。行为金融学是个学术杂交品种，它试图整合金融学、心理学、行为学、博弈论、社会学等学科，力图揭示金融市场的非理性行为和决策规律。它的主要理论是，投机的市场价格并不只由投机标的的内在价值决定的，投资者主体行为对其也有重大影响。它是和有效市场假说不相容的，其主要内容可分为套利限制和心理学两部分。

第三节　中国必将产生世界级交易大师

"中国必将产生世界级期货交易大师……"

话还没说一半呢，就被不止一个声音打断了数次：又闻大炮声啊，这是"二十一世纪是中国的世纪"的推论，是"中国不高兴"的金融版，或者是风水轮流论的最新应用吧！更有言辞鞭辟入里的高人，直接将这小半句话定性为空谈臆说。

不能说大家的批评都是郢书燕悦，但就本意来说，咱还真不是在放无谓的大炮，这个可以向交易所发誓，向证监会保证，各位请明鉴。作为普通的投资人，咱祖上八辈都没有大头症史，咱这一辈儿也不会有幸享受如此贵恙，故烦请各位在听完下半句话以前，不要直接给扣个意淫世界的帽子。子曰做人要厚道，投资人要理性，拍砖要讲理，所以请您拨点儿冗听听咱的求证过程后，再来定夺吾今当拍否。

想必手握板砖的大佬们也得同意，只会大胆假设是精神病患者的主要特征，正常人如果正经八百地做出了什么判断，势必得拿出一个小心求证的过程，即使有时还做不到涓滴不漏。为证明不是只负责放炮的主儿，咱们将本节分成六个部分来加以论述，以稍显严谨。

一、中国传统智慧在投机市场的独特优势

中国文化讲究心，讲究天人合一，是阴阳和谐相辅相成的中庸之道；西方科学讲究物，是注重实证和逻辑的量化之道。笛卡尔的心物二元论是现代启蒙运动的起点，决定论是物的特性，物是可预测的，它通向科学；非决定论是心的特性，心是不可预测的，由它通向文化。我们都知道黑天鹅效应和蝴蝶效应，前者象征世界观意义上的心，后者象征世界观意义上的物。

中国传统文化的特点是不远征、不极端、重秩序，缺点是公德心不够、实证能力不够、创新精神不够、平等意识不够。不远征和不极端保证了在生活和交易方面都能够保持平常的、中庸的心态；重秩序的习惯运用在交易中就是有计划地进场交易和使用资金。传统的中国一直处于集权统治的状态中，人们习惯性地希望所有的事务都在管理之中，所以中国失控的时候不多，统治者对一切都进行有序管理，他们统一文字和度量衡，还统一官服，统一户籍制度，因此大多数中国人都喜欢有序的生活方式，这是根深蒂固的文化传统，这些传统对培养交易员的纪律和坚守能力大有裨益。至于中国传统文化的缺点，主要表现为缺少公德心、实证能力、创新精神和平等意识，却恰恰不是期货交易中所必需的。

中国传统文化的独特优势，在许多维度上是现代科学所无法比拟的，因为它是非决定论的，现代科学是决定论的，而现实世界的大多数事物是无法用决定论来做判断的。与中国传统文化相对应的是，发源于西方的现代科学注重实证和定量分析，擅长以严密的逻辑过程服人，是实证主义的。事实上，中国传统文化是认识世界的另一种方式，它对处理不易定量的、非科学的东西自有独特疗效，这不但被几千年的实践所证明，而且在近几个世纪的西方文明狂潮中屹立不倒，说明了其独特的适应性和实用性。投机市场运行的属性正是非定量的和不科学的，虽然它也有可量化的成分，但无数统计数据证明了在大多数的时间区间里它的运行是随机行走的，我们知道，应对此类状态中国传统的智慧如哲学、军事、对弈、道术等，优势历然。随着中国经济全球化的不断深化，国内的投资者一定会有更多的机会去和国际炒家同台竞技，我们必将看到的

是，深切领悟中国传统文化的精髓，并能将其运用到交易活动中去，是中国炒家独特的优势，而且随着时间的推移和中国综合国力的上升，这种优势会越来越明显。

交易高手投资到了一定的段位，最重要的就不再是技术水平，更不是对基本面信息的占有，而一定是投资哲学、心态、意志和境界，这是高利寿星们的共识，不由得你不承认。古代中国智慧对人生因而对交易的影响是深层次的，这些在交易的关键时刻就会表现出来，至少是以隐性的内功方式表现出来。高手们在一起，一般不会去谈市场的方向，也很少去谈交易的方法和技术，而主要谈的是对市场的理解和人生的境界。2012年9月，第六届全国实盘大赛发奖大会在杭州举行期间，在和获奖者的交流中，我们感觉连续获奖的选手大都越来越低调了，他们对市场的认识基本上都上升到了哲学层面，而且大都谈到了中国传统文化对交易的帮助。作为交易老手，他们对行情的把握都是高水平的，盘感都是敏锐的，看盘的时候他们大都可以细致地感受到市场的脉动，但他们认为，这些预判都只是交易的一小部分，大局观和执行力才是最本质的，而大局观和执行力的提高，还需要传统文化的滋润。

就交易智慧和交易境界而言，东西方文化的差异很明显。源自西方的图表分析派由于使用的工具简单，不可能挖掘出期货市场中更深层次的或"没有科学依据的"信息，所以技术分析给出的信号只是一种在既定框架下的建议，不可能真正地发现规律或预言走势，对提升大局观和执行力更没有多大帮助。把握市场脉动需要读懂盘口语言，而盘口语言是灵动和鲜活的，是"非理性"的，所以掌握传统文化的精髓，将其活用到临场操盘中，就显得十分必要了。

从博弈论的角度来考虑，投机市场的博弈是多方博弈中最为复杂的一种，比之体育比赛、对弈、决斗、战争都要复杂得多，类似于自然界的生存竞争。由于期货市场中的参与者都不是"理想人"，所以期货市场中的规律，如果有的话，也不可能是长期有效的。期货市场是一种愚弄与反愚弄的游戏，在这种游戏中，规律越明显时交易量就越大，规律性的多少和明显程度取决于市场参与者的愚蠢程度。我们知道，一旦开始利用对手的愚蠢或者叫行为规律来打败对手，竞局就不再是理想博弈而是现实博弈了。说到这里，传统文化人可能会问：如此利用对手的愚蠢赢利，是不是有悖于道德的要求？这个问题可以这样理解，《道德经》说"以正治国以奇用兵"，如果交易者的心态是正的，做人是高标准的，在期货市场就可以"以奇用兵"，这个完全不同于对日常道德的要求。现实博弈的理论基础是心理学，而且是一种朴素的博弈心理学，中国古代兵法和算命、魔术、催眠、赌博等江湖之术中都包含了大量的这种心理学实践。中国古代江湖之术的集大成者是《鬼谷子》，一度为正直人士所不齿，曾被斥为蛇鼠小人之谋，因为它研究怎样利用别人的缺点来达到自己的目的，主观上带有明显的恶意，委实难登大雅。但是，从博弈理论中我们知道，现实博弈的需求正是这类文化存在的社会基础，投机类的金融交易就是现实博弈的重要一例，所以这些谋术才会被广深应用，这是博弈生存的基本法则，无关道德。

参与现实博弈的人都是现实人，一旦按照现实博弈的思路思考问题，你就不再是理想博弈者了，即使是其中聪明的一方，他的行为在理想人看来，本质上也是愚蠢的。如果有一个博弈上帝，在他眼中双方的招数一定都是可笑的，但可笑程度低的一方，获胜的可能性就要大一些。现实人在现实博弈中能够赚钱或亏损，这是投机市场存在的基础，如果都是理想人参与交易的话，结果就只能平局，市场也就没有存在的可能了。

现实中没有理想人，人只能少犯错误而不能不犯错误。有一定天赋的投资者经过训练后水平可以更接近理想人，这些人就有能力在期货市场持续获利，但大多数人都无法接近理想人，这是人性使然。投机市场会让聪明人表现得更傻，而不是让笨人表现得更聪明，它有诱使人变愚蠢的作用，要不怎么会有博傻的说法。所以，期货市场博弈永远要按现实博弈的思路进行，任何穷尽一切可能，抓住一切机会的想法，都是愚蠢可笑的。

就现状来说，西方人在投机市场的表现比中国人好得多，但其本质的原因并不是他们的文化优势，而是他们的综合国力和话语优势，而且，分析其中有大成功的操盘者，发现其实他们的修为，也是无意间契合了中国文化的。

二、中西方文化在军事和棋类的对抗特点

就对抗性和技巧性而言，和金融投机交易最类似的，一是军事二是棋类，我们在前面说过，棋类尤以围棋最有代表性。

中国传统军事思想和西方军事思想孰优孰劣的问题，近一两个世纪以来一直争论不休，不过总体来看似乎是西方军事思想更占上风一些。有人推崇西方军事思想，认为中国传统的兵法理论虽然神乎其技，但和西方的正面战争中没有打过几场胜仗，我们的兵法比之西方军事理论到底怎么样，似乎并没有多大的底气说我们有优势。事实上，只要读一读通史我们就可以知道，自清中期以来，中国和西方列强交手基本没有胜绩，这真的是事实。不过分析其内在的原因，我们发现：第一，训练和装备的悬殊太大；第二，没有过真正大规模的军事对抗，标本采集不具代表性；第三，统治者过于软弱无能，往往导致不战自败。所以，这些败绩的根源其实并不是军事思想和文化方面的问题，而是政治和经济实力方面的问题。当然，现代战争打的是装备和信息战，兵法方面的对抗倒在其次了，不过，在投机市场的操作上，中国传统的军事哲学一定有其明显优势，这个我们暂不展开讨论。

其实中西方军事对抗也有几个标本能够在一定程度上证明中国传统军事理论确有优势。且不说打败罗马帝国的哥特人是匈奴的败将，而匈奴人又是被汉朝赶走的，也不说当年成吉思汗的赫赫战功，因为用这些来证明中国传统军事智慧的伟大似乎有些太过牵强，单说郑成功打败荷兰人的案例，就可从一个侧面说明中国传统军事思想其实比很多人想象得更实用。

遥想当年郑成功收复台湾时，荷兰是欧洲最强大的殖民势力之一，荷兰人的武器、战术和后勤保障闻名欧洲，而台湾是他们在亚洲最大的根据地。郑成功能够赢得这场战争的原因很多，但其中一个重要的方面就是他使用中国神秘的传统兵法，至于荷兰人是这样看的，他们发现，这些战略思想自己真的是难以应对。只是到了近代，由于统治者的荒淫无道造成国力衰微，西方人才倾向于低估中国的军事能力，第二次世界大战中国的受害国地位更是强化了这种认识。但当年，在郑成功收复台湾战役中，不但中国的火炮打得又远又准，而

且攻击方式出神入化，荷兰人顾头不顾尾，丢尽了颜面。其实，中国火炮在当时的先进性只是一个方面，我们当时更大的优势还在军事指挥艺术上。荷兰以现代军事演习的发明者闻名欧洲，荷兰人的训练方式在欧洲广为传播，但在台湾却被中国实用的战争艺术所击败，几近一败涂地，其中的内在原因，颇值得深思。

据日本《外交学者》杂志2012年2月8日《西方与中国的第一场战争》一文分析，中国人最重要的优势在于其战略和战术思想上，中国的军事指挥官能够从两千年的军事思想中汲取营养。大多数西方人都知道《孙子兵法》，从德国到美国的企业高管们也都读这本书，但多数西方人都不知道在孙子之后又出现了多少战略家、战术家和后勤问题专家，这些后人们事实上极大地丰富了世界军事思想。现在中国正在比欧美快得多的速度在发展，虽然技术实力上仍然比西方有不小的差距，但总体局面正在发生微妙的变化。西方正在虚心地学习传统的中国兵法和军事思想，希望对其军事和商业有所助益。中国军人都知道孙子、诸葛亮和戚继光，他们也知道克劳塞维茨、马汉和彼得雷乌斯，知道自己的传统而且也了解西方的传统，正是在实践孙子的"知己知彼"。如果西方人不研究中国的军事传统，那么西方将陷入"不知彼"的境地。几百年前的中荷战争作为欧洲与中国的首次战争，是一个值得研究的战例。这是日本学者的看法，我们姑妄听之吧。

我们说这些，并不是要表明中国军事思想就一定全方位地优于西方，但至少说明它拥有西方不可比拟的某些特质，而这些，正是期货交易者到了一定高度后最需要充实的。

再谈谈围棋。西方人为什么学不好围棋，这还真不仅仅是喜欢与否的问题，而是思维习惯的问题。围棋这么精妙的游戏在欧美无法真正流行，主要还是因为这里面有很深的东方文化印迹。欧美人也有不少人喜欢下围棋，只不过他们更热衷于下国际象棋，而这个国际象棋其实和中国象棋差不多，量化起来相对容易一些。我们知道，国际象棋有一个终极目的，就是杀掉对方的国王，但围棋就没有这么一个确定性，你无法确切地说直接的目的是什么，最好的应招是什么，虽然你可以随心所欲地撒豆成兵，只要占据的地盘大就是对的，但过早贪占地盘也得付出代价，这就和做期货一样，虽然赚钱多才是硬道理，但过分的贪念会造成收益曲线的上天入地，最终也是会付出代价的。围棋对弈时，哪个棋子可以舍弃哪个子不可以放弃，没有一个定数而得视具体图形具体时间而决策。在这种不确定的氛围里，东方人杀得不亦乐乎，西方人却大都不明就里，个中主要原因还是中国传统文化对不确定性的理解更加独到，而西方人就缺少了这一份灵动，所以东方人在围棋上比西方人还是有天赋一点。期货交易与围棋很类似，都是尽力多圈钱，而没有杀死哪个对手的具体需求，这一方面，谙熟中国文化的人可能有较大的优势。

东西方的文化差异太大了。围棋主要反映的是中国传统的哲学思想，西方人由于文化的不同而对此无法完全理解。西方文化更多讲实证科学，凡事都要定量定性，这是西方文化的特点，这种思路应对国际象棋基本上很有效，因为它变数较少，行棋目标也明确。但下围棋你很难去定性定量，它是一种模糊和相对的东西，连经验最丰富的棋手也都是凭棋感行事，而对棋感这东西去做定量定性基本上是无法完成的任务。如果一定要去定量定性，棋手就会钻牛角尖，其代价就是失去灵动性，这样的棋手在实战中就无法战胜有经验的对手。仔细琢磨一下，你就会发现这些与期货交易何其类似！

为什么西方人下不好围棋，当然也有客观上的原因，我们看看这些围棋术语就知道了。许多术语和概念用英语无法准确翻译，勉强翻译了也是鸭同鸡讲，西方人很难理解。虽然作者本人是围棋拥趸，也有一定的功底，但有一部分围棋术语，虽然是中文我也倍感头疼，况老外乎！几年前，曾见识过围棋教练用英语把围棋术语讲给老外听，结果是教练和老外一起大眼瞪小眼，场面煞是可乐。你还别不服气，请看：

轧　札　劫　纽　棋筋　棋精　棒粘　提空　装劫　硬腿　嵌子　欺着　骗着　惜着　搜根　愚形　小斜飞　万年劫　天下劫　天王山　双倒扑　本身劫　关门吃　回纹征　回龙征　先手劫　三六侵分　三劫连环　三劫循环　中途半端　长期打挂　双方后手　打二还一　四劫循环　滚打包收　缠绕战术

愚形之筋……

这些可都是中国字，作为中国人，你能都明白吗？这些其实还只是围棋术语中的很小一部分而已。所以，要让西方人理解围棋，还有个文化的问题，这需要一个过程。如果哪天围棋在全球普及了，中国文化影响力就深入世界了，彼时，我们随便一个受过义务教育的人出国，都会被视为专家（就像现在的外教一样），快乐何似！

在交易过程中，特别是国内市场，有许多和围棋一样的奥妙之处，其机理只有懂东方文化的人才能真正驾驭，所以，大多数操盘手不相信外国炒手在中国市场上会有多大的作为，如果开放给他们参与的话。

三、为什么传统文化对期货交易最有助益，而不是证券黄金外汇？

综上所述，我们可以认为中国传统的对弈文化和战争智慧，包括哲学思想在金融交易方面比之西方定量文化有一定的优势，但优势最明显的领域，还是在期货交易，而不是证券黄金外汇。

为什么中国传统智慧运用到证券黄金外汇上优势不如期货明显？

其实也不是中国传统文化在证券黄金外汇操作上没有优势，因为这些投资标的的交易方法基本上是相通的，我们的本意是，在中国的期货证券黄金外汇市场中，只有期货市场有相对成熟的条件能够产生大师级的交易高手。我们所说的高手，一定得是在国内市场有结构性和系统性的优势，他们的操作系统只要做一些适应性训练，就可以在国际市场上做出成绩，就有能力与国际炒手同台竞技而不输后手。但股票市场的环境就不够成熟，由于设计上和执行上的诸多原因，目前中国证券市场问题良多，甚至一度成了滋生庄家的沃土。国内资本市场的大作手们的成功大都得益于不平等的资本制度，他们中的大多数是在某种呵护下成长起来的，是利用信息不对称渔利的。所以，这些人没有在真正三公的市场环境下摸爬滚打过，他们的成功是市场外的因素使然，距离大师的级别还十分遥远，因此当众多的国内证券投资机构和个人尝试了国际投资时，结果往往是折戟沉沙，国内市场的英雄大都成了国际市场的狗熊。这除了因为没有在三公的市场里练过真本事外，他们对于西方的股市没有规则和信息方面的优势，对国外上市公司的研究更是隔靴搔痒，无法真正弄懂，所以对其估值基本上都心里没底，操盘的动作也必然要变形。况且，以美国为例，他们的股市也不是十分纯净和有效的市场，巴菲特因索科尔涉嫌内幕交易而遭小股东起诉，索罗斯在法兴银行的内幕交易等案例都说明了誉满天下的巴菲特和索罗斯也不是完全的公平交易者，美国的普通投资者都会受到愚弄，境外炒手的境遇就更不美妙了。对外汇交易来说，不但存在着上述同样的问题，而且更因为人民币还不是自由兑换货币，所以客观上存在着严重的信息不对称、国内经济环境对外汇市场影响力不够、交割能力不强等无法回避的问题，所以中国投资者短期内在国际外汇领域难有大的建树，同理，黄金市场也存在类似的问题。

只有期货，由于与国际市场相比，市场容量及三公性方面的差距不是十分明显，国内炒手在其中操练内功的空间较大。所以近二十年来，已经有不少一流高手脱颖而出，有的还在国际市场有上乘表现，只是客观上他们的交易规模还不够大，对国际市场没有产生影响力。分析他们的成功过程，除禀赋和机遇外，与中国传统文化的浸润不无关系，所以如果假以时日，在使用现代工具的同时注重内功的修炼，中国期货市场就一定会产生交易大师，并且这个时间也不会太长。如果必须要问个时间区间，我们只好借用基本面分析的方法回答：大概是十年左右。这当然不是准确的判断，我们不会因此去和别人对赌，因为方向赌对了不一定就能获利，交易高手都这么说。虽然中国期货市场目前还没有真正的国际定价功能，到现在还一直是西方期货的影子市场，但随着中国经济地位的提高以及综合国力和影响力的增强，中国期货市场的一个重要使命，即为中国及周边国家提供大宗原材料定价并成为国际定价中心之一，就一定会实现。争夺国际市场定价权必须从中国自己的期货市场做起，有句话说得好，民族的才是世界的，这个从芝加哥交易所的成长历程可以体悟到（芝加哥交易所一直注重本地商品、本地交易商）。我们越致力于中国本土的，越能够从中反映出中国因素，中国的炒手们在中国期货市场这个相对公平的平台上，就越能真正磨砺出来，越能形成自己整套的方法和理论。然后，随着中国经济发展带来的本土期货市地位提升，真正的世界级大师就会出现，就可以得到国际的认可。

曾任中国期货业协会会长的刘志超认为，从市场规模而言，中国期货市场已成为仅次于美国市场的全球第二大期货市场。国务院发展研究中心市场经济研究所期货证券研究室主任廖英敏在2012举行的申万期货有色金属论坛上谈到，在国内外经济减速、市场系统性风险剧增的环境中，中国期货市场实现了稳健较快的增长。2011年，共成交期货合约10.54亿手，期货交易总金额137.51万亿元。从这些数据中可以看出，中国期货市场规模不断扩大，交易量已经稳居世界前列。期货市场不但是对冲金融风险场所，也是金融扩张的主要通道和国际游资供给他国经济的投资工具，是游资和套期保值者博弈的国际市场，很值得中国期货人去为之奋斗。现今，全球大宗商品价格的金融化使得价格风险剧增，所以实体企业纷纷涉足期货市场进行套期保值和投机交易，在这个形势下，我国应该有更多更专业的期货高手服务于各有关领域，在国际国内期货市场上帮助虚拟和实体经济把握行情动向，合理安排经营，应对可能的金融风险，并在时机成熟时获取投机收益。

所以，只有期货，特别是商品期货交易，就宏观环境来说，更容易产生真正的交易高手甚至大师，原因除了三公程度相对较高和信息不对称因素较少之外，还因为大宗商品国内与国际的关联度越来越高，国内市场交易量在全球名列前茅，综合影响力也越来越大。这些拥有较强的持续赢利的高手，他们的功夫是真正的操盘能力而不是依靠盘外招，所以适当地加以适应性训练就可以在国际市场上持续赢利，这些高手将逐渐在国际市场上形成中国交易团队，可以从整体上提高中国在国际期货市场上的影响力。有志于在金融市场淘金的操盘手们，请坚持努力学习认真磨炼，在未来的交易中，让参与到中国期货市场的外国炒手感受一下传统中国文化滋养出的金融智慧和交易手段。

中国期货市场虽然起步比西方晚得多，但中国期货人大可不必妄自菲薄，一个必然的趋势是，在未来的10到20年内，中国期货市场在全球的影响力将大大增加，交易量也一定会稳居第一，所以在国内期货交易上有建树的高手，如果能将自己的交易系统总结成理论高度，并在实践上更上层楼，就有机会进化成为世界级的期货交易大师。

四、中国为什么在别的领域里也缺少世界级大师呢？

这个原因很复杂，但从宏观上来说，往往是因为忽视了传统文化。民族的才是世界的，这话大有深意。有人说，中国为什么还没有产生一位世界级建筑大师，是因为中国建筑是几千年来基本上没有发展所以具有落后性。他们还说，希腊早在公元前六七世纪即已过渡到砖石结构，受拜占庭文明影响，俄国在十世纪以前已开始采用砖石结构建筑，而中国却一直在沿用木结构，由于木头不如石头，所以中国传统建筑的价值就越来越低，这是问题的主要根源。事实上，如此障人眼目的建筑意识形态，严重妨碍了中国本土建筑思想体系的发展和成熟，而轻视了本国传统就失去了巨人的肩膀，没有了民族的自己的东西，就只能片面地模仿西方建筑，长此以往，中国什么时候才会出现世界级的建筑大师？

诺贝尔奖得主应该是世界级的大师吧，但中国本土从来就没有获得过科学技术奖项，难道是中国人在该方面不如外国人吗？这个理由早已被否定，看看杨振宁、丁肇中、朱棣文、崔琦、李远哲，就足以说明中国人并不是没有能力获奖！只是教条的学习内容、僵化的老师、应试的导向、按成绩排座次的学校、呆板的科研体制和浮躁的学风使中国人的创造能力被无情扼杀。然而，以上所说的扼杀创造能力的几宗罪，基本上都无法套在期货交易头上，况且，中国得不了诺贝尔奖还有个西方价值观的问题，这些因素在真刀真枪的期货交易上根本就不存在。所以，即使是多种原因形成了中国至今没有诺奖获得者的现实，也并不妨碍中国在期货领域产生世界级的交易大师。

莫言荣获2012诺贝尔文学奖，我们在兴奋之余想到，看来中国人在艺术领域的成就已经得到国际承认了，并且早该得到承认了。转而又想到，期货交易手法中有大量的艺术成分，中国期货人在这个"艺术领域"得到"诺贝尔"，也是指日可待了！

五、华尔街已经出现不少成名华人

华尔街云集着世界上最顶尖的金融超级玩家，近年来这里也产生出了一大批华人高手，这些充分说明了中国人有成为金融交易大师的禀赋，所以假以时日，中国人中涌现出世界级期货交易大师是必然的。

李山泉是美国著名共同基金公司奥本海默（Oppenheimer Funds）的核心人物之一，曾运作过美国评级第一名的基金。李山泉主管的投资在瞬息万变的世界经济的形势下，连续多年创造出高回报。他运作过的最著名的两个基金是欧洲股票基金和国际小企业基金，被美国著名的评级公司LIPPER 分别评为第五名和第一名，李山泉也因此暴得大名。

江平的名声起源于美国专业杂志《交易员》月刊的一份榜单。根据该杂志2007年的评比，赛克资本管理公司（SAC）董事总经理江平跻身"百位顶尖交易者"。难得的是，榜单上几乎都是拥有巨额资本的对冲基金老板，像江平这样全凭交易业绩入选者实属罕见，而这也是这份全球金融精英名单里，第一次出现华人的名字。江平在激烈紧张甚至残酷的全球宏观交易中历练成为华尔街顶尖交易员，这位受中国文化熏陶的投资人，动有行军打仗的气势，静有闲庭信步的从容，极像中国传统社会里能文能武的达人。2008年江平成立自己的对冲基金，2009年、2010年连续两年列在新兴市场对冲基金首位。

黎彦修，美国前沿基金管理有限公司（Fore Advisors）CEO。他曾在美林证券从事投资研究，凭着扎实的金融衍生品交易能力，两年后如愿坐上了交易员席位。目前，他的公司声誉良好，有着自己独特的公司文化、投资哲学、投资程序和交易系统。作为知名基金公司的CEO，他想给华人同胞们说的是，"华人在金融界也可以独立创业，可以有所作为"。

楚钢是一位在华尔街有着良好业绩和口碑的投资经理人。来自中国大陆的他有着雄厚的数学基础，他说，华尔街现在离开了数学模型根本就玩不转。楚钢管理着超过70亿美元的市政套利基金组合，并在花旗的市政套利策略中负责所有的对冲和风险管理活动。之前他分别在著名投资银行所罗门美邦的市政套利交易部门和花旗银行的免税结构性产品业务部门，负责共同管理和买卖60亿和50亿美元的市政套利交易基金组合。在此之前，他还先后在花旗银行新兴市场金融衍生产品部门担任过风险分析师、金融衍生产品结构风险经理以及两年的首席交易员。

黄文耀是全球最大的管理期货公司AHL的首席执行官，黄文耀作为华人，在全球对冲基金这个竞争激烈的市场上，当上了声名遐迩的AHL公司老大，管理着200多亿美元的资产，是全球最大的上市对冲基金管理人。黄文耀从小就对市场感兴趣，他理解传统文化，又习惯用工程学的眼光研究投机市场，研究开发交易模型，同时对管理团队有独到的见解。在AHL当CEO不容易，他需要同时和不同的人打交道，如程序员、经理人、投资者等，虽然工作头绪繁杂，而深谙中国文化的他，却能够在各种复杂局面下应付裕如。

邓琨是纽约拉扎德资产管理公司（Lazard Asset Management）的执行董事、高级基金经理。1997年邓琨加入拉扎德公司时还只是一位副总裁，第二年就升任高级副总裁，两年后又更上一层楼，获聘公司董事，成为这家拥有160年历史的老牌投资公司的少数合伙人之一，成为华人在全球封闭型基金领域里的传奇。邓琨谦虚地认为自己在投资上是个"半桶子水"。"我数学不精通，统计不精通，经济也不精通"。但是，正如中国古人所说，写诗的功夫在诗外，世界万物，其背后的道理相通。"我的关键是我有变通的思想"。据英国《金融时报》评比，邓琨管理的基金曾在424只基金中名列第一，这是华人基金经理在国际金融界首次拔得头筹。2013年时，拉扎德公司的新兴市场投资基金的资讯栏里又赫然写着"Kun Deng"作为招牌。

谭健飞成为一名令人艳羡的华尔街职业操盘手。1995年，谭健飞进入全美第二大即日操盘公司，成了自己梦寐以求的职业操盘手。2000年，在全公司500余名操盘手中，他以优异的操盘业绩名列第25位，是该公司唯一一位进入排名前50位的中国人。

郑焜今，台湾著名的证券期货寿星。在30余载的资本博弈中，以中华民族博大精深的文化为底蕴，创立了自己的交易系统，绩效誉满海内外。年少时，郑焜今看到外资大机构采取诱多和诱空的手法，达牟取暴利之目的，就开始思考着怎么打败他们问题。他认为中华民族有着五千年的历史文化，《孙子兵法》《易经》等，都是举世罕见的文化精粹，我们可以汲取其精华用于提升自己的交易能力。为此，郑焜今如饥似渴地领悟传统文化，这些对提升他自己的操盘能力"作用真是太大了，可以说，无可估量"。郑焜今总结出三种核心技术，即虚拟能力、修正能力和集中能力。这三种核心技术是赚大钱的关键。这三种核心技术就是：第一，虚拟能力。虚拟能力就是"多算"。《孙子兵法》说："多算胜，少算不胜，何况无算乎？"期货市就如"打仗"一般，多算则胜，少算必败。虚拟能力就是要培养多算的能力，只有透过多算，才能发现胜利的机会。第二，修正能力。修正能力是虚拟能力的必然伴随物。因为虚拟的过程随时要应变，所以及时修正就变得非常重要。修正主要有三种方法：止损、加码、翻多或翻空。第三，集中能力。在实战中，为了达到有效打击，一定要把资金集中在某一即将启动行情的品种上，才能达到最高效率，诚如《孙子兵法》所说，"势如扩弩，节如发机"。他的这种创新能力，正是基于中国传统文化，反映了中国文化的独特优势。

六、产生世界级大师还需要综合国力的提升

在产业全球化的过程中，制造业位居末端，中国目前就处于这个位置。大宗商品对制造业是至关重要的，其中定价权更是大宗商品的灵魂，但不幸的是，目前中国基本上无法染指国际定价权，最突出的例子就是石油、铁矿石等大宗商品。从宏观上来看，产业全球化以后就是金融全球化，在此过程中各大国都在奋力争夺金融定价权，而目前全球的定价权大多掌握在美国手中，它是基于美国的国家利益之上的，所以其公平性就可想而知。因而业内人士应该深度思考商品和金融期货，用宏观的视野，注重从交易场所层面到具体的交易各环节流程的提升，逐步建立一套在全球有影响力的定价系统，让中国充分分享到全球经济进步的成果。目前，全球资产定价模型已经成熟，但是资金和资源的定价模型还尚未成型，所以才会有汇率争端和大宗商品定价的乱象，这些因素都严重威胁到了中国的经济安全。当中国的经济规模达到一定水平的时候，

中国就必须争取到一定的国际定价权，这就需要必要的制度设计和操作层面的努力，要实现这个目标，还得仰仗中国股市和期货市场的大幅成长，所以期货人仍需努力。

目前，全球贸易额的3000多亿美元的年净增量中，中国的贡献占了一半，中国成了世界大宗市场上的超级买家，但是由于国际定价权的缺失，中国买主常常成为国际资本的最佳猎物，中国企业每年会蒙受数百亿美元的损失。有一个说法是，中国人要买什么什么就贵，要卖什么什么就便宜。据商务部的数据显示，仅2011年前11个月，我国重点监测的42种进口主要资源、能源产品由于价格上涨因素就多支付300亿美元。其中原油多支付118.1亿美元，钢材多支付62.1亿美元，成品油多支付24.3亿美元，塑料原料多支付36亿美元，铁矿砂多支付14.6亿美元。以石油为例，2011年我国原油进口总量占据全世界同期总量6%，但在世界原油价格定价上的权重仅有0.1%，这个反差的背后就是真金白银的流失，何其沉痛。

中国在国际大宗商品市场上难以取得定价权，另外一个原因主要是进出口政策和贮备能力都还不完善，所以国际卖家有机会对中国买主轮番攻击，使得中国在包括有色金属、铁矿石、原油、棉花、大豆等大宗商品的贸易中任人宰割。改变这个局面，涉及一个整体战略的问题，需要一个过程，但包括证券期货在内的资本市场的发展同样也是一个重要因素，所以期货人任重道远。但值得一提的是，我国推出的PTA和甲醇期货等，都是国际市场上还没有的期货新品种，这些品种已经逐渐在国内国际市场发挥其定价功能，这也是值得期货人振奋的一个亮点。

历史的经验证明，就民族的禀赋来看，德国和日本人擅长于实体经济，华人和犹太人擅长于虚拟经济。长期以来，犹太人充分利用所在国的政治和经济资源，经过自己特有的努力，拥有了庞大的金融资源和高深的交易技巧，已取得了很大的优势。中国人由于长期的政治动乱和经济不稳定，自主的金融交易平台缺乏必要的历史积累，一些有天赋的人才被无情埋没，殊为可惜。随着中国经济在世界经济中的比重和地位的进一步提高，我国期货人就有机会和犹太人展开全方位的角逐，想必，用不了太长的时间，中国必将产生与犹太人比肩的世界级的期货交易大师。

整体上来说，中国在虚拟市场提高交易能力的必要性，已无须赘言。中国期货人永远不能忘记，近年来我国一些国企在外盘交易中的屡次惨烈兵败，前事不忘后事之师，我们特整理以下国耻级的国际期货交易败绩，供期货人铭记。

株冶事件：株洲冶炼厂是我国最大的铅锌生产和出口基地之一，其生产的"火炬牌"锌是我国第一个在伦敦交易所注册的商标，经有关部门特批，该厂可以在国外金属期货市场上进行套期保值。1997年，株冶从事锌的2年卖期保值时，具体经办人员越权透支进行交易，出现亏损后没有及时汇报，结果继续在伦敦市场上抛出期锌合约，被国外金融机构盯住而发生逼仓，导致亏损越来越大。最后亏损实在无法隐瞒才报告株冶时，已在伦敦卖出了45万吨锌，而当时株冶全年的总产量才仅为30万吨，这也就是国外机构敢于放手逼仓的根本原因。虽然当时国家出面从其他锌厂调集了部分锌进行交割试图减少损失，但是终因抛售量过大，为了履约只好高价买入合约平仓。从1997年初开始的六七个月中，伦敦锌价涨幅超过50%，而株冶最后集中性平仓的3天内亏损达到1亿多美元，整个企业因此元气大伤，此后国家对于企业境外保值的期货业务审批和控制更加严格了。

中储棉巨亏：中储棉是2003年3月设立的中央企业，作为政策性公司，中储棉原本肩负着调节棉花余缺、平衡市场供求的职能，却于当年10月起进口棉花多达20多万吨，豪赌国内市场棉价上涨。结果，国内棉价不涨反跌，致使其投机失败，巨亏近10亿元。

中航油事件：2003年以后，在新加坡上市的中国航油（新加坡）股份有限公司，在对油价走势判断错误的情况下，在市场上卖出大量看涨期权，累计数量达到5200万桶。2004年10月，国际油价大幅飙升，但中航油并没有采取断臂措施避免更大损失，而是不断展期，导致亏损急剧扩大。由于无法为一些投机性质的交易补仓，公司被迫在亏损的情况下结束部分仓位。最终亏损5.5亿美元。

中盛粮油事件：在香港上市的中盛粮油公司于2005年7月曝出在芝加哥期

货交易所（CBOT）套期保值失手消息，上演了美国版"中航油"事件。2005年7月14日，中盛粮油（1194.HK）发布盈利警告称，自公布截至2004年12月31日止全年业绩以来，公司之财务表现受到若干非常不利之市场因素而发生重大影响。因此，公司董事会预期集团截至2005年6月30日止6个月之业绩将出现亏损。7月15日，中盛粮油在向香港股票交易所送交的声明中称，由于在芝加哥大豆和豆油期货合约上做错方向，将给公司带来数量不详的亏损。在中盛粮油发布盈利预警后，该股一度暴跌超过50%，公司市值一日内蒸发了近一半，缩水近3.92亿港元。但也有市场分析人士认为，中盛粮油是因为投机而出现亏损，并不是其所说的在套期保值中亏损。

就以这些国耻级的案例作为本节的结尾吧。金融雪耻，我辈责无旁贷，为达此目的，我辈唯有从本职做起，恪尽职守、卧薪尝胆。

中国必将产生世界级的交易大师，期货人当奋起。

TIPS：中国传统文化的特点是不远征、不极端、重秩序，缺点是公德心不够、实证精神不够、创新意识不够。不远征和不极端保证了在生活和交易方面都能够保持平常的、中庸的心态；重秩序的习惯运用在交易中就可以有计划地进场交易和使用资金，传统的中国一直处于集权统治的状态中，人们习惯性地希望所有的事务都在管理之中，所以中国失控的时候不多，统治者对一切都进行有序管理。至于中国传统文化的缺点，主要表现为缺少公德心、实证精神和创新意识，却恰恰不是交易中所必需的。

第八章

期市《录鬼簿》

第一节　录鬼小序

录鬼簿不录鬼，录人。录鬼才一般的交易高人。

传世的《录鬼簿》乃元代钟嗣成所制，录有元曲家生平及作品目录，凡百余人，四百余种，关汉卿携其豌豆高坐第一把交椅。钟老先生的初衷是将这些鬼才"叙其姓名，述其所作"，为的是"传奇行于世"，以防他们"岁月弥久，湮没无闻"。七百年悠悠而去世，岁月早已告诉后人，钟老先生无疑是不朽的，他做了一件日月炳焕、著在方册的可录之事。

中国证券期货市场已有二十年的历史了，其发展过程中产生了一大批高才博识、深谙性理并且有着长期良好业绩的交易高手。他们不是倏忽而过的交易明星，而是长期赢利的寿星，他们的交易能力鲜有人可与之相比，所以只能和鬼去比，我们称之为鬼才。为传其本末，我们本着"余相知者，为之作传"的两项基本原则，走访了部分鬼才并"纪其姓名行实并所编"，以便"初学之士，刻意辞章，使冰寒于水，青胜于蓝"。故而，我们效钟嗣成老夫子，将本节名之曰"期市《录鬼簿》"，以传期货高人之奇行于世为幸。

如若本簿果真可以使这些鬼才"得以传远，与知味者道"，余又何幸焉！

第二节内容是我们对赢利寿星的访谈实录，原汁原味，如假包换。

为便于各位理解，这里还得再重复一下第一章第二节的一段话："有些被访人要求将其真名隐去，这些人我们称之为鄄名隐。故本节除部分实名猛人外，其余高人之真名皆隐，如有雷同，即请曝光其真名实姓于网络，如此，作者即可借人肉之说，消弥某某寿星拒绝本书用其真名之潓闷，善莫大焉。"

小序毕。

第二节　《录鬼簿》

姓名：李驱

期龄：9年

操盘风格：稳健

连续稳定正收益年数：5

学历：大专

专业：中文

所在地：浙江

语录：小心驶得万年船，我利润率不高，但每年总有收益，加起来也不算少吧。

市场上有的是钱，慢慢来，赚那么多干吗啊，搏命啊？多不值得。

初秋。午后的阳光不算酷烈，草原上无遮无挡，一望无际盛大的绿。骑马这活不好干，坚持跑一个小时不容易，中途还有一个被撂下马的，得亏是跌在沙漠草地上，只是弄了个灰头土脸而已。马为什么要越跑越快呢，马的世界里也在竞争吗？哦，看到敖包了，大伙儿下马坐在敖包边的一棵大树下，算是敖包相会吧。李驱借了牧民的一头小白羊轻轻地拥着，也算是满怀软香暖玉了。

不过小白羊并不领情，一会儿就挣脱他的魔爪咩咩地走掉了。李驱嗫了几口淡马奶酒后，呈大字形躺在软软的细沙上，悠悠开说：其实不只是你，因为这几年做得还算稳定，有不少人问我有什么制胜的好办法。其实呢，我也说不上来，真的要回答的话，我只能说资金使用算是一个重要环节吧。具体的交易手法嘛，还是直觉为主吧，这是无法对人说清楚的。说说资金管理吧，这个还算是可以量化的。在资金使用上，我每一次最多允许4%的资金来承担风险，也就是说，50万元账户上我每次只用2万元，这2万元我还要求承受得住3次止损。这样我的入场机就会比较多一些。

如果账户亏了4%，也就是说剩下了48万元，我就得采取守势了。这时候我会只用1.5万元来承受风险，一直到账户恢复到原有的50万元，才会用2万元的"大数"来承受损失。我知道这会失去许多赚大钱的机会，但期货人必须耐得住性子，淡定地活着比什么都重要，活着就会有大把的机会。如果为搏大钱而壮烈了，那期货就跟你彻底拜拜，说什么都没有用。

在有了盈利之后，我就成了相对激进型的选手了，这时我将动用总资金的5%或以上，这个得根据具体的情况来计划、来下单，因为有了盈利后我就有更多的入场机会了，所以可以放手搏一下，但如果出现亏损，总资金又回到原位了，我就继续采取守势，如此反复。

每次赢利到初始资金的50%时，我会提一些现金出来，因为我常常怀疑自己有操控更大资金的能力。

小心驶得万年船吧，我利润率不高，但每年总有些收益，加起来也不算少吧。

淡定，淡定，还是淡定。市场上有的是钱，慢慢来，赚那么多干吗啊，搏命啊，多不值得。

说完了？说完了。

然后他就什么也不愿说了，只是望着天空发呆，时间好像停下来了。阳光下一片寂静，听得见羊啃小草的嚓嚓声。

绿草地上方，是淡淡的蓝天。淡蓝上点缀着无数只柔柔的小羊羔，有大的也有小的。云卷云舒，钱来钱去，想必李驱早已不看重了。我是从他发呆的神态上读出来的。

姓名：甄名隐一

期龄：12年

操盘风格：激进

连续稳定正收益年数：4

学历：本科

专业：经济

所在地：上海

语录：天分当然重要，机会也很重要，但我还是想套用一下流行语：有一种交易叫作坚守，有一种策略叫执着，有一种方式叫等待，有一种成功叫修为。

第三次见到他时，天色已晚。在那个依山临湖、飞檐斗拱的木筑宾榭院内，只见杨柳依稀、碧波潋滟，皎洁的月光在湖面上洒满锦鳞，柔爽的清风轻拂着面颊。

前两次见他没有谈出什么东西，这次还算如愿。他抽着细细的女士香烟，在淡淡的薄荷味的烟雾里，破例地谈起了自己。

我天生内向，不善交际，所以有空了就喜欢思考一些事情。我想，做期货要想成功，你的态度就一定得积极、主动、执着、认真，你得全力投入，不是有个"一万小时定律"吗？说是任何行业只要连续做上一万个小时就可以成为专家，但期货这个行业没那么快，也没那么高的成功率，不过认真坚持几年，只是天资尚可，一般还都可以有所收获吧。获得了一定的财富积累后，自己的操作也越来越有章法了，你就获得了正向反馈，你的业绩会反过来更加强化你的积极性，马太效应就是这么个意思吧，慢慢地你就会感觉赚钱其实并不难，但用心不专者例外。

现在还会亏损吗？当然会，有时会连续亏损，也会很失意，这点我到现在也淡定不起来，还得磨砺啊。在失意的时候我会一个人跑到海滩上写字，写下自己犯下的罪行、写下自己怎么会屡教不改、写下自己内心的委屈、写下自己修身养性的决心，把这一切的一切都写在沙子上，自己再把它拍下来，有行人过来时，我还会要求他为我和我的沙滩字拍个合照，借此将其刻在心头。海潮带走了这些字，我就再写一次，再拍一遍，如此反复，直到自己把这些痛消化掉为止。在傻乎乎地和沙滩、海水较劲的时候，我似乎能看到自己的内心，能够跟另一个我对话。

当年被逼得离开市场时，为了养活自己，我不得不去找工作。有一天在人才市场挤了几个钟头，递出去几份简历，没有企业愿意和我多谈一句，那些眼神似乎在说，做期货失败的人干实业还行吗？我无话可说，我只想大哭，不堪啊。但上天似乎还眷顾我，总算熬出来了，听说，没经过痛苦的过程就直接成功的操盘手也有，那是天分和幸运使然，咱就不行。我是吃了无数苦才有今天的，我想，大多数人都必须有这样一个过程的。

天分当然重要，机会也很重要，但我还是想套用流行语来说说我对投资的感悟：有一种交易叫作坚守，有一种策略叫执着，有一种方式叫等待，有一种成功叫修为。

对期货这个怪物，我真的是又爱又恨，就像陈慧琳歌中的一段词说的那样：

对期货爱得痛了，痛得哭了

哭的累了，日记本里页页执着

记载着你的好，像上瘾的毒药

它反复骗着我

爱的痛了，痛得哭了

哭得累了，矛盾心里总是强求

劝自己要放手，闭上眼睛让你走

烧掉日记重新来过

重新来过，还是期货……

他先是说着歌词，后来就情不自禁地唱了起来，一个一米八几的大块头，在灯光斑驳的浅草地上且歌且舞这女声经典，似乎有点儿滑稽。唱到一半的时候，他慢慢地转身背对着我，声音越来越低了，然后唱完了，就原地呆站着，一句话也不说。末了一回头，发现他已然泪淹面颊。

两人都沉默了。

期货啊期货。

姓名：真时

期龄： 18年

操盘风格： 稳健

连续稳定正收益年数： 6

学历： 大专

专业： 管理

所在地： 浙江

语录： 凶猛的兽王们都成了保护动物，天不疼地不爱的乌龟兔子们还在有滋有味地赛跑。

和他的谈话是两年前的了。

约在富阳的一条小河边钓鱼，同时闲聊。说是钓鱼，他可真的是姜太公风范，用直勾勾着些鱼饵，让鱼儿来吃。他说，钓鱼干吗要真的钓上来？残害鱼干吗，你又不是真的那么急于吃鱼，水质这么差，鱼会干净吗？钓来的鱼谁给你把关检疫？所以我就是不愿钓它们上来，我就喜欢给鱼儿送点儿绿色食物，然后静静地看着它们在我面前游来游去，这是它们给我的福利，真享受。我这也算是对鱼做慈善了吧，呵呵。

你说得正确。复利，就是复利。巴菲特曾说复利是最可怕的，但是前提是你要有时间去实现复利。所以，投资者要有良好的交易习惯，娴熟的资金使用技巧，决断的风险控制手段，同时，只有坚持使用自己独有的交易系统，方可获赠时间的玫瑰，最终兑现复利。绝不能因为某一段时间某品种行情特别诱人就擅改交易品种，也不能因为某一段时间收益曲线不好看就擅改交易系统。

投资者刚入市的时候，哪个不是怀着强烈的自信和憧憬的？我也是这样，当时受到别人片面的说教，认为期货市场里满是黄金，自己又感觉智商不低，当然有本事比别人多看一招，再加上自己有在金融机构管理风险资产的经验，想必一定会在期货上得到高回报的。但入市没有多久，我就是被KO了：高回报偶尔有过那么一两次，高风险倒是彻底领教了，反正是一败涂地吧。惨败以后，过了一段时间自己冷静下来想一想，也是，负和市场嘛，多数人损失钱是必然的嘛。投机市场本来就是个财富重新分配的地方，市场上的金钱一会儿从匪兵甲倒到匪兵乙，不多久就从匪兵乙倒到匪兵丁，而且所谓的非营利机构还得从中抽点儿用于高薪养廉，结果会怎么样谁都清楚。

现在我好一些了，吃亏多了会长些记性，这也算是我的收获吧。像我刚入市时一样，现在许多人在高回报的预期下，根本就没想过高风险是怎么回事，他们常常押下重仓，这些人如果幸运就会在初期获得高收益，市场只有两个运动方向嘛！但是一旦押错，亏损的速度一定比老手快得多，甚至一夜之间就被市场踢开，连重新入市的资格也没有了，这就是KO吧。期货中人有不少是受到期市财富神话的激励和引诱后，擅自给了自己极大的想象空间，天真地以为同样的好事也会在自己身上发生。说来谁都知道，重仓意味着可能的重创，但能管住自己的手，是极不容易的。许多长期赢利的人其实才用仅仅用30%的头寸，日均波动在百分之三四，这些人很老道，他们靠稳定的概率来获得回报，这样的人可能期望享受一下复利吧。

要想获得稳定的回报，止损还是最重要的，至少我认为是这样。止损点的选择各人都有自己的原则，我认为原则不是第一重要的，谁的原则会是荒诞不经的啊？执行力才是第一重要，所以我是最简单的2.5%止损原则，过了就砍，二话不说。这一点其实很不容易做到，但我坚持住了。市场里机会天天都有，所以，我甚至认为发现机会并不重要，而发现陷阱不去开仓或对持仓止损才是最重要的，这些都是内功，局外人理解不了。

如果想在期市长期体面地生存，要把持续稳定赚钱的神话续写到底，就应该控制住与生俱来的贪念，管理好自己的资金使用比例。期货机会那么多，你如果通过良好的资金管理来把控好风险，你会发现期市的风险其实也不大，如果淡然到只用10%的头寸，风险就跟股市差不多了，但期货的交易机会却比股市多了许多。交易员在经过各类行情的磨炼，拥有了自己的交易系统后，在短期内获取数倍的稳定回报不是什么难事。

不过有些人还是善于用重仓，这些人是天才的胜负师，凡人不可模仿。其实，成功的重仓交易者可能是更为谨慎小心的人，因为重仓的风险他不可能不知道，他能够长年在市场这么做是因为他一定有过严酷的磨炼，操盘上也有周密的计划和执行力，所以他们才敢于下此狠手，这事需要在大概率胜算的前提下进行吧。不过我不敢这么玩心跳，性格不同吧。

不管轻仓重仓，高水平的交易者一定是胸有成竹的，他们一定会事先制订全局计划，并努力在过程中严格执行，只有这样，才能避免操盘过程中的摇摆不定，要知道，没有原则的摇摆不定是要害死人的，就像苏联说的那样，只有和总路线一起摇摆才是安全的。交易的任何阶段都不可大意，有时战役到了最后阶段看似大局已定却可能暗流涌动，所以一定得老练起来，不要因为麻痹大意而痛失好局。期货市场中常常有一些人，在巨大浮盈的情况下没有平仓，后来却在行情的收尾阶段变成了亏损，如果下棋，这就叫痛失好局吧。

成熟的交易者永远不要为失败寻找理由，要勇敢地承认过错。三国演义中，曹操虽被小说家严重矮化，但即使这样他也同样有不少值得赞叹之处，至少，曹公在华容道遇关公时能够坦然笑对，仿佛赤壁大败根本就不值得一提，更不必为失败找什么理由。如此强大的内心，保证了他最后以非常手段保住了下一次对抗的机会，用期货的语言来说，就是永远保留下一次进场的机会。曹操的坦然和风度颇值得我们学习，但这种素质的修炼却需要大量的时间和耐心，这是成为高手的必经之路，走不得捷径。

我的期货经历太坎坷了，不忍再提起——你看这些鱼儿抢食多有趣，它们才是幸福的精灵，它们不用做单子，哪有什么压力！人类是因为太聪明了才把自己都弄得苦逼兮兮的。说来不怕你笑，那些年，爆仓一度成了我的常态，因而得罪了不少人，都是亲朋好友吧，不认识的人谁会给新手投资做期货呢。命运的改变还是在327国债中，当时算是打了个翻身仗吧，管金生老板的凶猛手法给了我翻身的机会，感谢这个机会。但管总却承担了太多，成了过气的英雄，可惜了。那是1995年，当时我已经在期市死过几回了，是管总掀起的滔天巨浪打醒了我，给了我一剂还魂药，要不，中国期货市场就少了一个老不死，其他岗位上可能多了一个平庸的办事员。

还是我常说的话，太爱进攻的部队，终究会被敌人消灭，小心驶得万年船嘛。凶猛的兽王们都成了保护动物，倒是天不疼地不爱的乌龟兔子们还是在有滋有味地赛跑。

姓名：时越晨

期龄：9年

操盘风格：稳健

连续稳定正收益年数：5

学历：本科

专业：工程机械

籍贯：江苏

语录：道不远人，大道至简！坚守简单规则，就是坚守金山。

这个小伙子很不善言辞，说什么都是频频点头，他是否认同你的观点，你得从他目光中不时透露出的神色来观察。

几杯黄酒，微醺半醉之时，他才一改闷葫芦的本性，破例谈起了交易。他说，做期货嘛，最重要的就是心中有数，所谓的有数得建立在精湛的专业基础上，如果真的是技术精湛，就不存在心态的问题，心态嘛，有时是指当时的心情吧。

听有人说，交易是失败者的游戏，谁最善于输，谁将赢得胜利。聪明的人能从自己的错误里学到东西；而智慧的人，能从别人的错误里学到东西，但期货交易中不重复犯错基本上不可能。如果选择要以交易为生，你就得扛得住亏损，你亏损的姿态越像样越从容，亏损就越来越可控。为什么老说亏损？因为市场上亏损的机会太多了：如果你使用价值投资，就可能长期被套赚不到钱；如果你使用量化投资话，只看指标机械操作，但没盘感也没经验，对模型策略又把握不好，不亏才怪；波浪理论和江恩理论就更不容易把握了，这些都是事后诸葛；套利更不好说了，听起来很美，但弄不好就像跨在两条船上一样，一不小心两船背离，轻则扯破裤裆，重则掉进海里。我也曾经到处求神拜佛找师傅，结果也没有什么长进，可能不是师傅没跟对，而是自己的悟性不够吧。我有时会想，拜神无效可能说明神认为咱自己能行，所以就自己慢慢摸索操练吧，结果呢，还真的就行了。悟道得靠自己，遇到好的师傅，也不过是给你些修炼的方法和警示而已，我们学别人主要是学人家的定力、能力、勇气和纪律，谁也不会有一套什么现成的赚钱方法传给你，即使他愿意给你。

亏损的方式不少吧？期货人大都是在亏损中进步的，这也是必然的学费，所以有人会说"在爆仓中成长"。这么高昂的学费，你在亏损中能摸索出什么很重要，要不多浪费资源浪费感情啊。我想，有几个衡量把握亏损能力的维度：一是在你的亏损交易中，是不是感觉损失越来越可控；二是止损过后发现错了，或者说不止损坚持一下的话反倒可以扛回来，这种情况下是不是特别的懊悔；三是观察自己亏损的原因，重复犯错的概率是不是越来越低？

我认为把控亏损的原则应该是可控和可承受。亏损了就得自己总结反思，不要怨天尤人，人最大的敌人是自己，这是实话，很多人都是败给自己的。

姓名：甄名隐二

期龄：12年

操盘风格：激进

连续稳定正收益年数：5

学历：专科

专业：历史

所在地：上海

语录：天分当然重要，机会也很重要，但我还是想套用一下流行语：有一种交易叫作坚守，有一种策略叫执着，有一种方式叫等待，有一种成功叫修为。

我认为，成功的操盘手最需要的不是博学，而是纪律和灵性。人工操作期货交易的过程，甚至可以说是纯精神和心理的活动。你在看盘的时候，如果仅限于看见而没有习惯性地深度剖析，那你就很不够段位，所以有人说看盘不只要看懂而且得看穿，不只要想到而且要想透。操盘重在体验和感悟，而不是曾经经历过那么简单。勤奋和独立思考是重要的，没有行情时要敢于空仓，然后安静地等待催化因素的出现，再适时出击。这一条看似简单，但做到却很难，还是那句话，知易行难嘛，所以人得加强自己心性的磨炼。

投资像扑点球，事先你很难预测球会发向哪边，但你必须根据对手发球前的各种微妙的小动作，例如眼神和脚下动作等，来选择一个扑的方向，否则一切都太晚了。所以，要学会独立思考，交易中面对大幅的波动，一个人不可能做得到完全地心静如水，但是，你应该设法把干扰控制在不影响你理性判断的程度上，这就需要长期的修炼。

性格决定命运，人有不同的性格，所以不可能有一样的操作理念。做期货的人一定得找到适合自己的那一套交易系统，交易系统得由自己琢磨出来，并长期坚持使用，才会有效。

姓名： 冯成毅

期龄： 19年

操盘风格： 稳中有猛

连续稳定正收益年数： 6

学历： 本科

专业： 工程

所在地： 广东

语录： 如果初始资金是1000万元，到了1100万元时，就把赢利的100万元存放在一个专用账户里，这笔资金叫作预备队。人不是神，人都是会亏损的，我的满仓操盘其实是由预备队在背后支持的，所以这其实不是满仓，而是一种资金管理方式。

　　我们见到他是在杭州发奖会上，他是第六届全国期货实盘大赛总冠军，四个月做到了1003.42%的收益率。会议上我们认真听了他的发言，休息和餐会的间隙里也和他聊了不少，会后又多次和他约见。在2013年为期四个月的比赛中，参赛选手上万人，取得总冠军绝非有人说的"运气好"。首先，从他只交易上海期铜一个品种来看，这就是一个特能坚持的主儿，他开玩笑说，"我坚持20年只做铜，是因为我们中国人都很传统，我希望和自己的妻子能白头偕老，这样，你必须要懂她，要理解她，要爱护她，要了解她每一个脾气，可能她咳嗽一下你觉得她感冒了，或者她发个小脾气你觉得她生病了。做期货也是这样。活跃的期货品种中，白糖、豆粕这些'情人'都很有诱惑力，如果受不了诱惑，最终只能是'妻子走了，情人跑了'，落个一无所有"。冯成毅称自己在外盘交易中，也只做LME铜一个品种。虽然大赛过程中铜的行情并不好，而其他不少品种倒是跌宕起伏，但他不为所动，经得起这种诱惑。他说自己同时也在做伦敦LME的铜，收益率比沪铜还要高得多！这样的操盘手，如果站在某铜业公司外盘期货交易的一线，断然不会出现该国企在LME市场大幅做空伦铜造成的严重亏损。

　　人称"沪铜大王"的冯成毅其实很低调。大赛期间，他一直使用"冯＊＊"的名字，市场上都管这个选手叫作冯星星，没有几个人知道他是谁，网上不少人都说他是"神一样的只做铜的选手"，及至发奖会上，人们方才知晓其真姓实名。他的成功，奥秘其实就在于专注，在期货市场摸爬滚打近20年，连续赢利多年的冯成毅，此前一直埋头做单，很少公开露面。

　　20世纪90年代初的时候，全国许多地方都有期货交易所，冯成毅就是在深圳有色金属交易所开始他的第一笔交易的，从此他就爱上期货爱上了铜。每天，只要有交易，冯成毅就不分昼夜地盯着国内外市场，20年坚持的结果是他有时不看盘就下单，这是因为他心里有盘，真真是到了无剑的境界。

　　他认为，人的精力很有限，不可能同时顾得了那么多的品种，只做一种才能吃得透，操盘起来才能游刃有余，当然，只做一个品种也会错过别的品种的大行情，但这就是成本，是做事情必须付出的机会成本。因为达到了极高的境界，他基本上找不到可以与其交流沟通的对手，这也没什么，他认为期货交易本来就是个孤独的行当，耐不住寂寞，就做不得期货。他不做其他的品种，并不意味着不关注它们，他认为商品之中的联动性越来越强了，自己在关注铜的时候，就把股指期货、白糖包括当天活跃的一些品种比如豆粕等等都放在一个版面里，可以不参与这些品种的交易，但是一定要关注它，否则可能就会被市场淘汰。不是吗？现在的大宗商品不少都是对冲基金在做，资产的配置都是联动的，做铜也不能只局限于铜，股市和汇率的变化，或原油、黄金等品种的大幅度波动，对铜市也都是有影响的。

冯成毅踏入期货行业也很偶然，仅仅是因为父亲的一位朋友告诉他期货交易是个不必求人的行当，刚刚大学毕业的他就投身期货了。入行三年，冯成毅赚到百万元，再两年，他就赚到了千万元，但不久市场就开始折磨他了，冯成毅的赢利很快就被市场这个无底洞吞噬了，他险些被击垮，差点就要放弃期货交易。关键时刻，还是父亲的鼓励使他重新站了起来，经过一番调整后，他很快就又杀回市场，此后，虽历经坎坷，冯成毅再也没有被击倒。

冯成毅的短线把控能力极强，选择日内还是隔夜都很有讲究，这些都源自他对自己的交易系统的信心。在大赛中，他一度因为浮亏被通知追加保证金，他很坦然地追加了，因为他心里有数，他知道行情的方向并没有改变，追加了保证金就可以扛得过市场的杂波，结果证明他是对的。

资金管理是冯成毅很有心得的一个方面，以前他觉得资金应该全部被利用，否则就是浪费，但现在他的想法截然不同了。现在在交易中他有时会满仓使用资金，但他说"你们只看到我满仓，没有看到我背后的风险资金"，他透露说，如果他的初始资金是1000万元，到了1100万元时，他就把赢利的100万元存放在一个专用账户里，他把这笔资金叫作预备队，他认为，人不是神，人都是会亏损的，我的满仓操盘其实是由预备队在背后支持的，所以这其实不是满仓，而是一种资金管理方式。

冯成毅还是真正做慈善的人。许多人做慈善都是说的将来如何如何，而冯成毅说的是立即：在实盘大赛发奖大会上，冯成毅当场把10多万元奖金捐给慈善事业。

姓名：甄名隐三

期龄：8年

操盘风格：稳健

连续稳定正收益年数：4

学历：本科

专业：体育

所在地：郑州

语录：大道至简嘛，想得越复杂，做起来也越复杂，有时还会乱了方寸。不再相信这个市场真的有所谓的"圣杯"了，其实市场很简单，只是人心太复杂了而已。

见到他并不难，因为他一收市就在交易所边上打网球，所以我们可以常常约球、约饭、约谈。以下是和他的谈话摘录：

做期货就是按照计划，有步骤地简单地去执行，不要把它搞得太复杂了。怎么开始做期货的？当然是因为抵挡不住期货暴利的诱惑，听说过别人赚钱如何如何快，就抱着不劳而获的念头就杀将进来了，当时是用的筹集来的几万元资金。现在回忆起来都怕，那段时间的交易就像所有的新手一样，是十分盲目的，哪里有什么成熟稳健的交易策略，常常是追涨杀跌被套加仓，几年下来追补保证金次数记不得有多少次了，仅爆仓就有八次之多，有一次爆仓还连累到期货公司，当时感觉到"压力山大"啊。

得亏咱的心理素质还不算差，也有一定的抗击打能力。这样咬牙坚持了几年，赢利能力没发现有什么提高，倒是慢慢地感觉亏损可控了，不怕亏损了。

有了这个基本功，终于就时来运转了。那是2003年，在铜的那一波行情中，我通过左侧交易打出了手中的大部分子弹，几次止损认赔，但不知是坚持的结果还是命运的眷顾，这一年的时间，我把资金从60万元做到了900多万元，以往的损失都补回来了，还大有赚头，我知道了什么叫起死回生。

这以后感觉到自己开始心里有底了，也开始追求稳健，不再生猛了。因为交易一生猛，伤心就是难免的，只要能在一定范围内保证资金安全亏损有度，你就不会被市场打死，这样的话，高收益就像是交易的副产品似的。

大道至简嘛，想得越复杂，做起来也越复杂，有时还会乱了方寸。不再相信这个市场真的有所谓的"圣杯"了，其实市场很简单，只是人心太复杂了而已。我在多年的捶打后，总结出了适合自己的一套简单的规矩，然后就是坚持自己的交易系统。这些东西都是从哪里来的？不复杂啊，把你的经验和别人的经验结合起来分析，然后在实践中磨炼，慢慢就悟出了自己的技术和自己的模式了嘛。都说最大的对手就是自己，这说明人性自身的弱点并不好克服，所以我们要不怕打击，认真修行，认真做功课。

姓名：甄名隐四

期龄：13年

操盘风格：稳健

连续稳定正收益年数：7

学历：专科

专业：化学

所在地：武汉

语录：入市就是和自己交战，因为我自己身上的弱点很多很多，所以要克制自己少犯错误，不犯错误是不可能的，大多数交易者会不断重复以前的错误，期货市场永远是在踏着失败者的尸骨前行。

期货市场更是一个巨大的博弈场，或者说是一个合法的群体抢钱的场所。因为双向交易，所以和股市不同，它的流动性强到基本上每时每刻都存在对手盘和你成交。在容量这么大的市场，如果你在下单的时候换位思考一下你的对手此时会怎么想，你为什么就比他高明，你下单的逻辑就会更清晰，决策会更审慎，这样才能做到进退有据吧。

入市就是和自己交战，因为我自己身上的弱点很多很多，所以要克制自己少犯错误，不犯错误是不可能的，大多数交易者会不断重复以前的错误，期货市场永远是在踏着失败者尸骨前行的。这就是为什么《股票作手回忆录》中有这样一段话："投机成功的基础，是假设大家未来会继续犯以前的错误。"这就是投机市场的本质，是投机市场循环成立的基础，因为人性中的恐惧和贪婪永不改变。巴菲特说过："我们也会有恐惧和贪婪，只不过在别人贪婪的时候我们恐惧，在别人恐惧的时候我们贪婪。"不过他这种境界常人实在无法做到，我当然也是这样，所以得通过修炼一步步逼近吧。

在期货市场里，成功和失败在我们身边每天不断地重复，而输家大多都是败给自己的，我们最大的敌人其实来自于自己的内心。要成为赢家，就得再理性一点，再清醒一些，敢于坚持独立的思考和操作。

其他不知道说什么了，坚守一套交易系统吧。

姓名：盖同

期龄：10年

操盘风格：稳健

连续稳定正收益年数：5

学历：专科

专业：计算机

所在地：北京

语录：无论佛学、武功还是期货交易，其深层的道理都是相通的。我通过自己做期货的体悟，明白了投资是一个修炼的过程，自己必须得从"无招"进化到"有招"，然后再回归到"无招"，这种归真的过程是一种蜕变，一种自我超越。

我当过兵，没有机会读更多的书。我是无意之间介入期货市场的，因为所在的是粮食单位，有期货自营业务。当时我是做行政的，但时间久了，因为耳濡目染我也慢慢知道期货是怎么回事了，当看到操盘人员时而高兴时而沮丧的表情时，我十分茫然，原来期货有这么折磨人？

后来单位里操盘的人离开公司了，由于我平时琢磨得多，又喜欢和别人沟通，领导知道我有这方面的兴趣，就决定让我学一下期货，还鼓励我用小资金先操练一下。也许当时领导也不知道操盘的水有多深，要是他知道的话，打死也不会把钱交给一个外行来折腾，不过事实上他的这个"失察"彻底改变了我的人生。开始操盘时，由于胆大再加上运气的成分，半年内从10万元做到了40万元，领导一高兴，就把几百万元资金交给了我。不用说，当时的我当然没有什么高深的修为，怎么会靠得住嘛。此后一年的时间吧，我有过些赢利，也多次被套，领导总是义无反顾地支持我，多次挪用资金为我追补保证金，如此几次折腾，公司的资金被我折腾个底朝天，领导也受到了撤职的处分，把自己的家底里花光了用于打点，才免于刑责。我内疚极了，甚至于当众打自己的脸，却没有办法为领导开脱责任，当时我发誓，我要用一生一世的时间来还这份债。若干年后，有人告诉我领导已困窘至极，我找到他，喝着二锅头彻谈了一夜，我给他钱，他坚持不要。后来，我把200万元现金用个大箱子偷偷留给他，假称是水果。放下钱箱子的一刻，我心里的大箱子也落地了。不过，我的莽撞毕竟影响了领导的前途，还让领导倾家荡产，这笔债我不知道该怎么还他，有些债，用钱是还不清的吧。

由于受正规教育不多，我想补上，所以就有意学了据说对期货交易特有用的儒学佛学，并学以致用。通过一段时间的实践和感悟，我明白了无论佛学、武功还是期货交易，其深层的道理都是相通的。我通过自己做期货的体悟，明白了投资是一个修炼的过程，自己必须得从"无招"进化到"有招"，然后再回归到"无招"，这种归真的过程是一种蜕变，一种自我超越。初学者跟着感觉走的无招，跟高手与市场契合为一体的无招，真是天渊之别。

我很喜欢华罗庚说的读书三个境界，"读书是由薄到厚，再由厚到薄的过程"，这和我们说的无招到有招再到无招，是一个道理，读书时最后阶段的薄跟开始时的那个薄，是完全不同的。操盘进化过程中的两个无招也是天壤之别的，这是共通的道理。

达到目前的所谓境界，我自己是费尽了周折的，到现在我还是说，没有捷径可走。我在市场里交过许多学费，是真的用钱去交的，不是模拟单。当年从那个公司离开后，我到处找资金做期货，最后只能去亲朋好友那里借，到2006年时，我已经是山穷水尽，感觉这一生就这么栽了，爬起来的那一天太遥远，甚至有没有都是问题。那一段时间真的是心如死水，痛彻心扉，死的心真有了。最困难的时候，背负百万债务，身上只有几块钱，饭都没得吃，于是买了一瓶3块钱的酒喝了一夜，泪水风干了又流出来。真是行到水穷处啊，但无法坐看云起时。

我向来知道，要在期货市场上赚钱，只能靠你自己，求神拜佛找大师，最好的结果无非是给你某种启示，谁也无法把他们的市场能力拷贝给你，谁也无法代你行事。我是交过很多学费的，有些类型的学费还重复交过许多次，可总是毕不了业。听说过有些高手是基本上没有交过学费的，但那是高人，一般人不可能的。我只是以简单的本分的心态，踏踏实实地走好每一步，做好买卖计划，严格地按照计划去执行。这样稳步前行，扎扎实实走了一段，感觉水平是真的有所提高了。

我真切地感受到，交易不能临时起意，要有计划。就像程序一样，每一个条件都推演出一个唯一的结果。有了这些，你就可以提高信心，然后再加上自律规范，就一定会越做越好的。习惯性的自律是成功的保证。

姓名：李东量

期龄：11年

操盘风格：稳健

连续稳定正收益年数：4

学历：本科

专业：社会学

所在地：北京

语录：市场不会在意你的尊严，它只会注意你的存在，所以该认错时就低头认错吧，这不是罪。在期市里，长期生存本身就是最大的尊严，为了生存你就必须得挑战极限。

人成熟的一个重要特点就是有耐心，做期货更得是这样。这事急不得，机会天天都有，不要猴急地进场，猴急平仓。不管交易资金的来源，是自有的还是代客的，甚至是借入的，都要讲究亏损的可控性，期货就是管理风险嘛，风险能控制好了，市场给你的利润就是迟早和大小的问题。

在做单子以前一定要确定盈亏比，可能的赢利空间要比可能的亏损空间大3倍，才有下单的价值，否则就得耐心观望，对，耐心再加耐心，不符合投资原则的事一定不要做。菲尔·弗林说"学习如何热爱小额亏损"，和我们说的小赔怡情是一个道理。只要能有计划地管理风险，我们就可以从容交易，并可以从亏损中学习到真切的经验。小额亏损，就相当于在笔直的高速公路上驾驶时，太困了就猛掐一下自己的大腿，使自己清醒一下，知道自己不是万能的，以避免可能发生的事故。

有时候市场太复杂，或者时间太紧迫，没有选定好止损位，我就会按比例定一个止损，比如3%，这个数字可根据经验而定，一旦触及这个点时就无条件止损，这样就限定了风险，这个习惯坚持久了，利润就会向你奔跑。当然，这样做只是一个笨办法，一般情况下操作前还得做好功课，定好止损止赢点，并努力贯彻执行。哦，这又得说到修为的层面上，这是操盘手不可回避的事情，所以，坚持在实战中磨炼自己吧，不要怕苦，不要怕寂寞，这是成本，是代价。

市场不会在意你的尊严，它只会注意你的存在，所以该认错时就低头认错吧，这不是罪。在期市里，长期生存本身就是最大的尊严，为了生存你就必须得挑战极限。

姓名： 甄名隐五

期龄： 8年

操盘风格： 激进

连续稳定正收益年数： 4

学历： 本科

专业： 物理

所在地： 西安

语录： 你总得相信那么一点点运气。和日常生活一样，期货市场上总是有些我们无能为力或无可奈何的事情，我们无法预知，但我们应该准备一套办法来应对，可以说是应急机制吧。

成功的交易员得有什么特点呢？我想，能在市场上长期活下来的，都算是成功的。这些成功者，一定有一些共性。

期货交易要求高度的专业化，所以操盘手应该高度地专注。我是狂热喜好期货市场的，只要有时间就想市场的事情，去模拟市场的各种可能，无时无刻不在提出和回答问题，几近神经质。期货人要宏观，要知道抓大放小，然后就是自律和坚持。看不明白的行情别去试运气，即使这么做有时会捡到钱包；要学会空仓，要淡定，要耐得住寂寞。成功人士，不管是做什么行业的，都是对行业倾注了极大的热情的，否则不可能建功立业。当你沉浸于市场运动之中时，你就会感觉和市场融为了一体，这样就和市场产生了共振，这就是盘感吧。如果你经常能有这种感觉，你就成熟了，要不了多久，相信你必有所成。

当然，你总得相信那么一点点运气。和日常生活一样，期货市场上总是有些我们无能为力或无可奈何的事情，我们无法预知他们，但我们应该准备一套办法来应对，可以说是应急机制吧。当然，有时候也会发生意想不到的好运，此时不要窃喜。同样，当坏运气来到时要果断处置持仓，不能对损失听之任之，要勇于承认自己的渺小，不怕错就怕拖。许多高手都是死在黑天鹅裙下的。

大家在期货实战中都会感觉到运气的作用，这一点是肯定有的。期货市场不是理性的市场，所以不管你的算计有多深，总会有一些计算不到的地方，这些无法把控的东西，就只能交给上帝了，只能靠运气了，你的任务就是控制住亏损额。除了市场的不可预见因素外，人在主观上也有很多不可控的因素。博弈论可以教给你方法，但不能保证你会运用；实际操作中还要努力做到不受杂波的干扰，这就更需要你应对不确定因素的能力了。理论上，许多问题都是可以通过主观努力克服的，但在交易决策过程中，任何一个环节不严密或没有后手，都有可能出问题，而且这些问题在实践中是不可能靠主观努力完全避免的，所以运气因素是很重要的，我们能做到的就是设计好在好运或歹运到来时如何处置。

姓名：甄名隐六

期龄：16年

操盘风格：稳健

连续稳定正收益年数：6

学历：本科

专业：气象学

所在地：成都

语录：优秀的品质在一定程度上可以培养，就好像你培养自己早起的习惯一样。和日常生活中做人做事一样，要想做一个优秀的操盘手，切记不能心浮气躁。市场浓缩了人生，放大了盈亏和优缺点，所以一定要放大自己的谨慎，方能不被市场击倒。

　　因为大多数人最终是亏钱的，所以要做少数派。这个少数派不好做，这是需要历练和智慧的。当行情脱离基本面而连续大幅上攻时，从表象上看一定是大多数人犯错误了，但此时千万不要去臆猜顶部，因为这也是大多数人爱干的事情，大多数人啊。行情非理性向上的时候，绝不可以为了"做少数人"就去做空，这叫逆市，是交易的大忌，其实正是大多数人喜欢做的。此时怎样站在少数的一方呢？不是逆市放空，而是灵活地跟个轻仓短线，然后选定某个关口位悄悄减仓，待到反转才重仓跟进。这才是"做少数派"的好办法。

　　优秀的品质在一定程度上可以培养，就好像你培养自己早起的习惯一样。和日常生活中做人做事一样，要想做一个优秀的操盘手，切记不能心浮气躁。市场浓缩了人生，放大了盈亏和优缺点，所以一定要放大自己的谨慎，方能不被市场击倒。

　　开始做期货时没有章法，后来看到一个总是亏损的人，我就想和他反着做，岂不是可以赢利吗？这事想来简单，做起来就不是那么回事了：因为他亏损是历史事件，你永远不可能知道他下一次是亏损还是赢利。当你和他反着做的时候，他赢利的时候你就亏损，吓了个半死，可能会赶快跑掉；他亏损的时候你就赢利，亏损的人总是敢持仓的，希望交易者嘛！你赢利一点点，可能就要落袋为安了；你可能会问坚决反向做呢？我的经验是：且不说价位你能否抓得住，单说这么做的时间周期一长，最终结果一定是两人联手向交易所交手续费了！不相信吗？举个例子，如果他每年亏损20%，你和他反向做，可能你也是每年亏损20%！交易所最喜欢这样的双簧做市商了！

　　当年我还有一个想法：把交易设计成若干小节，每次下单，如赢利就算这一节结束；如果亏损，就加倍下单，如这时赢利就算这一节结束，如亏损就再加倍，直到赢利才算这一节结束……这样重复下来，每一节我都是赢利的！可是，如此操作了一段时间，发现非常的不灵，因为每次亏损加倍，理论上如果连亏n次，你就得沉没了多少资金？1+2+4+8+…+2的n次方，这个数字等于多少？学数学时算这个数列和你可能没什么感觉，一旦与现金对应起来，就要吓死人的！大行情不是总有的，有行情也不等于你能抓住，翻本可能是遥遥无期的事情，况且，你总有追补不起资金的时候吧。

另外，我当时还有一个想法，就是不管行情如何，只管下单，每次赢8%或亏损5%就平仓，这样机械化的方式，按对错各一半的概率，去掉佣金后，也肯定是赢利的。这个方式没怎么操作就告夭折了，世界上哪里会有这样的好事，因为一个单边行情下来，你就得回姥姥家了！

所以，最重要的还是自己去操练，走捷径是亏损的最佳方式。

马云的加速成功的5种好习惯，我很认同：1.保持激情。只有激情你才有动力，才能感染自己和其他周边的人。2.做事专注。抓准一个点，做深、做透。3.执行力。不仅知道，更要做到。4.学习的习惯。学习是最便宜的投资。5.反省的习惯。"事不过三"，经常反省自己的得失，会使自己成功得更快一些。

说得多好！不知马云做期货否，如果他做，估计许多人得丢饭碗。

姓名： 甄名隐七

期龄： 10年

操盘风格： 稳健

连续稳定正收益年数： 4

学历： 本科

专业： 数学

所在地： 大连

语录： 我是如何赚钱的？不是我不愿说，而是不知道怎么说，其实说出来也没有用，这是连自己儿子都教不会的技艺啊。

赚大钱哪有那么容易！所谓的期货寿星大都是受过血与火的洗礼的，是这样吧？挺过厄运的折磨，幸运之神才会不约而至。沉淀、积累和修炼，到了一定火候，你才有可能爆发。过早的爆发其实是个深不可测的坑，除非你立即携款离开期市，再不回头。

期货交易对人的综合素养要求很高，优秀的操盘手应具备冷静、理智、自信、果断、坚定、勇气等品质，才能真正地做出业绩。这里面我特别要强调的是防范风险，对，防范风险。这个肯定天天有人说，但我还是得重复一遍，因为它是生存之本。我的交易理念和大家的其实听起来差不多，但操作起来就大大地不同了：一是研判市场，顺势而为；二是管理好你的资金，一般不要重仓杀入；三是止损，止损，还是止损，控制住风险，利润自然来；四是赚了大钱或亏了大钱时，都得休息几个交易日。

我是如何执行的？这点不是我不愿说，而是不知道怎么说，其实说出来也没有用，这是连自己儿子都教不会的技艺啊。

古人云："千仓万箱，非一耕所得；干天之木，非旬日所长。"我想，成功者的辉煌，来源于泪水和苦痛，无一例外。

姓名：甄名隐九

期龄：11年

操盘风格：稳健

连续稳定正收益年数：4

学历：高中

专业：爱好历史

所在地：天津

语录：没有什么妙招，只是花特别的时间，特别的心思，能够严格管理自己，做到令行禁止。我不是天分很高的人，所以要坚持用规则来管理自己，绝不要越雷池半步。

第一次见到他，距今已经八年了。当时在天津的一家小馆子里。那天我们送别一个穿仓的人，正是他。在劣质烟草的浸漫中，几杯烈酒下肚，他流下了苦涩的泪水，滴湿桌面。众无语，谁也不知道该如何是安慰他。也许不少人在想，他的今天，或许就是我的明天，来日送我知是谁！

末了，他对我说：哥，我还想做……期货，真想。

我说，重新收拾行囊吧，因为期货市场就在那里。

他走了，消失在夜色里。

八年后，我在中国期货网上看到的他的名字，人肉许久肉到了一串数字，一拨，电话那头果然是他的声音。立即见！

他坚持还上那家馆子。

神奇的是，几年过去了，那家小馆子竟然还在，老板也没有换！看来餐饮比期货风险小得多啊。

他说：哥，当年爆仓后离开市场，生存压力实在是大，我身上没几个钱，还欠着债，又连着几个月没工作，眼看着就要弹尽粮绝，买包香烟都得算计半天啊。好在我皮糙肉厚，那段最困难的日子，我一直激励自己，秦琼卖过马，孔子断过粮，老梵高都差点饿死，我这点困难又算什么？其实我自己也知道拉名人做伴，自己有多不要脸，真是不把自己当外人啊，不过，我不激励自己谁激励？总得活人啊。

于是，我到网吧里看盘看评论，混到期货公司里听报告见高手，我看到沪铜从28000元/吨攀升到35000元/吨，我认为到顶了，默默地为自己空了1000手单子，当然是模拟的哦，但想不到的是，没多久，沪铜就从36000元/吨涨到39300元/吨，我的模拟空单也爆仓了！我躲到没人的地方，狠狠地抽了自己一耳光，大声对自己喊：不长记性的，如果自己有资金的话，又该赔光了。走吧走吧，从此不言期货了，你不行。

那次虚拟爆仓对我打击很大，因为我当时太需要被肯定一下，可上天连个虚拟的肯定都不肯给，没办法，真该告别期货，打工还债了。两手空空的我用仅有的几块钱买了一袋面包，沮丧地在大街上徘徊……天快黑的时候，看到一家保险公司的营销部，我一咬牙走进去了，据说，这是穷人发迹的好地方，只要脸皮够厚。接下来这一年最难过了，保险公司不白养活你，领导是要业绩的。无奈，我厚了两次脸皮，总算是扛过去了：一是厚着脸从经理那里借了生活费，二是厚着脸求我同学的爸爸买了保险。

有时候厚脸皮也是生产力啊。有些事真是太巧了，可能是天不愿逼死我吧，意想不到的好事有时也会发生：同学的爸爸居然关注期货很长时间了，他说要让我代理他做！但面对救我于饿饭的恩人，我直接告诉他说：叔叔您别做期货了好吗，我就是被期货搞成这样子的。叔叔说，年轻人，跌倒了再爬起来吧，我只问你一句话，想做期货吗？我哭着说当然想当然想！不过……叔叔说：我最近生意不错，先少拿些钱让你试试，我知道你行的。

我战战兢兢地接了这10万元，开户后一个星期都没敢下单，我知道，这是我最后一搏了！也许天不灭我，一个星期后，我试探性地跟了一把多，就赚了两个停板！运气啊运气，我的水平哪有什么提高，是运气让我又回来了，运气。运气再加上战战兢兢的谨慎，半年后我竟然净赚了50%，这时我主动要求把同学的爸爸的账户清仓了。我说叔叔，这可能是因为幸运赚来的这些钱，您停停手吧。

我得到的佣金和叔叔赏我的红包够我活一阵子了，我泪别叔叔，决定去郑州拜师。

郑州是中国期货的发源地，那里潜伏着不少大哥，我的师傅就是其中之一。师傅告诉我，他没有什么妙招教我，只是要我花特别的时间，特别的心思，能够严格管理自己，做到令行禁止就成。师傅认为我不是天分很高的人，所以要坚持用规则来管理自己，绝不要越雷池半步。因为有前面一番痛苦的经历，所以他的话我特别能够听得进去，看来痛苦的经历有时真是一种财富，如果这个痛苦打不死你的话。我认为，要管住自己就得能吃一般人吃不了的苦，为了自律，我曾连续十次在宴席上只吃白饭和泡菜，别诧异，真的。慢慢地，两年过去了，按照师傅的指导，我在实践中总结了一套规则，在运用得熟能生巧之后，就有了一套成熟的心得，由于特别能自律，这以后我就基本上没有伤筋动骨过。

要说有什么体会，我也说不上来，只是感觉自己的交易习惯要配合自己的个性，要有意志力。所谓利好利空，我心不动，才是高境界。我总结了几条，不知是否有价值：1.再困难也要坚持；2.赚再多也要淡泊；3.连续亏损时不要失去自信；4.再受挫折也得热情；5.再平常的生活也得检点。

姓名：高国利

期龄：10年

操盘风格：稳健

连续稳定正收益年数：5

学历：本科

专业：法律

所在地：青岛

语录：严格资金管理，有时谨慎到不用杠杆。慢慢地，还真成熟了，有了一套不会亏大钱的方法之后，赚钱多少就看天意了！

开始做期货时，我不知道是为什么，一下单子就赚钱，信心就这样产生了，于是把家里的钱都拿了出来。于是……其实不用说大家都明白，这是无数人走过的路：看到专家建议买入大豆合约，和我的感觉一模一样，我当然就直接杀入，英雄所见略同嘛。说来也奇怪，我刚一买入，市场就和我开了偌大的玩笑，大豆价格开始快速下跌，就好像专等着套我一样。不过我那时候胆子大，感觉这是洗盘，行情一定会回来的，所以没想过认赔出场，结果呢，行情还真回来了！我信心更足了，胆子更大了，不但没有平仓解套，而是还加码等着继续上涨。行情果然往上面冲了冲，可是还没等我反应过来，一下子就哗啦下来了，结果资金损失一大半。下一笔做的是小麦，结果还是赔，赔得没脾气。只一个月，我的钱就输光了，可我不服气。当时我还不知道怕，只是沉默了几天，认为自己经此打击就什么都明白了，所以又四处找钱准备入市。

功夫不负有心人，没多长时间，一个做企业的老乡就开了个小户，此时我从客户变成经纪人了，那时候经纪人不用考资格，公司说你行你就行。是啊，我也走了一条许多人走过的路：从客户到经纪人。结果，四个月，爆仓了。经纪人也当不成了，公司说你不行你就不行。

我开始知道害怕了，那段时间的最后的日子里，我感觉非常失落和烦躁。无奈之下我决定退出期货这个战场，找一份稳定、可靠的工作。于是，我开始去给一个老板当助理，但过了不到一年，当手里有近1万元的时候，我就又手痒痒了，于是我放弃了不再做期货的想法，又回到了市场。我似乎认定自己有着成为一个稳定赢利的成功操盘手的才能，我所需要的只是时间而已。我就这么轴。

后来再做期货，我小心多了，我把资金管理得严格，有时管理到不用杠杆。慢慢地，还真成熟了，有了一套不会亏大钱的方法之后，赚钱多少就看天意了！

我的经历说明，笨人也可以做好期货，只要像个机器似的严格执行纪律就成，但这不容易长期坚持，有时得经过魔鬼训练才能打好基础，我就是这样的。

姓名：甄名隐十一

期龄：7年

操盘风格：稳健

连续稳定正收益年数：5

学历：本科

专业：矿业

所在地：青岛

语录：技术分析只用做指导或者选点，本质上我觉得技术分析本身就没有什么依据，但市场上很多人都相信它，所以它就可以算作一种依据了。大家都说某点是关口位，于是它就是了。

　　期货交易，当然是孤独人的事业。为了做好交易，你就得保持最佳的体能和精神状态，所以就必须得过一种与普通人不同的生活。我的日常生活极有规律，每天除了吃饭睡觉，就是交易、学习、思考，和别人交流的机会不多。多年来，因为固有的不良交易习惯，我被市场教训过无数次，侥幸生存了下来，慢慢地我就不偷懒不放纵，不逐名利，这些好的品质最终得到了市场的奖励。在有些人眼里，我甚至成了不懂人情世故的怪人，但没办法，我得在期货里生存，又没有过人的天分，所以只能这样来苛求自己。有人说能忍受孤独和无聊的人都是了不起的人物，但我不是，我只是想在市场里生存罢了，没有别的办法，忍常人所不能忍才能成常人所不能成之事嘛。慢慢地，这种孤独对我反而成了一种幸福。尼采说"离群索居者，不是天神就是野兽"，我也离群索居，我算是什么呢？天神嘛一定算不上，尼采他一定要这么分类，那就算是野兽吧，在市场里觅食的野兽，有时候一不小心就成了困兽，困兽犹斗啊，我斗了许多许多年了，有苦有乐，一言难尽啊。

　　说到交易方法，我基本上总是根据基本面的情况做判断的依据，技术分析只是做指导或者选点，本质上我觉得技术分析本身就没有什么依据，但市场上很多人都相信它，所以它就可以算作一种依据了，大家都说某点是关口位，于是它就是了。如果单纯是技术上给出了什么信号，而我不知道市场变动的内在原因，我就坚决不进场，所以我的每一张单子都得有基本面的东西做后盾，哪怕它是错的和滞后的，因为我相信基本面这东西对市场的影响一定是持久的，不可能是一下子就爆发，就结束。所以，我认为对基本面有深入"有机的"理解，才可以理解市场运动的实质，至少我是这样想的。技术分析的作用，就是使基本分析更明了，更容易"量化"，我想。

　　人类进化了多少年，现代人没有把优点都继承下来，缺点倒是一点也不比古人少，这说明改掉缺点靠学习别人是不可能的，只能刻意去增强自己的自制能力。人最大的优势其实是性格上的优势。

姓名：甄名隐十二

期龄：17年

操盘风格：稳健

连续稳定正收益年数：6

学历：本科

专业：生物

所在地：江西

语录：市场上哪有什么高级错误？年复一年，大家其实都是犯的同样的错误，知错就改并且真的能改真的不容易，这必得亲自磨炼，这些看似简单的东西，是无法获得他人传授的。

期货嘛，我做过十多年了，算是有一点儿心得吧。我见过的高手也多得很，感觉是各村都有高招吧。真要谈谈自己的战例？赚钱的例子就不说了，我就说个失利亏损的吧，好让大家跟着清醒清醒：2011年10月的一天，综合市场信息和图表分析，我的结论是黄金跌的理由很多，同时也有不少涨的理由，我弄不清楚哪一种是正确的。如果这时有人拿枪逼着我表态，我可能会选择"上涨"。当天受澳大利亚央行意外加息导致美元再度大幅贬值的影响，黄金再创新高，所以短期金价仍有可能继续向上的可能。我按我的方法算出阻力在1070一线，支撑在1050一线，设计出的操作方案是在支撑处少量建多仓，对了就加码，错了就在下一个关口位止损。但当天开盘后一直盘跌，很快到了支撑位，我买了10手试单，但半小时后破位了，我没有单纯地止损而是认为下行动力很足（直觉），所以不顾作战计划反手空了100手，谁知市场好像故意作对，我空了以后，它就直接上攻，因为没有按计划执行，没有预案，我一时不知道怎么处理，行情上攻得太快了，在没有任何防御动作的情况下，眼睁睁地看着行情冲到1068处，当反应过来后知道该止损时，已经赔得太多太多了！具体数字不说了，太残酷。最可气的是，止损过后价位又回调了不少，你说是止损错了吗？

此次兵败，使我沉寂了好长时间，那个痛只有我自己才能知道。痛定思痛，我事后分析，当时犯的错识有二：一是市场情况不明匆忙入市，二是有计划不执行，管不住自己的手。其实只有最后的止损是正确的，虽然从结果上看它带来了实亏，纠结吧。你说这两条都是低级错误？市场上哪有什么高级错误？年复一年，大家其实都是犯的同样的错误，知错就改并且真的能改真的不容易，这必得亲自磨炼，这些看似简单的东西，是无法获得他人传授的。好的交易员也会不可避免地一再犯错，但是如果他能坚持修炼，犯错的频率就会大大下降，而且只要你管理好资金的使用，你犯的错还有机会弥补，这样，慢慢地你就可以成为赢家了。交易就是坚守，我个人认为。

坚守什么呢？坚守一套简单的法则。这些法则如果不是自己学习总结出来的，实战的结果肯定不行。常常是，在相同的市场环境下，两个人在同一个价位入市做同方向的单子，交易的理念和计划也基本相同，但是交易结果却很可能是截然相反的。这是因为执行力的不同，细节的把握不同，细节决定成败嘛，还真是这回事，期货更是这样。

姓名：盛利

期龄：12年

操盘风格：稳健

连续稳定正收益年数：5

学历：本科

专业：会计

所在地：郑州

语录：苦心去理解市场，把自己融入市场中去，专心做一两个品种，对这两个品种十分熟悉了，亏损可以控制了，你就练出头了。

我出生于农家，但我从小就知道K线图什么的，这也可算是家庭背景吧，我家从小很穷。20世纪80年代初，爷爷为了补贴家用，常常倒卖个粮食什么的，他是个有心人，因为早年他在天津证券行里做过事，懂得K线分析这些东西，所以对了解到的粮食价格的行情，他就天天画在两张报纸拼成的"图像纸"上，用毛笔画的，认认真真的。我从小喜欢看这东西玩。爷爷告诉我这是粮食价格图，知道了这个可以帮助了解粮食市场，做生意就可以心中有数。后来，政策松动了些，他就用他的K线图为武器做粮食生意，有时敢于囤积，有时也敢于大胆抛出，甚至借货抛出，后来我想，这不就是做空嘛。慢慢地，爷爷就成了远近闻名的粮食交易大户。他说，K线图帮助他打赢了许多次大战，我一直相信。

所以，我进入期货市场，看K线图基本上是自然而然的事情，对市场的涨跌，我似乎有一些天分，这是基因使然？我不知道，反正爷爷的影响是肯定有的。不过就像任何事情一样，知道了不等于做得到，要不成功者岂不是满大街都是！爷爷从童年起就教会了我对市场的直观认识，但他却教不会我如何去执行，所以我从业后还是碰了若干鼻子的灰，或者说碰得都不像鼻子了，一度基本上都要放弃了，最后还是咬牙度过了最低潮的时期。

交易系统嘛，我也没有太高深的理论，反正就是碰壁多了，知道深浅了，哪里哪种情况下该怎么办，对亏赢心里有数而已。这个心里有数，是我用很多很多的钱换来的，真是没有人随随便便能成功，苦乐自知吧。据说有人基本上一开始就赢利，那是高高手吧，我没见过。我连续赚钱多年了，大家都说我是期货寿星，我知道那是夸我的，我知道，真的。我没有什么值得大家学习的，当年我有多苦多难谁知道啊，差点自绝于市场，自绝于人世了。要我说两句心里话，我想，就是苦心去理解市场，把自己融入市场中去，专心做一两个品种，对这两个品种十分熟悉了，亏损可以控制了，你就练出头了。

姓名：何军

期龄：12年

操盘风格：稳健

连续稳定正收益年数：5

学历：本科

专业：会计

所在地：杭州

语录：细水长流是短线交易者的法宝，交易中，你要思维敏捷、下单迅捷，而且不要恋战，打了就跑，反正市场上永远不缺机会。

其实我并不善于交流，对同行们我只想说，在期货市场上稳定赢利不容易，十分不容易。这道理大部分人都明白，可能算是正确的废话吧。做期货，你得修炼出真功夫，得胆大心细，得刀枪不入。很多人都是苦心修炼了多年才有所回报的，而更多的人是白费劲，人称"老白干"，其实老白干还算是高手吧，大多数人注定是送财童子，连老白干也喝不上。所以这个市场是非常残酷的，一定得有自己的一套系统，一定得慎之又慎。

我最喜欢的是做日内短线交易，这是小资金迅速成长的一个好途径，我自己就是这样由小资金做起来的，这是一个日积月累的过程。

短线交易的方式有多种多样，操盘的理论依据也很多，大家各有奥妙吧。具体来说，我的心得大致有以下几点：

心态。虽然有人说高手不存在心态问题，但我认为只要承认人的情绪是波动的，心态因素就不得不考虑。我是说，投资者要真正认识到赚钱、赔钱都是交易的一部分（五笔字型很少重码，但赚钱和赔钱就是重码字，看来它们真是孪生），所以要减少外界因素对交易的干扰。这其中，心态的调整是交易中最难的环节，在进入良性循环的时候，如何把这个循环持续的时间长一些；在恶性循环的时候，如何尽快从这种不利中摆脱出来。心如止水我做不到，但它是一个努力方向吧。

资金管理。做多少单、如何持仓是有大学问的，这些都是交易系统的重要组成部分，这要和自己的心理承受能力相匹配。良好的资金管理有助于投资者与市场保持和谐的关系，下单要有计划，不要率性而为，稳定赢利后再增大下单量，不要指望一夜暴富。

理念。细水长流的思维，是短线交易者的法宝，交易中，你要精力集中、思维敏捷、反应迅捷，而且不要恋战，打了就跑，反正期货市场上永远不缺赚钱机会。

交易习惯。一定要有一套自己的交易系统，对日内短线交易者来说，就要快、准、狠，尽量不要留隔夜单，尽管隔夜也许会收益颇多，但这不符合短线交易的法则，做事情得有一致性，对吧。一定要顺势交易，坚持不逆市做单。其实哪里有什么绝招，如果说一定有的话，就是那一套简单的、最适合你的、烂熟于心的方法而已。

止损。止损怎么谈都不过分，因为这是期货交易的生存法则，要在第一时间无条件止损，并要始终坚持而不心存侥幸。止损就意味着放弃，但你放弃的可能是大灾难，应该认为止损错了也是对的，因为它以一定的代价换来了下一个交易日下单的权力。

专注。精于一个品种，使用一种方法，不要想到哪个品种做哪个品种。对于个人来说，长期做一个自己有心得、能摸得脾气的品种你就算是成功了。市场上成功的高手，都不会做两个以上品种的。

不得贪胜。贪婪，是人性的天敌，是期货交易的大忌，红楼梦上说：因嫌纱帽小，致使锁枷扛。能够有效地克制自己心中的贪婪魔鬼，你就离成功不远了，当然恐惧也是魔鬼，但它比贪婪还是要善良那么一点点的。做期货十几年来，我每天都在跟恐惧和贪婪做斗争，希望能够战胜它，我知道谁也不可能完全战胜它，虽然如此，也总得有一套可以控制它的策略。

姓名：甄名隐十四

期龄：12年

操盘风格：稳健

连续稳定正收益年数：7

学历：本科

专业：地理

所在地：上海

语录：投机真是累得要命苦得无边，钱是赚了，但付出实在太多。我想，有朝一日，当我实现了自己的积累后，我就离开市场去做慈善，因为我不知道除慈善以外，还能不能找到一个用钱能让自己更快乐的事情。

这是为数不多的、做得很好的女操盘手之一。

她数次说到，选择了做职业操盘手，也就意味着选择了与众不同的道路，你就无法再做"正常人"，这个行业基本上是最难成功的行业，所以你得咬牙坚持，你得百倍自信、自制、自律。因为如果交易最后以失败告终，你就不只是赔钱了，还很可能是众叛亲离，如果成功，你也注定是"众叛亲离"，因为你没有时间和他们像以前一样在一起疯玩了，连见面的时间都很少很少，这样损失了亲情，算是一个成本，机会成本啊，没办法的。

真的，这有什么办法啊，都是行业惹的祸，你选择正常的生活方式，就无法在市场上长期生存，这很残酷，是无法兼得的。其实我们也很快乐，但这已不是简单的快乐，它是鼻青脸肿后的一种补偿，是被市场扭曲了的快乐，像什么？像苦咖啡吧。有人说，别看某某人在赚钱，其实他不过是在收回以前缴出的学费而已，我认可，我知道事实还真是这样的。十多个冬去春来，我们这些人面对的永远是枯燥无味的行情和数字，所以即使赚进了一大笔钱也没有常人的快乐，对金钱也是感觉如无味的数字。

因为行业的特点，决定了即使有点儿成功，以后的职业之路照样不会是坦途，当你如履薄冰战战兢兢地走过一波又一波的行情时，你不会知道，黑天鹅会在哪里伏击你，如果一个极端行情把你封在停板里，你就只能自求多福了！残酷得可以。您说我是期货寿星，是咒我呢，连我最尊崇的利弗莫尔都晚节不保，我又算哪一门子的寿星！所以，我只能永葆高昂的斗志，每天早上我都会对自己说：严守计划和纪律，否则，今天就是穿仓日！我从来不心怀侥幸，从来不敢做背水一战的壮举，至少我是这样想的：在市场上活着不容易，悠着点吧。

期货真的不是人待的地方，累得要命苦得无边啊。回头是岸？对，我会回头的！我想，有朝一日，当我实现了自己的积累，当我厌倦这些枯燥的数字时，我就会离开市场去做慈善，因为我没那么多见识，也不聪明，除慈善以外，我找不到一个可以用钱让自己更快乐的事情。

婚姻？我还没结婚，算是齐天大剩了吧，呵呵。我感觉期货人忙得顾不了家，所以，为了家的温暖，为了有时间负起自己的家庭责任，我结婚之日，便是不做操盘手之时。

TIPS：选择了做职业交易者，也就意味着选择了与众不同的道路，你就无法再做"正常人"，这个行业基本上是最难成功的行业，所以你得咬牙坚持，你得百倍自信、自制、自律。因为如果交易最后以失败告终，你就不只是赔钱了，还很可能是众叛亲离，如果成功，你也注定是"众叛亲离"，因为你没有时间和他们像以前一样在一起疯玩了，连见面的时间都很少很少，这样损失了亲情，算是一个成本，机会成本啊，没办法的。

第三节　鬼手絮语

自从有了投机市场，人类就多了一个残酷地争夺利益的战场，这个战场，甚至比金戈铁马的战争更残酷。想要在这种战争里取胜，除了深入研读经典理论，还得去尊重和理解市场语言，任何追求暴利、盲目自信、屡败屡战、心存侥幸都使交易者进退失据、了无理性。

作为一个职业操盘手，我早已不把主要精力放在对短期行情波动的探究上，我的精力主要用在识别不同的市场态势，然后根据不同的市场态势制订严密的交易计划，最后其实也是最关键的，就是以严格的纪律来执行交易计划，舍此再无他方。用电脑来执行可能是个好办法，但它怎么能代替人呢？

时刻考虑所有可能的风险，做最坏的打算，因为市场是说变脸就变脸的。止损止损，还是止损！留着青山在是个永远不会失效的道理。

在行情有利时要勇猛果断，因为你此时契合了市场的脉动；不利时要谨慎小心，鲁莽和胆怯都是不优秀交易员应有的性格。

预测未来是人类永远的梦想，预测市场是投资者本能的欲望。掌握一定的经典理论、分析方法和技巧，慢慢地你就会有市场感觉，就会有强的"微逻辑"能力，就能够在一定程度上预测市场趋向，但达到了这个境界后你就会发现，预测远远不是全部，成功的预测最多占成功交易的20%。

一笔交易是否成功，判别标准应该是这笔交易是否合乎既定的交易规范，而不是赢利与否或赢利多寡。坚守既定的交易规范，暂时不过分关注成败，你慢慢就会走上赚钱的金光大道。

市场上任何事情都有不可预期的一面，所以要有预案，对各种变数都要事先设计好对策。没有足够的时间设计全面的对策怎么办？答：先别去交易，做好功课再说！机会时时都有，你慌个甚！

要想长期稳定地赚钱，成为期货交易寿星，就要认真去研判和识别不同的市场态势，然后根据不同的市场态势制订不同的交易计划，并以严格的纪律来执行之，这是远比预测市场重要的法则。

不要相信自己比别人知道得多，也不要相信别人比自己知道得多，信息量不是决定的因素，信息太多反而有害，好奇害死猫。

　　你的投资方法或交易系统一定得是自己的心得，它不可能是最正确的，但谁的是最正确的呢？其实都不是。认真执行你自己的交易系统，你就有了操作上的一致性，这是应对市场不序变化的一个基本准则。有了这个准则，你就可以"每逢大事有静气"，就可以"进退有据"，长期坚守，你就有可能在不知不觉中慢慢地蜕变成了优秀的操盘手。

　　要相信自己的判断，但在实操中要灵活处置，事先得考虑到可能的错误及如何应对，如果看到出现新的局面，应该及时跟进，但对事先没考虑到的新局面，要补上功课，临时选好止损止赢点。

　　什么是正确的交易信念？就是放弃自己的任何信念，追随市场的信念，放弃自己的个人意志，追随市场的意志。正如美国交易大师、《罗斯霍克交易法》作者罗斯先生所说：遵照你看到的进行交易，而不是你想到的！

　　赔掉了就是赔掉了，不要据此设计新的交易计划，这是沉没成本，想把它再赚回来的最好的办法是忘掉它！奇怪的是，当你真的可以忘掉它的时候，不定在哪一天就赚回来了，你越耿耿于怀，可能就会陷得越深。

　　优秀交易员都得由繁入简，而不是直接使用简化准则。江恩的测市系统复杂无比，但在他的收山之作《华尔街45年》中，他的肺腑之言其实只是十多条简单的规则；巴菲特后来甚至放弃了宏观分析和行业分析，而只关注企业的"内在价值"；索罗斯的"反射理论"则不过是在简单法则上披了一件马甲，彼得·林奇的常识投资法就更是简洁得无以复加。

　　要有足够的后备资金来承受压力，这就是资金管理问题，轻仓，轻仓，再轻仓，以至于不用杠杆，你就会像炒股一样炒期货了，但机会比股票却多了许多许多。

真正的高手是超脱的，他们理解但不拘泥于分析技巧，更不迷信基本面消息，他们追求的是对群体心理的把握和对本身心性的了解。任何理论都有个适应性的问题，而对市场的识别、策略的制定和执行的坚决，才是最直接最根本的。

在投机市场最重要也最难真正做到的是"交易纪律"，交易纪律因人而异，但我敢说，谁的交易纪律都是有道理的，谁会弄一套荒诞的纪律出来呢？所以只要认真执行不折不扣，就一定可以成功。这是在市场里体面生存的基础保证，为什么说体面生存？我指的是真正靠在市场里持续赢利生存，而不是频繁拉资金生存的人，后者不是体面生存。

"说得好、做得臭"的人多得很，这些人是市场上的丑角。许多高手不怎么评论行情，你以为人家没有研究吗，没有盘感吗？非也。交易成功与否，交易心理才是最难把握的，交易纪律才是最难执行的，别的都不重要，包括预测行情。但是，能完美地执行交易纪律，你就和常人不一样，这有点儿违背人性的意思，所以非常非常不容易。能否做得到，端赖自身修炼。

和日常生活一样，凡事都要有主见，但认准的事情也要三思而后行，这叫审慎。对符合标准的单子要果断地做，不要受日内杂波的干扰，但要留有后手。

亏损时，不要过分自责，获利时，不要太过自负。有大的亏损或大的获利，其实都不是常态，都会造成你的心理短期失衡，此时你需要离开市场几天调整调整，至少得用轻仓来个软着陆，切记切记。

TIPS：每一节后面都有TIPS，许多读者可能懒得知道这是什么意思。TIPS其实是提示和建议之意，有人把它译作贴士，够贴心的。鬼手絮语是作者从高手那里道听途说来的言论碎片，算是转给读者的小贴士吧。TIPS的另一个含义是小费，读者若能认真理解并发现这些碎片的非凡之处，也算是发给作者的小费吧。

操盘手欧陆遇仙记
代再版后记

去看看欧洲。

缘起是公司提前完成了年收益目标，领头功者是金大户。金大户能如此不同俗流，除了操盘能力的强大外，这一段的运气也实在太好，基本上属于吸金大法附体。其实他一直喜欢连续作战，即使连亏也不轻易收手，但这次连赢后却突然开悟了，主动要求大家一起出去走走，调整几天。

股票期货老手都知道，运气其实也是关乎阶段性胜败的要素，但这东西无法预判，所以在运气太好或太差的时候，都需要停停手调整一下，待心态平和之时择日再战。老子对此也早有心得：持而盈之不如其已，揣而锐之不可长保，天之道也！他的意思是说，执持盈满不如适时停止。在投机市场长期赢利的秘诀之一就是良好的心态，因此运气太好会让人太过自得从而滋生风险，即所谓金玉满堂无法守藏。

去哪儿？欧洲吧。没有人反对。因为对这种有着伟大理论支撑的集体活动，大家不仅不会有分毫内疚，反而还觉得不去践行这"天之道"，会反受其咎的。先哲的名言当然无法放之四海，人们大都是先有了结论然后再拎出名言以壮行色，至少金大户习惯于这样。

签证的过程就不细说了吧，反正你得把自家的值钱货色都秀给签证处的真假鬼子过目了，他们才会相信你不会滞留欧洲，不会去雷诺工厂勤工俭学。准备了一大堆资料，张罗了大半个月，我们操盘团队的一行四人，金大户、麦静、苏林楠等终于拿到了所谓的申根签证，然后择了吉日，备了机票，准备搭乘意航直飞罗马。出发那天，早上四点多我们就起床直奔机场，托了行李过了安检边检，然后在登机口守候了四个小时，面对的却总是一扇不肯开启的门。终于，登机口的门打开了，从里面款款走出的姑娘淡淡地说，航班取消了。这事没商量。明儿见吧您。看来，虽说条条道路通罗马，但航班取消也没辙。

飞机上的十一个小时是极无聊的，大家只能有一搭没一搭地扯着闲话。扯了一会儿，旁边的老外居然搭起讪了：你们也是做期货的？他用带着洋葱味的四川普通话问。也是？这么说碰到同行了？正是。

洋葱川普是个留着毛刷状大胡子的法国佬，他的名字听起来很是奇怪，我们的舌头怎么也卷不出这个音，所以始终没弄明白他到底叫啥，只记得是以F开头的，麦静说就叫他老法吧，苏林楠轻轻地用方言说，看他那神态酷似法老王有没有？咱叫他法老吧！

我们试着和法老讲英语，却发现法式英语并不比中式英语高明，倒是他的洋葱川普还能凑合着听。不少人认为欧洲人大都会讲英语，此言差矣。交谈中我们知道，他是个孤独的期货人，虽连续多年有不俗赢利，但由于自身的一些固有缺点，他的收益曲线总是上天入地，多年来没有大的改观。虽可赢利但似乎没有必然性，于是感觉无法超越自己了，所以就听了高人的提点，到中国去修炼，希望从根本上提高自己。于是法老朝圣般地远赴中国遍访仙山，最后落脚青城山，住了两年多，所以也算是青城派了吧。不知道他是否得了密符、学了大道玄指，是否深研了南北阴阳与双修法？

法老说，他的祖辈就是搞期货的，算是期货的先行者吧。当年发现美洲后，不少法国人抱着淘金的希望去了新大陆，他的爷爷的爷爷也混迹其中。其时，美洲大陆原始落后，大部分商品都要从欧洲运去，但运输过程很不可控，常常会遭海盗遇风浪，货物的质量和数量难以保证，于是法老的祖辈就想到了与买卖双方签订合同，在为他们锁定成本的前提下，自己可以博取风险收益。没想到的是，由于当时北美殖民地生活枯燥，很多人对这种方式很感兴趣，所以这种合同就能够在投机客之间多次转手，慢慢就成了人们的赌钱工具。后来货物标准化起来了，这种交易就具有现代期货的雏形了。这么说来，法老做期货也是承袭祖业啊，在祖辈普遍是铁匠海盗雇佣兵的欧洲，有这样的创意型祖辈真是根正苗红，颇值得显摆。

俗话说，中洋搭配飞行不累。与法老神吹的过程中，意航送了两次盒饭，我们又泡了一次自备的方便面。在小寐片刻后一看手表，指针已转了差不多一圈了，飞行高度开始降低，慢慢地，舷窗外就出现了盆景般的地中海松。罗马，我们来了！

真所谓吹牛也是生产力。下飞机时法老对我们说，他的车子就停在罗马机场，可以开车送我们到酒店。真是遇到洋雷锋了，此等好意当然却之不恭。机场到市区没多远，不一会儿我们就到了酒店，法老走人，我们睡觉，一夜无话。没想到的是，次日一大早法老居然主动打电话到酒店来，真不知道他是怎么知道号码的。他说他这几天没有什么事，如无不便，他愿意开车带我们在欧洲大陆走走，只要我们负担油钱就行。真是想娘家人小孩他舅来了！我们正为租车发愁呢，谢谢法国雷锋！他说谢啥子，你我袍哥嘛，其实我也想多和你们摆摆龙门阵，学学正宗的中国传统文化。袍哥是什么意思，我们后来还是请教了他才知道的，真是搞笑。

他的车是普通的雷诺两厢，欧洲百姓都开这样的小车子。旅馆里也是小小的床，餐馆里也是小小的桌子，电梯也是小小的轿厢，与他们的人高马大十分不搭。罗马的核心城区对我们并没有多少生疏感，可能是在电影里看多了。罗马毕竟不是一天建成的，也不是一天毁坏的，古罗马废墟遍布全城，但都被原样小心翼翼地保护着，就像意大利人自己说的：古迹是残破的，历史是完整的。虽是废墟遍布，但罗马那难以名状的残缺美，那亲尝历史的厚重感，是别的地方无法代替的。罗马斗兽场、圣天使堡、万神殿，这些都是两千年前的建筑了，却都是一副坚不可摧的样子。伫立热闹的街市凝望古迹，恍惚间古罗马鲜活起来了：恺撒大帝，埃及艳后，屋大维，长老院。那张据说会咬手的"直言之口"，其实是直立磨盘状的浮雕老人头，嘴巴很深，可伸进人的手臂，这是电影《罗马假日》里赫本扮演的公主上当抱住记者的地方。

没出罗马城，我们却访问了另外一个国家——梵蒂冈。梵国真够袖珍的，估计有天安门广场大小吧，但它却是全世界天主教的中心。该国的主要建筑圣彼得教堂，是世界上最大的教堂。在这个独特的国家，连教皇这个最高统治者都住在公寓楼里，和他的子民们比邻而居，只是他的窗口涂上红色以示区别。教堂广场上，游人和教徒天天排着长队送钱，有购票的也有捐款的，所以梵蒂冈富得流油，他们拥有罗马城里的许多高端物业；更为奇特的是，他们虽和大部分国家都建了交，但由于国土面积太小，外国驻梵使馆都只好设在意大利。参观完教堂，我们坐在象征梵意边界的一排石礅子上歇息时，法老说，谈了几天古迹和宗教，我们是不是该谈谈投资了？从国内交易量上来说，中国已经是期货大国了，虽然在国际市场上表现不佳，但个人炒手在伦敦等市场交易频繁，有的业绩还很惊人，已引起了欧洲投资人的普遍关注。法老还说，我为啥子要去中国修炼呢？因为期货交易到了一定的阶段，预测、规则和资金管理都已不再重要，在这个阶段，我们其实是和自己较劲，是在和自己的短板战斗，这就要求我们内心强大，而促使内心强大的一个好办法，就是向中国传统文化问道。苏林楠说，法老连"问道"这样的词汇都明白，看来汉语水平八级以上啊，真不知道是受了哪位高人指点！法老夸张地做了个鬼脸，继续说，西方人的量化思维，从人工操盘的实用角度来看其实比不上中国传统文化，只是中国开始这个行当太晚了，文化优势在这方面还没有体现出来。当然，法老说的中文没这么流利，我们根据本意和可读性两个基本原则，对他的洋川普做了后期。

佛罗伦萨古旧得让人窒息，满城都散发着文艺复兴的味道。古老的石板路，几百年不变的多尔莫广场，原样保留的但丁故居，门前赫然耸立着米开朗琪罗原作的维琪奥皇宫，想必，穿越历史就是这样的吧。浏览了佛罗伦萨，下一站就到比萨了。比萨是意大利中部的小城市，和垃圾食品的那个比萨没有半欧元的关系。看到了著名的比萨斜塔，我说斜塔其实并没有想象的那么斜嘛！

法老回答说，师兄别那么狠好不好，再斜不就塌球了嘛！这洋味四川话，笑得黑头发们前仰后合、龙颜大悦。挥别比萨小城，我们向威尼斯进发。在车上补了个时差觉后，睁开眼就远远地看到了地中海游轮，它们或行或泊，或新或旧，体量大如巨厦。威尼斯全城以船为交通工具，划船的一律着横条纹T恤，煞是健壮，为我们划船的意大利帅哥，把我们同行的两位美女看得忘了自己身是客。威尼斯的圣马可广场被拿破仑称为欧洲最大的客厅，我们曾在无数电影里看到过它。在那间几百年历史的店里喝完咖啡，付账时发现账单上多了24欧元的消费，经服务生手舞足蹈的一番解释，才知道是哪位高尚人士点的收费音乐，大家都怀疑是金大户，他常装作懂外语状，可能是服务生问是否要音乐时他点了点头，看来不懂装懂也是要纳税的啊。

在欧盟，国与国之间没有关卡，随便出入。车子驶入法国境内，在尼斯海滩看了天体日光浴，然后一不小心就又出了法国，进入摩纳哥。摩国虽说袖珍，但比梵蒂冈还是大了不少，全国在法国境内，是个以赌场为导向的富国，海边泊着无数豪华游艇，据说都是某某大牌某某首富的。一进赌场，大家都兴奋起来了，但期货人和别的赌客还是不同，都是先仔细观察认真了解赌法后，才慢慢入局试着开赌的。赌了几个小时，我们几个都没有什么大输赢，只是金大户赢了几百欧元，够付半个月的小费了。别的游客就没有这么幸运了，大部分人都是交了学费的。大户说，期货和赌博有相通之处，赌博和做期货一样，先用某种策略保证自己不要大输，风险可控了，赚钱就只是时间问题了，而是否会赚大钱，还得看运气。

戛纳遍地阔叶植物，碧海蓝天，一派热带海滨城市的样貌。棕榈大道两旁的名店，巨星的海报，华丽的酒吧，戛纳电影节的红地毯。在街边酒吧里红酒三巡，法老又悠悠开说了：其实欧洲人一般都不爱炒股票，更不爱炒期货，即便是炒，也多半是通过间接方式，就是交给专家操作，不用自己操心，像他这样直接炒期货的，在欧洲并不多见，所以会被视为异类，或被誉为"特别勇敢"。欧洲人比较喜欢债券投资，或者是股票和债券的混合投资，各大银行都有这样的理财产品。此外，政府鼓励个人参与人寿保险投资，有各种减税和交易优惠，所以很受普通家庭的欢迎，有70%以上的家庭参与其中。

巴黎是实然出现在我们面前的。法老开车狂奔时，我们都在车上补觉，忽然我们被叫醒，说是巴黎到了，请上游船。迷迷糊糊地上了船，揉着惺忪的眼睛，我们看到了塞纳河两岸的卢浮宫，巴黎圣母院，奥塞博物馆，埃菲尔铁塔，香榭丽舍大街，大小皇宫，并且据说凯旋门和巴黎歌剧院也都在不远处。下游船时，不期然看到照片墙上竟然有自己的照片，正诧异呢，一个服务生走过来笑容可掬地说，这是上船时我们为您拍的，喜欢的话每张5欧，不要当然也可以。大家忙不迭地掏钱，看人家这生意做的！

凡尔赛宫不但是前朝的离宫，更是艺术的宝库。名油画名雕塑自不待言，而且还能看到拿破仑皇冠的实物，还有签订凡尔赛协议用的桌子。在广场抽烟小憩时，法老说，法国是高福利国家，医疗、教育等福利十分完善，所以法国人不急于暴富，他们的理财方式一般是储蓄、房产投资、保险和基金等，法国人家庭储蓄率达到15%，在欧洲算是高的，法国自有住房比例不到60%，不少家庭是租房住，并没有什么不好。

法国人懒，这话我说得满是羡慕，并无不敬，他们真的是懒，但两件事除外：示威和约会。我们从蒙马特高地出来，圣心教堂矗立在右手边，巨大的穹顶镀着金色的夕照。再往前走，在左岸的书摊，街角的食肆，萨特的咖啡馆，贝聿铭设计的卢浮宫玻璃金字塔，有不少法国人在懒懒的出入。在凯旋门前痴笑拍照后，我们沿着中轴线走过协和广场就到了香榭丽舍大街，这条被徐志摩诗化了的大街基本上被游客占领了。据说当地人认为香榭丽舍大街如今是乡下人购物开眼界的地方，本地人来得不多。街边小小的桌子，嘈杂的人群，小店的侍者矜持而不失骄傲地服务着只消费几块钱的人们，他们从容不迫，满身优雅，真不知这底气源于哪里。从另一个角度观察，从圣母院到凯旋门，一座座以世纪为年龄单位的大理石建筑不少是满墙涂鸦，周遭烟蒂遍地，高车驷马和狗屎垃圾一不小心就亲密接触，衣香鬓影和蓬头垢面交织在一起，真是奇观。只有巴黎才有这样的气度，可以将高贵与污秽、优雅与粗卑，艺术地融合于一体。徐志摩的文字太过唯美，太过枫丹白露，没有顾及它世俗的真实，只是说

"赛因河的柔波里掩映着卢浮宫的倩影"，"流着，温驯的水波；流着，缠绵的恩怨"。不知是当年的巴黎只有浪漫，还是诗人的眼里从来就没有过不浪漫。

法老说，再说说投资吧。法国葡萄酒期货也是一种理财方式，标的主要是波尔多葡萄酒。波尔多是法国第四大城市，它的61家名酒庄中有一级酒庄5家，其中罗斯柴尔德家族就占有其二。波尔多是一座酿造出来的城市，它古朴而时尚，零乱而清新，酒香熏得游人醉。波尔多葡萄酒从种植到出售，所需时间要三至四年，在此期间，酒庄只有支出没有收入，所以庄主资金压力很大，于是精明的商人就推出了红酒期货，但这是全额保证金制度、全部实物交收的，不能做对冲交易。难道，他们也在执行国办37号文吗？

国内该中秋节了吧。在惦念中醒来，窗外却是瑞士小镇的黎明，从轮廓上看，山峦并不显奇异。不一会儿，群山在晨曦中渐次苏醒，一片嫩绿中露出了一条小河，潋滟而宁静。再过一会儿，晨雾散去，太阳变大了，蓝天白云青山绿水叠加得让人眩目，高分辨率下的景色更是怡人：金色的阳光、银色的雪山、蓝色的湖泊、彩色的小岛、绿色的草坡、红色的木屋。苏林楠说，如果时间允许，应该在这里步行几天，真真切切地走入湖畔人家、林中牛群。不知几世才能修来上帝如许的宠爱，过上这般画中生活！我们忘情地拍照，法老说，别拍了，瑞士全国都这样，而且更美的地方还多得很！

果然。次日深入到瑞士腹地时，秋日午后的阳光先是从云隙中透过，然后云也散去了，天空的高远寥廓只有青藏高原才可略胜一筹。琉森、因特拉肯、日内瓦、伯尔尼、洛桑，金山口观光列车慢慢驶过，阿尔卑斯山上的积雪在阳光下熠熠生辉，整架整架的大山长满嫩草，古老的布钟式木屋点缀其间，牛在悠悠地漫步，脖子上的铃铛当当作响，空灵而悠远。瑞士全国不种庄稼只种草，牛的唯一使命就是用粪便滋养草坪，麦静说，在这里当牛做马真不是苦差事。瑞士的产业链很不完整，他们靠荷兰人供给牛奶，靠意大利人供应肉食，靠美国人供应面粉，靠德国人供给机械，靠中国人供应小零碎。瑞士人不干别的，只是替全世界有钱人管管资产，给高端人士造造手表，让国际政要来开开会议住住店，让驴友们来拍拍照片爬爬山。

这个阿尔卑斯山的宠儿真不愧是世界公园，想拍风景照甚至都不用选景，举起相机乱按几下就是舍不得删掉的好片。苏林楠感叹，如果天堂在地球上有形象店的话，想必就是这个地方了。瑞士分德法意三个语区，据说，说德语不想当德国人的、说法语不想当法国人的和说意大利语不想当意大利人的人类汇集在一起，组成了天堂般的瑞士。可能是因为这环境使法老想起了天下幽的青城山，没有谁提议，他主动展示了中国功夫，步型、身法、手法俊逸流畅，还真有些青城派的味道，他说，这功夫不但能修身养性还可实战搏击，甚至对投资操盘也大有裨益。

法老说，世界各国对投机交易的参与度区别很大。德国人天性严谨，略带保守，做事一丝不苟。这种天性也自然反映到理财中，所以他们很少直接炒股，买基金的倒是不少。而美国人就不一样了，他们对股市很有参与热情，可能是他们的祖辈有冒险基因吧。美国有近一亿的股民，所以大半家庭涉足股市，在比例上和中国等量齐观。所不同的是因为美国员工上班时间不敢看盘，所以他们大都崇尚长期投资，很多人甚至还持有祖辈留下的股票。这也是价值投资大行其道的一个根本原因吧。

一晃十几天下来了，看惯了欧陆风光，吃惯了西式早餐，觉得生活中好像少了些什么。哦，原来是不做单技痒啊，苏林楠对法老提议说：我们没带电脑，能否借用您的账户炒几单外盘，赚了平分，亏了我们承担？法老说，请注意这是在欧洲啊，你们国家的豆粕之类的才是外盘呢！不过可以让你们试试，以两手单为限哦，咱这就算是君子协议吧！你们看，还是我们法国人好打交道吧，要是换了德国人，就得去咨询律师，等他搞明白了，你们的签证也到期了！我说，不过德国人老说你们不守秩序，红绿灯对法国人只是建议而已哦。法老说，德国人严谨过分了！据说有个德国人在路口等绿灯，一个多小时过去了还总是红灯，当时已是深夜，路口并无一人一车，德国老兄还在坚持等绿灯，这时，一辆车闯红灯而来，这位正等得心烦的老兄就上去准备批评，可没等他开口司机就说：红绿灯坏了，我是来修的！

金大户作为我们推举出来的代表，用法老的账户，半天时间交易了30几个回合，赚进五千多欧元！法老看傻了，说自己是做中长线的，没有亲眼见过能这么玩的……对了，你们怎么会熟悉我们的交易品种？大户说，我们一直在做着这些外盘品种呢！法老感叹道，中国炒手太厉害了！如果中国资本市场成熟了，开放了，西方人参与进去可能还不是对手啊，所以我向中国传统文化问道还是有先见之明的嘛！麦静说，法老你真聪明，夸别人时顺带手把自己也夸了。法老说，将来世界的期货中心必然是在中国，东方思维在逻辑上不如西方，所以科技有点儿落后，但作为后起之秀，中国的资本市场应该有机会发展得更好。近年全球衍生品市场最重要的变化，就是东方的崛起，世界格局重心的东移，从成交量来看，中国商品期货连续三年位居世界前列，所以欧洲人不敢骄傲了，得向中国学习了。实际上，欧美这些年也在不断关注和评论中国国内市场的行情了。另外，期权等领域还保留着大片尚待开发的市场，机会很多。对了，今天你们赚钱了，所以油钱你们不用付了吧，你们太能赚了！

时间过得真快，一晃半个月下来了，我们在欧洲大陆走了一大圈，发现一个现象，就是奢侈品店基本上被中国人包圆了，虽然说这不是理性消费，也不是国内人消费的常态，却也让法老感叹不已：中国人太有钱，也太敢花钱了！事实上，欧债危机在欧洲真是可以直接感受得到：消费市场的萧条，码头和机场的流浪汉，公路沿线破败的工厂，到处张罗着做中国人生意的商人，看来欧洲似乎已然老去了。由于祖上的荫德，欧洲人已经幸运几个世纪了，高福利使他们得到不少免费午餐，所以西欧的乡村美如图画，城里满大街都是享受慢生活的人。不过，世界在发展，风水在轮流，他们的政府总能扛得住高福利吗，他们祖辈积累下来的体制和经济遗产，够他们世世代代消费下去吗？大户说，这些问题太宏观了，再往深处说就与自己的身份不符了！我们做好自己的事情就够了，大家都做好自己的事情国家就强盛了。也是。

是时候和法老话别了，西谚说"在罗马，就要像罗马人一样做"，于是大家拥抱话别并说些留恋对方的肉麻话。法老和我们一一拥抱，只是和两位美女抱得时间过长，金大户数次背过头去。